Charles C. Manz/Henry P. Sims, Jr.
Unternehmen ohne Bosse

Charles C. Manz
Henry P. Sims, Jr.

Unternehmen ohne Bosse

Schneller und besser
im Superteam

GABLER

Die Deutsche Bibliothek – CIP-Einheitsaufnahme

Manz, Charles C.:
Unternehmen ohne Bosse : / Manz/Sims. [Aus dem Engl. von Sibylle Frohns]. – Wiesbaden : Gabler, 1995
Einheitssacht.: Business without bosses <dt.>
ISBN-13: 978-3-322-89000-9
NE: Sims, Henry P..

Aus dem Englischen von Sibylle Frohns.
Die Originalausgabe erschien unter dem Titel „Business Without Bosses".
Copyright © 1993 by Charles C. Manz and Henry P. Sims, Jr.
Published by John Wiley & Sons, Inc.
All rights reserved.
Authorized translation from English Language edition published by John Wiley & Sons, Inc.

Der Gabler Verlag ist ein Unternehmen der Bertelsmann Fachinformation.

© Betriebswirtschaftlicher Verlag Dr. Th. Gabler GmbH, Wiesbaden 1995
Softcover reprint of the hardcover 1st edition 1995
Lektorat: Manuela Eckstein

Das Werk einschließlich aller seiner Teile ist urheberrechtlich geschützt. Jede Verwertung außerhalb der engen Grenzen des Urheberrechtsgesetzes ist ohne Zustimmung des Verlags unzulässig und strafbar. Das gilt insbesondere für Vervielfältigungen, Übersetzungen, Mikroverfilmungen und die Einspeicherung und Verarbeitung in elektronischen Systemen.

Höchste inhaltliche und technische Qualität ist unser Ziel. Bei der Produktion und Verbreitung unserer Bücher wollen wir die Umwelt schonen: Dieses Buch ist auf säurefreiem und chlorfrei gebleichtem Papier gedruckt. Die Einschweißfolie besteht aus Polyäthylen und damit aus organischen Grundstoffen, die weder bei der Herstellung noch bei der Verbrennung Schadstoffe freisetzen.

Die Wiedergabe von Gebrauchsnamen, Handelsnamen, Warenbezeichnungen usw. in diesem Werk berechtigt auch ohne besondere Kennzeichnung nicht zu der Annahme, daß solche Namen im Sinne der Warenzeichen- und Markenschutz-Gesetzgebung als frei zu betrachten wären und daher von jedermann benutzt werden dürften.

Umschlaggestaltung: Schrimpf und Partner, Wiesbaden
Satz: Satzstudio RESchulz, Dreieich-Buchschlag

ISBN-13: 978-3-322-89000-9   e-ISBN-13: 978-3-322-88999-7
DOI: 10.1007/ 978-3-322-88999-7

Vorwort

Viele der international erfolgreichsten Unternehmen haben erkannt, daß das alte Konzept vom allmächtigen Boß wirkungsvoll durch das Teamkonzept ersetzt werden kann. Darum geht es in diesem Buch – um eine der wichtigsten organisatorischen Veränderungen im Arbeitsleben seit der industriellen Revolution: um autonome Teams. Teams vermögen die Produktivität zu erhöhen und die Qualität deutlich zu verbessern. Sie stellen eine wichtige Antwort auf den Konkurrenzkampf dar. Teams funktionieren tatsächlich! Einige Beispiele für Produktivitäts- und Qualitätsverbesserungen aus den folgenden Kapiteln beweisen diese These:

- Eine Papierfabrik, die Teams einführte, erzielte einen Qualitäts- und Produktivitätsgrad, der in der Geschichte der Papierindustrie unerreicht war.

- Ein Aktienfonds reduzierte die Wartezeit am Krisentelefon von siebeneinhalb Minuten auf dreizehn Sekunden.

- Eine Halbleiterfabrik erhöhte Produktlieferungen um 150 Prozent über einen Zeitraum von zehn Jahren, während die dafür zuständige Angestelltenzahl um 20 Prozent verringert wurde.

Dies ist ein Buch der „zweiten Generation". Es geht über die bloße Oberflächenbehandlung des Teamkonzeptes hinaus. Viele erfolgreiche Teameinführungen sind noch unveröffentlicht, weil sie als geschützte Informationen über einen Wettbewerbsvorteil angesehen wurden. Wir bieten einen Einblick in autonome Teams unterschiedlicher Entwicklungsstadien in Produktions- und Dienstleistungsunternehmen. Wir berichten von einem Teamkonzept, dem erhebliche Produktivitäts- und Qualitätssteigerungen zugeschrieben werden, und von einer Teameinführung, die wir als Fehlschlag ansehen. Diese bemerkenswerten Berichte über die besonderen Herausforderungen bei der Implementierung von Teams liefern Hilfestellung bei der Entscheidung darüber, wie Teams den Anforderungen Ihrer Organisation entsprechen können. Sie decken einen machtvollen neuen Weg zu unternehmerischem Erfolg auf: Arbeit ohne Bosse.

Dies bedeutet nicht, daß Unternehmen keine Manager oder Geschäftsführer mehr brauchen. Vielmehr ist Führung eines der wichtigsten Ingredienzien für den Erfolg von Teams. Aber es sind (Team-)Leiter, nicht Bosse, die Teams in die Lage versetzen, aus eigener Kraft die Produktivität und Qualität zu erzielen, die heute verlangt wird.

Arbeit kann genausogut, wenn nicht sogar viel besser, erledigt werden, wenn wir das alte Boß-Konzept eliminieren. Die gesellschaftliche Entwicklung hat eine Stufe erreicht, wo wir keine Personen mehr benötigen, die einen Großteil der Macht innerhalb eines Arbeitssystems auf sich vereinigen und andere herumkommandieren. Wir brauchen niemanden, der uns ständig über die Schulter guckt, der uns sagt, was zu tun ist, und uns für unsere Fehler herunterputzt. Nein, die Vorstellung von übermächtigen Bossen ist genauso tot wie der Dinosaurier.

Aber wie können wir diese Erkenntnisse in die Tat umsetzen? Wie können wir ohne Bosse arbeiten und dabei unsere Leistung verbessern? Wir können es, indem wir Mitarbeiter in Teams einteilen und sie mit allem ausstatten (Training, Arbeitsmittel, Informationen), was sie für die selbständige Erledigung der Arbeit benötigen. Wir werden auch von solchen Teams berichten, die sich selbst so hervorragend managen, daß sie das Prädikat „Superteam" verdienen. Ein Schlüsselelement für die Verwirklichung dieser Idee ist eine Führungsperson, die die Antithese eines Bosses darstellt. Superteam-Leiter helfen anderen, sich wirkungsvoll selbst zu managen. Wir stellen eine neue Sicht von Unternehmen vor, in denen Teams sich dergestalt entwickeln, daß sie zwar keine Bosse benötigen, aber die Hilfe von Führungspersonen.

Wir haben unsere Teamforschung vor mehr als einem Jahrzehnt begonnen. Das erste Mal an die Öffentlichkeit getreten sind wir 1981 durch ein Interview über Teams im *U.S. News and World Report*. Die Themen, die in diesem Interview angesprochen wurden, setzten den Standard für die bemerkenswerten Teamansätze, die wir heute sehen. Nach etwa eineinhalb Jahrzehnten Teamforschung stehen wir voll hinter diesem Konzept. Wir hoffen, daß wir Ihnen einen realistischen Eindruck geben, mitsamt den Mühen und Frustrationen, die typischerweise mit der Teameinführung einhergehen. Die Berichte über Teams in diesem Buch sollen einen realen Sinn für das vermitteln, worin es bei Teams geht. Es handelt sich um Schwierigkeiten und Herausforderungen genauso wie um Erfolge.

Die Entscheidung, autonome Teams einzuführen, sollte nicht nur erfolgen, um auf den fahrenden Trendwagen aufzuspringen. Dieses Buch wird die erheblichen Herausforderungen und Kosten erläutern, die zumindest am Anfang der Superteambildung zu erwarten sind. Wenn sich infolge dieser Anstrengungen aber Teams bilden, können sie durchschlagende Erfolge erzielen.

Das wichtigste Merkmal dieses Buches sind die Berichte über aktuelle unternehmerische Erfahrungen mit Teams. Wir haben Darstellungen von produzierenden und dienstleistenden Unternehmen mit einbezogen, wir berichten über Teams am unteren Ende und an der Spitze der Erfolgsskala, wir liefern erfolgreiche und erfolglose Teams. Wir wollen Sie tatsächliche Erfahrungen von Teams in verschiedenen Industriezweigen und verschiedenen Formen untersuchen lassen, so daß Sie in der Lage sind, dieses aufregende Konzept in Ihrem eigenen Unternehmen einzuführen.

Es gibt eine Menge aktuelle Bücher über Teams. Die meisten geben eine oberflächliche enzyklopädische Darstellung der Millionen von Themen, die im Zusammenhang mit Teams interessant sind. Dieses Buch nicht. Es soll Ihnen einen Einblick in viele Unternehmen mit existierenden Teamsystemen geben, so daß Sie sich Ihr eigenes Urteil bilden können.

Kurz gesagt, unser Buch soll Ihnen einen Eindruck dessen vermitteln, worum es beim Teamansatz geht. Sie sollen aus unseren Erfahrungen mit Teams lernen. Noch einmal, wir sehen dieses Buch als eines der „zweiten Generation". Eine Armada von Teambüchern hat in jüngster Zeit den Markt überschwemmt, und die meisten sind Einführungen oder Gebrauchsanweisungen. Im Gegensatz dazu bieten wir Ihnen einen Einblick in den Arbeitsalltag. Wir werden Sie auf die Reise durch Unternehmen mitnehmen. Am Ziel werden Sie sich, so hoffen wir, ohne Bosse in einer weitaus besseren Ausgangsposition befinden, um die gleiche Reise in Ihrem eigenen Unternehmen anzutreten. Lassen Sie uns aufbrechen. Gute Reise!

Charles C. Manz

Henry P. Sims, Jr.

Inhalt

Vorwort 5

Tyrannosaurus Rex:
Der Boß als Saurier im Unternehmen 11

1. *Auf dem Weg zu Teams:*
   Die Barriere „mittleres Management" überwinden 27

2. *Teams im Arbeitsalltag:*
   Rollen, Verhaltensweisen und Leistung gereifter autonomer Teams . 41

3. *Gute und schlechte Teams:*
   Ein Blick auf Erfolge und Herausforderungen 61

4. *Die frühe Implementierungsphase:*
   Teams im Dienstleistungssektor 77

5. *Die Illusion von Selbstmanagement:*
   Teams als Instrument der Entmachtung 101

6. *Selbstmanagement ohne formale Teams:*
   Die Organisation als Superteam 113

7. *Teams und Total Quality Management:*
   Ein internationales Konzept 131

8. *Das Strategieteam:*
   Teams an der Spitze 147

9. *Arbeiten ohne Bosse:*
   Was haben wir gelernt? Wohin geht die Entwicklung? . 167

Literatur . . . 185

Die Autoren . . 187

Tyrannosaurus Rex:
Der Boß als Saurier im Unternehmen

*In einer hierarchischen Organisation
tun Chefs nicht allzu viel.
... Sie sitzen im Vorstand
und beanspruchen alle Anerkennung für sich.
Es ist kriminell.
Eine Menge guter Leute werden da begraben,
und ihren Chefs macht es Spaß, sie da zu belassen.*

Michael H. Walsh, CEO, Tenneco Corp.

Nieder mit den Bossen! Hoch leben Teams! So lautet der neue Schlachtruf vieler international führender Unternehmen, in denen die traditionelle Rolle des Managers ausgedient hat. Bosse grenzen ein, kontrollieren und verschwenden allzuoft das Potential von Mitarbeitern. Teams dagegen setzen es frei. Dieses Buch handelt davon, wie Teams ihre Arbeit ohne Bosse erledigen, eine dramatische neue Revolution, in der die traditionelle Rolle von Managern neu definiert oder eliminiert wird. Wir zeigen auf, wie Teams in vielen führenden Unternehmen Chefs ersetzt haben und erfolgreich eine neue Wettbewerbsfähigkeit geschaffen haben. Denn die heutige Wettbewerbsgesellschaft verlangt ständige Verbesserung der Produktivität, Qualität und Reaktionszeit. Teams können dies bewirken. Bosse nicht.

Traditionell sind Bosse die Spielführer in der Geschäftswelt. Sie führen durch ein Kontrollsystem, das den Raum der Mitarbeiter für Fehler eingrenzt. Chefs nehmen eine zentrale Rolle ein und werden mit machtvollen Positionen belohnt. Sie sind die Könige und, in jüngerer Zeit, Königinnen ihrer Arbeitswelten. Aber ebenso wie die Dinosaurier einst die Erde beherrschten und später ausstarben, mögen auch die Tage der Bosse gezählt sein. Sie passen einfach nicht in die heutige Welt des intensiven internationalen Wettbewerbs mit anspruchsvolleren Mitarbeitern und komplexen Organisationen.

„Unternehmen ohne Bosse" untersucht die einzigartige Art und Weise, wie Teams im letzten Jahrzehnt zum Vorschein gekommen sind. Teams können sicherlich auch unter dem Regiment eines willensstarken Führers gute Leistungen vollbringen. Mike Ditka zum Beispiel, ehemaliger Coach der Chicago Bears, war ein Chef, der von seinen Spielern absoluten Gehorsam verlangte. Er war in vieler Hinsicht ein eindrucksvoller Führer, und sein Team gewann die Super Bowl Championship. Aber Teams im Geschäftsalltag sind anders. Sie haben keine Chefs im traditionellen Sinne, sondern Teamleiter.

Teams haben sich zu einer typisch amerikanischen Art von partizipativem Management entwickelt, das sich weltweit erfolgreich anwenden läßt. Teams brauchen keine Bosse, wenigstens nicht solche alten Stils. Sie entwickeln die Fähigkeit, sich selbst zu managen und zu führen. Sie liefern die Initiative, das Verantwortungsgefühl, die Kreativität sowie Problemlösungen aus sich heraus. Wenn Teams diesen Idealen gerecht werden, kommen sie sehr gut ohne Bosse aus. Der Begriff Boß meint in diesem Zusammenhang jemanden, der Mitarbeiter durch Führungsmethoden wie Befehlen, Belehren und Top-down-Anweisungen zu beeinflussen sucht, häufig begleitet von einer ordentlichen Dosis Verweise und Einschüchterungen – ein Ansatz nach dem Motto: „Erledige dies nach meiner Art, oder es wird ungemütlich!" Chefs können Willfährigkeit erzeugen, insbesondere auf kurze Sicht. Sie tendieren dazu, Jasager zu schaffen, die mit allem einverstanden sind, aber keinerlei Initiative oder Kreativität an den Tag legen. Mit Bossen verläuft die Richtung von Innovationen immer von oben nach unten. Untergebene Mitarbeiter wagen es selten, ihren eigenen kreativen Ideen nachzugehen. Ihre Geisteskraft ist darauf konzentriert, das zu sagen und zu tun, was der Chef wünscht.

Viele Bosse werden von dieser mächtigen Bewegung entweder hinweggefegt oder von ihr bekehrt. An ihre Stelle treten Teams, die ihre eigenen Manager sind – ihre eigenen Chefs. Diese neue Organisationsform tritt in vielerlei Gestalt und Namen auf, aber die eindrucksvollsten sind die Selbstmanagement-Spitzenteams, weil sie bemerkenswerte Qualität, Produktivität und Innovationen erbringen, und das ohne Chefs.

Teams haben keine Bosse, aber sie haben Führer. Kein erfolgreiches Team kommt ohne Führung aus. Teamführungsposten ergeben sich von allein oder durch Wahl, manchmal werden sie ernannt. Sie heißen immer wieder anders, zum Beispiel Koordinator, Förderer, Coach oder Teamleiter. Diese neue Führungsform erfordert auch ein neues Verhaltensmuster, das wir erst langsam zu ergründen beginnen, je mehr wir Teams erforschen. Effektvolle Teamleiter ermutigen ihre Teams zum Beispiel, sich selbst Ziele zu setzen und ihre Probleme selbst zu lösen. Chef sein gehört nicht zum Verhaltensrepertoire.

Wer zur Zeit einem Unternehmen angehört, das diesem Trend widersteht und wo die Bosse sich weigern, ihr herrisches Benehmen aufzugeben, möge dies bedenken: Großartige, mächtige und scheinbar unverletzbare Dinosaurier streiften einst auf der Erde umher, anscheinend gefeit gegen das Aussterben, aber sie entwickelten sich nicht fort, und heute gibt es sie nicht mehr. Wir glauben, es ist Zeit für Chefs, sich zu entwickeln zu „Spitzenführern" – jemand, der oder die andere dazu anleitet, sich selbst zu führen. Spitzenführer schaffen Spitzenteams, in denen jedes Teammitglied wichtig ist und wesentlich zum Gesamtbild beiträgt. Wenn die Chefs in Ihrem Unternehmen diese Evolution nicht mitmachen, könnte Ihr Betrieb, und damit Ihr Job, als nächstes den Weg der Dinosaurier beschreiten.

Obwohl wir unerschrockene Verfechter des Teamkonzeptes sind, hoffen wir, daß wir die Teamwelt nicht durch eine rosarote Brille betrachten. Wir schreiben über die guten Seiten, aber wir lassen auch die Unebenheiten nicht aus. Daher sind nicht alle in diesem Buch beschriebenen Teams wirklich Superteams. Teams, die ihren Entscheidungsfindungsprozeß selbst kontrollieren, sind im Grunde autonom, und sie sind effizient und erfolgreich. Einige der erwähnten Teams mögen weniger eindrucksvoll sein oder sogar mit Frustrationen zu kämpfen haben. Aber wir wollen Ihnen die Gelegenheit geben, an einem Lernprozeß teilzunehmen, der Erfolge und Fehlschläge mit einbezieht und Sie auf dem Weg zu Ihren eigenen Superteams ein Stück weiterbringt.

Was ist ein Team? Was machen Teams?

Arbeitsweisen, die auf Selbstmanagement basieren, scheinen Mitarbeitern einen hohen Grad an Selbständigkeit und Kontrolle über ihr unmittelbares Verhalten zu geben. Teams sind nur eine der vielen Formen der Mitarbeiterpartizipation, die in den Vereinigten Staaten entwickelt worden sind. Dazu gehören Organisationsansätze wie zum Beispiel:

- Vorschlags- oder Ideenkisten
- Mitarbeiterbefragungen
- Job Enrichment
- Quality Circles
- Gewinnbeteiligung
- Autonome Teams

Zwischen eher oberflächlichen partizipativen Ansätzen wie Ideenkisten und vollständig integrierten autonomen Teams, die quer durch alle Ebenen der Organisation verlaufen, besteht natürlich eine weite Spanne. Autonome Teams sind dem hochentwickelten Ende der Skala zuzuordnen und stellen einen fundamentalen Unterschied zur traditionellen Organisation dar. Mitarbeiter, die in Teams organisiert sind, sind in der Regel für komplette Produkte oder Dienstleistungen oder ganz bestimmte Aufgaben zuständig. Sie haben über eine breite Palette von Fragen zu entscheiden, oft solch traditionelle Managementvorrechte wie die Aufgabenzuteilung, die Lösung von Qualitätsproblemen, Konflikte unter Teammitgliedern aufgreifen und Teamleiter auswählen. Im folgenden sind einige typische Teamverantwortlichkeiten aufgeführt:

selbst auf Zeit achten	Teammitglieder auswählen
Aufgaben verteilen	Produktionsprozesse neu organisieren
Teammitglieder ausbilden	Qualitätsprobleme analysieren
Teamziele setzen	interne Leistung beurteilen
Qualitätsüberwachung	prozeßintegrierte Inventarkontrolle
interne Konflikte lösen	technische Probleme lösen
Jahresbudgets vorbereiten	Produktionsabläufe anpassen
Kompetenzprüfungen	Teamleiter wählen

Teamkonzepte unterscheiden sich so sehr von Unternehmen zu Unternehmen, daß es schwierig ist, eine allgemein akzeptierte Definition für den Teamansatz zu finden. Anscheinend handelt es sich mehr um eine generelle Philosophie und einen Ansatz der Arbeitsgestaltung als um eine streng definierte Sammlung von Regeln. Ein wesentlicher Teil des Teamansatzes ist ja auch, daß Mitarbeiter ermutigt werden, ihren eigenen Weg zu finden – ihren eigenen Typ von Selbstmanagement, der ihrer Situation am besten gerecht wird. Der Teamansatz stellt vor allem einen Versuch dar, die Humanressourcen eines Unternehmens auf allen Ebenen vollständig auszuschöpfen. Neben einigen anderen sind die typischen Ziele von Arbeitsteams die Steigerung der Produktivität des Unternehmens und die Verbesserung der Arbeitsbedingungen für die Mitarbeiter.

Richard Hackman von der Harvard Universität beschrieb Teams so: Sie haben eine ganz bestimmte, erkennbare Aufgabe, mit der die Mitarbeiter sich identifizieren können (zum Beispiel alle Anfragen eines Aktienfondskunden beantworten können); die Teammitglieder verfügen über eine Vielzahl von Fertigkeiten, die mit der Erfüllung der Aufgabe ihres Teams in Relation stehen; es herrscht Diskretion darüber, wie die Arbeit getan wird, über die Planung der Arbeit und die Verteilung der Aufgaben; Vergütung und Leistungsfeedback erfolgen für die Gruppe als Ganzes.

Ganz zu Anfang stand das Teamkonzept stark unter dem Einfluß der soziotechnischen Systemtheorie (STS), die es als notwendig ansieht, daß sowohl die sozialen als auch die technischen Gesichtspunkte der Arbeit zu optimieren sind. Eine STS-Analyse resultiert gewöhnlich in einem Wechsel zu Gruppenarbeit; Technologie und Mitarbeiter werden in Gruppen zusammengefügt, die auch als autonome Arbeitsgruppen (Teams) bekannt sind. Das Grundprinzip ist, daß Teams bei der Konfrontation mit der totalen Varianz der Arbeitsbedingungen (Änderungen und unvorhersehbare Vorkommnisse) Ressourcen besser ausschöpfen können, als auf sich allein gestellte Individuen dies können. Die formalen Analysetechniken von STS sind nicht mehr so häufig zu finden, aber die Philosophie des aneinander Anpassens von technischem und sozialem System hat Bestand und ist ein wesentlicher Teil erfolgreichen Teamdesigns.

Nein, dies ist kein japanisches Management

Das Teamkonzept, wie wir es beschreiben, ist ein typisch westliches Phänomen (das Teamkonzept ist in den Vereinigten Staaten, Kanada, Europa und Mexiko angewandt worden), trotzdem wird es oft mit japanischem Management verwechselt. Beide Ansätze werden häufig mit der Idee des partizipierenden Managements assoziiert, aber jeder ist an eine völlig unterschiedliche Bevölkerung mit ganz bestimmten kulturellen Werten gerichtet. Bei unserer Erforschung des Teamsystems sind wir auch nach Japan gereist und haben uns intensiv mit japanischen Managementsystemen beschäftigt. Unsere Hauptschlußfolgerung ist, daß dem Westen besser gedient ist, wenn er von erfolgreichen Experimenten mit unseren eigenen Selbstmanagementteams lernt, statt auf der Suche nach innovativen organisatorischen Philosophien nach den Japanern zu schielen. Das Grundprinzip und die ersten Erfolge mit Teamdesigns stammen aus den Vereinigten Staaten und Europa und sind besser auf westliche Kulturen zugeschnitten, obwohl sie weltweit angewandt werden können.

Neben anderen Vorteilen hat sich das Teamkonzept vor allem bei der Steigerung von Produktion und Qualität und bei der Verbesserung der Arbeitsbedingungen für Mitarbeiter als wertvoll erwiesen. Es ist von seinem Design her darauf abgestellt, von den Stärken westlicher Kultur und Geschichte zu profitieren. Teams in den Vereinigten Staaten nutzen zum Beispiel den Individualismus und die Vielseitigkeit ihrer Kultur.

Warum Teams?

Wir befürchten, daß die Teamidee den Status wiederkehrender Managementmethoden angenommen hat, die gelegentlich durchs Land fegen. Manche Teameinführungen werden daher nur vorgenommen, weil es gerade Mode ist, wobei wenig darauf geachtet wird, ob der jeweilige Ansatz in das Unternehmen paßt oder nicht – sichere Garantie für einen Mißerfolg. Trotzdem gibt es einige gute Gründe, warum Teams sinnvoll sind:

- höhere Produktivität
- bessere Qualität
- bessere Arbeitsbedingungen für Mitarbeiter
- geringere Kosten
- weniger Kündigungen und Abwesenheit
- Konfliktabnahme
- Innovationszunahme
- bessere organisatorische Anpassungsfähigkeit und Flexibilität

Aus Managementgesichtspunkten ist Produktivität in der Regel der Hauptgrund für die Einführung eines Teamsystems. Mit Teams sind ständig Verbesserungen zu erzielen, die wiederum die Produktivität steigern.

In letzter Zeit haben westliche Unternehmen vielen Herausforderungen standhalten müssen. Intensiver globaler Wettbewerb, Mitarbeiter, die von ihrer Arbeit mehr erwarten als den bloßen Broterwerb, und die steigende Komplexität technischen Wissens und Informationsflusses haben Unternehmen gezwungen, innovative Wege zu erforschen, wie Humanressourcen effektvoller eingesetzt werden können. Das Konzept der Selbstmanagementteams gehört dabei zu den beachtenswerteren und vielversprechenden Ansätzen.

Traditionelle Ansätze des Managements von Humanressourcen neigen dazu, Kontrolle von oben herab zu betonen. Frühe Arbeitssystementwürfe tendierten dazu, Menschen als relativ fixe Komponenten einer großen Maschinerie zu behandeln. Die bürokratische Organisationsform läuft Gefahr, Menschen als austauschbare Teile zu betrachten statt als einzigartige Humanressourcen. Eine Bürokratie legt weniger Wert auf den vollen Einsatz der Humanressourcen zugunsten der Erhaltung von Stabilität und Status quo. Die Erhaltung des Status quo ist aber leider unvereinbar mit den Innovationen, die für ständige Verbesserungen erforderlich sind.

Als der internationale Wettbewerb noch nicht so stark war und die Mitarbeiter weniger Ansprüche im Hinblick auf Macht und Selbsterfüllung stellten, reichte Kontrolle von oben nach unten aus für unternehmerischen Erfolg. Heute erwarten Mitarbeiter jedoch von ihrer Arbeit persönliche Weiterentwicklung, Erfüllung und Würde, und das Auftauchen des globalen Marktes hat Unternehmen gezwungen, andere Wege zu erwägen, wie sie mit der Wettbewerbsherausforderung zurechtkommen können. Humanressourcen sind entscheidend für die Entwicklung und Implementierung einer organisatorischen Strategie. Führung spielt eine wichtigere Rolle. Unternehmen beginnen Mitarbeiter als eine Investition, statt als zu minimierenden Kostenfaktor anzusehen. Teams haben sich als hervorragendes und pragmatisches Vehikel gezeigt, die Wettbewerbsfähigkeit durch Mitarbeiter zu verbessern.

Was wollen Mitarbeiter?

Jede Generation unterscheidet sich von der vorhergehenden. Die meiste Aufmerksamkeit richtet sich zur Zeit auf die große Gruppe der zwischen den Mittvierzigern und den Sechzigern Geborenen, die in einer Zeit beispielloser Prosperität und sozialer Unruhen aufwuchsen und die so verschiedene Namen haben wie „Babyboomer", neue Generation, Arbeiter der neuen Werte und Kinder der Sechziger. Während sie heranwuchsen, stimulierten Studentenunruhen, der umstrittene Vietnamkrieg, Überfluß und die gesellschaftlichen Bedingungen einen revolutionären Wertewandel und Wandel insgesamt. Die Babyboomer haben gänzlich andere Wertvorstellungen bezüglich Privatleben und Arbeit als ihre Eltern und Großeltern. Vor allem sind sie weniger tolerant gegenüber Vorgesetzten. Sie zeichnen sich aus durch geringere Arbeitszufriedenheit und weniger Verlangen danach zu leiten oder zu führen, in der Unternehmenshierarchie aufzusteigen und sich Autorität zu beugen. Sie sind der Überzeugung, daß sie das Recht auf einen „guten" Arbeitsplatz haben, sie wollen ihr Schicksal selbst bestimmen, und sie haben eine niedrige Abwesenheitsschwelle. Hinzu kommt, daß sie weniger Respekt vor Autorität und ein größeres Verlangen nach dem Ausdruck ihrer Persönlichkeit, individuellem Weiterkommen und Selbstverwirklichung haben. Mit anderen Worten: Heutige Arbeitnehmer begnügen sich nicht damit, für das bloße Gehalt zu erscheinen. Sie wollen mehr – und Teams können dies bieten. Teams pflegen einen Sinn für Anstand, Selbstwert und eine Verpflichtung zu der Leistung, die ein Unternehmen konkurrenzfähig macht.

Um die Dinge noch zu komplizieren, erscheint jetzt ein noch neuerer Schlag von Arbeitnehmern auf der Bildfläche, die „Babybusters". Diese Mitarbeiter haben wieder neue Werte und Erwartungen, die völlig anders sind als in traditionellen Unternehmen. Sie sind nicht so schnell bereit, Verpflichtungen einzugehen, und weniger loyal gegenüber ihren Unternehmen. (Es stimmt auch, daß Unternehmen weniger loyal zu ihren Angestellten sind.) Sie wurden jüngst so beschrieben: „Sie beugen sich keiner Autorität. Jüngere Mitarbeiter respektieren jemanden nicht bloß, weil er oder sie Chef ist. Sie wollen wissen, warum sie bestimmte Dinge erledigen sollen. Sie stellen Autorität in Frage und lehnen Hierarchien ab." (Baby Busters Enter the Work Force, in: Futurist Mai/Juni 1992). Es wurde auch über sie berichtet, daß sie wetteifernd und lernbegierig seien und danach trachteten, bei der Arbeit Spaß zu haben.

Diese Merkmale der neuen Arbeitnehmergeneration stellen große Herausforderungen für Unternehmen dar, wenn man sie im Zusammenhang mit besserer Ausbildung und einem höheren Lebensstandard in unserem Jahrhundert betrachtet. Das Bestreben der neuen Arbeitnehmer nach Selbstverwirklichung kann durch die konventionellen Ansätze der Vergangenheit nicht erfüllt werden. Teams haben das besondere Vermögen, die Bedürfnisse der neuen Angestelltengeneration anzusprechen.

Das ist nichts Neues. Schon vor über zehn Jahren hat die *Business Week* den Schluß gezogen, daß die US-Industrie die Arbeit und ihre Anreize den Werten der neuen Arbeiter gemäß neu organisieren muß, statt Menschen in Arbeitsplatzdesigns und Industriesysteme von vor achtzig Jahren zurückzuversetzen. Die neuen Angestellten haben ein sehr akutes Bedürfnis danach, als wertvolle und respektierte Mitarbeiter behandelt zu werden, und sie wollen die Chance haben, dazuzulernen, sich weiterzuentwickeln und auf ihre Arbeit und ihr Unternehmen Einfluß ausüben zu können. Wir glauben, daß Selbstmanagementteams diesen Ansprüchen näherkommen als irgendeine andere schon ausprobierte Arbeitssystemalternative. Sie überkommen das traditionelle, hierarchische, auf dem Boß basierende System und geben Mitarbeitern die Freiheit, sich zu entfalten und Respekt und Würde zu erlangen. In Teams kontrollieren und managen die Teammitglieder selbst, und das macht tatsächlich etwas aus. Die Botschaft lautet schlicht: Wer sein Unternehmen ins nächste Jahrhundert erhalten will, kommt an Teams kaum vorbei. Sonst schwimmt man stromaufwärts gegen die von jungen Mitarbeitern gespeisten Wogen des Wandels.

Ein häufiges Dilemma bei dem Wechsel zu autonomen Teams ist der notwendige Wandel in Managementdenken und -philosophie. Unteren Ebenen im Unternehmen mehr Macht zu geben kann für Manager, die dies als Bedrohung ihres eigenen Status sehen, ein sehr entnervender Prozeß sein. Auch erfordert das Führen von autonomen Teams neue Management- und Führungsperspektiven, die Vorgesetzten mit traditionell-hierarchischen Systemansichten nicht so leicht in den Schoß zu fallen scheinen. Der Übergang zum Mitarbeiterselbstmanagement kann für die betroffenen Manager zum Problem werden.

Geschichte der Teams

Die Teamidee hat sich zweifellos auf die verschiedenen Sektoren der Arbeitswelt unterschiedlich ausgewirkt. Die weitestgehenden Erfahrungen stammen aus dem produzierenden Sektor, in dem dieses Konzept in den sechziger Jahren zuerst eingeführt wurde. In diesem Sektor geht es nicht mehr um das Ob oder Warum Teams einführen, sondern um die Feinabstimmung auf bestimmte Gegebenheiten. Der Dienstleistungssektor hinkt hier deutlich hinterher, holt aber schnell auf. Wettbewerbsfähigkeit ist im Service zu einem heißen Thema avanciert, schlechter Service wird immer weniger toleriert. Der IDS-Fall im vierten Kapitel zeigt, welches Potential Teams im Servicesektor haben. Wenn hier auch noch viel zu lernen ist, so sind Teams im Servicesektor wahrscheinlich die interessantesten Ansätze der neunziger Jahre.

Das Unternehmen Procter & Gamble gilt allgemein als Pionier bei der Einführung von Teams. Es begann in den frühen sechziger Jahren, wurde aber nicht bekannt gemacht und entging der Aufmerksamkeit der Medien. Bei Procter & Gamble sah man den Teamansatz als bedeutenden Wettbewerbsvorteil an. Während der achtziger Jahre unternahm man jeden erdenklichen Versuch, die Aufmerksamkeit von sich abzulenken. Das Unternehmen sah sein Wissen über Teamorganisation als eine Art Handelsgeheimnis an und verlangte von Beratern und Angestellten, daß sie Stillschweigeabkommen unterschrieben. Procter & Gambles Erfolg mit Teams erhielt trotzdem beträchtliche Aufmerksamkeit von einer kleinen Gruppe von Beratern, die durch Procter & Gamble inspiriert waren und sich die Techniken durch ein informelles Netzwerk aneigneten. Viele von ihnen hatten ursprünglich für Procter & Gamble gearbeitet und waren von anderen Unternehmen aufgrund ihrer einzigartigen Kenntnisse und Erfahrungen durch lukrative Angebote abgeworben worden.

Während der siebziger und achtziger Jahre war auch General Motors ein Ort aktiven Experimentierens mit Teams, weitaus weniger geheimnisvoll als Procter & Gamble. Viele der GM-Teameinführungen waren sehr erfolgreich und dienten als Modelle für andere Veränderungen im Land. Diese Versuche führten schließlich zum Experiment Saturn, General Motors erfolgreichstem Bereich.

GM bleibt jedoch ein Rätsel; es ist ein Schulbuchbeispiel dafür, daß Erfolge mit Teams an einer Stelle sich nicht notwendigerweise auf eine andere Abteilung im selben Unternehmen übertragen lassen (und ferner, daß Teams nicht die einzige Antwort auf den Wettbewerb sind). Es hat sich als erhebliche Herausforderung erwiesen, das Teamkonzept in großen Unternehmen auf breiter Ebene einzuführen. Und obwohl bestimmte Produktionsbetriebe von GM hinsichtlich Mitarbeiterselbstmanagement auf neuestem Stand sind, hat der Führungsstab nach Meinung vieler Analytiker eine eher traditionelle Top-down-Managementmentalität beibehalten.

Andere prominente Unternehmen, die aktiv mit Teams experimentieren, sind Digital Equipment, Ford, Motorola, General Electric, Honeywell, Caterpillar, Boeing, AT&T und Xerox.

Etwas traurig und bedauernd sollten wir vielleicht auch erwähnen, daß selbst in unserem eigenen Revier, der Universität, die Wirtschafts- und Psychologieprofessoren mit ihrer theoretischen Entwicklung und empirischen Erforschung von Teams weitestgehend Nachlaufen spielen. Unternehmen wie Proctor & Gamble und General Motors haben sich damit hervorgetan, aber bis vor kurzem fehlte das Thema Selbstmanagementteams in Lehrplänen zur Unternehmenskultur. Die Teamidee taucht nun auch in Managementlehrbüchern auf, aber nach unserer Meinung mindestens ein halbes Jahrzehnt zu spät. Zweifellos müssen wir uns in Forschung und Lehre mehr dem Thema Teams widmen.

Es hat zwar einige Zeit gedauert, aber nun sind Teams eine populäre „Mode" geworden mitsamt den damit verbundenen Vor- und Nachteilen; dennoch glauben wir, daß sie den Lauf der Zeit überstehen werden und sich als dauerhaft erweisen. Wir glauben, daß Teams die Art und Weise, wie wir über Arbeit denken, grundlegend ändern werden. Das Etikett und der Ansatz werden sich entwickeln und vielleicht vergehen wie alle Moden, aber die grundlegenden Methoden, wie Teams arbeiten, werden uns lange erhalten bleiben, vor allem, weil Teams effizient sind. Teams stellen vielleicht ein völlig neues Management-Paradigma dar. Es könnte auch sein, daß sie eine neue Ära des Business widerspiegeln, die so bedeutsam wie die industrielle Revolution ist und das Arbeitsleben auf Jahrzehnte verändern wird.

Eine Grundsatzfrage: Sind Teams effizient?

Es gibt zwei Kategorien von Beweisen für die Effizienz von Selbstmanagementteams: qualitative Beweise, über die oft in der Presse berichtet wird, und strengere wissenschaftliche Zahlen, die aus wohlüberlegter wissenschaftlicher Forschung stammen. Die Business Week behauptete, daß Teams die Produktivität um dreißig Prozent oder mehr erhöhen und die Qualität maßgeblich verbessern könnten (Horr, The Payoff from Teamwork). Andere Beispiele, über die in der Presse berichtet wurde, sind eine Alcoafabrik in Cleveland, in der ein Produktionsteam eine Methode entwickelte, geschmiedete Räder für Lieferwagen herzustellen, die den Ausstoß um fünf Prozent erhöhte und den Ausschuß halbierte. Bei Weyerhaeuser, dem Papierhersteller, reduzierte ein Team von juristischen Mitarbeitern erheblich die Zeit, die für das Auffinden eines Dokumentes benötigt wurde. Bei Federal Express gelang es 1989 etwa tausend Mitarbeitern, eingeteilt in Teams von je fünf bis zehn Mitarbeitern, Probleme im Service um dreizehn Prozent zu senken. Bei Rubbermaid entwickelte 1987 ein interdisziplinäres Team von Marketing, Ingenieurwesen und Design eine neue Produktlinie; der Absatz im ersten Jahr überstieg die Erwartungen um fünfzig Prozent.

Corning eliminierte eine Managementebene in seinem Computercenter, indem es drei Schichtleiter durch einen Teamberater ersetzte und dadurch jährlich 150 000 Dollar an Einsparungen und besserem Service produzierte. Mitarbeiter fühlten größere Autonomie und Verantwortung, weil sie bedeutungsvollere und produktivere Arbeit verrichteten. In einer Versicherungsfirma führte Automatisierung zu einer Abkehr von einer funktionalen Organisation und zu autonomen Teams. Eine Nachuntersuchung zwei Jahre später stellte Verbesserungen im Arbeitsfluß, in der Arbeitsstrukturierung und im Ergebnis fest.

Wir beschreiben in diesem Buch auch mehrere Unternehmen, die eindrucksvolle Ergebnisse durch Teams vorzuweisen haben, kurzfristig und langfristig. Ein ansehnliches Zahlenwerk legt die Effizienz von Teams nahe. Jedoch sind nicht alle Beweise, insbesondere diejenigen aus strengerer akademischer Forschung, uneingeschränkt zustimmender Natur. Die Schwierigkeit, das Teamkonzept mit harten, wissenschaftlichen Daten zu bewerten, ist vielleicht am besten von John Miner ausgedrückt worden:

> Die Ergebnisse sind oft positiv. Es ist schwer vorauszusagen, ob das Resultat höherer Ausstoß, bessere Qualität, weniger Abwesenheit, weniger Kündigungen, weniger Unfälle, größere Arbeitszufriedenheit oder etwas anderes ist, aber die Einführung autonomer Arbeitsgruppen steht oft mit Verbesserungen im Zusammenhang. Es ist unverständlich, wieso ein bestimmtes Ergebnis wie höhere Produktivität in einer Studie auftaucht und in einer anderen nicht, und warum manchmal gar nichts verbessert wird. Überdies ist nicht bekannt, was die Veränderungen bewirkt, wenn sie auftreten. Der Ansatz erfordert so viele Veränderungen gleichzeitig, daß es beinahe unmöglich ist, den einzelnen Variablen einen Wert beizumessen. Bessere Bezahlung, eigene Wahl von Arbeitssituationen, Vielfachschulung und die daraus resultierende Arbeitsplatzanreicherung sowie ein geringerer Kontakt mit Autorität treten in autonomen Arbeitsgruppen beinahe immer auf (John B. Miner, Theories of Organizational Structure and Process, Hinsdale, Ill.: Dryden, 1982, S. 110 f.)

Widerstand gegenüber Teams

Eine Titelgeschichte der Business Week stellte die Frage: „Die Qualitätsgewinne sind beträchtlich – warum also verbreitet es sich nicht schneller?" Warum widerstehen Unternehmen und Mitarbeiter dem Wandel zu mehr Selbstmanagement durch Teams? Es gibt mehrere philosophische und pragmatische Barrieren für die bereitwillige Annahme des Teamkonzeptes. Sie stammen meist aus dem Unbehagen gegenüber dem Unbekannten und aus dem generellen Widerstand gegen Veränderungen. Im folgenden einige der bemerkenswerteren Widerstände.

- Betonung der Individualität

In den Vereinigten Staaten gibt es eine starke politische und persönliche Tradition der individuellen Freiheit, die gelegentlich der gemeinschaftlichen Natur der Teamarbeit entgegensteht. Sowohl für Angehörige des Managements als auch für andere Mitarbeiter bedroht die Betonung der Teamwerte nicht nur ihre traditionelle Sicht der Arbeit, sondern auch ihre Lebensweise. Viele Mitarbeiter können sich auch nicht ohne weiteres an die Vorstellung gewöhnen, nach so vielen Jahren der Abhängigkeit ohne einen Chef oder Vorgesetzten zu arbeiten. Kürzlich hörten wir von dem Fall eines großen, stämmigen Fabrikarbeiters, der, als er von der Veränderung seines Unternehmens hin zu autonomen Teams erfuhr, mit der Faust auf den Tisch schlug und auf seinem Recht nach einem Chef beharrte, der ihm sage, was er zu tun habe.

- Mißtrauen

Unternehmen, die auf eine Vergangenheit von managementinduzierten Moden und einem schwachen Management der Beziehungen zwischen den Sozialpartnern zurückblicken, genießen nicht unmittelbar die Glaubwürdigkeit bei leitenden Angestellten, die für das Implementieren von Teamprozessen nötig ist. Wenn das Management die Teamentwicklung eher als Kostenfaktor denn als Investition sieht und Mitarbeiter Teams als weiteren Versuch betrachten, sie auf die Sicht des Managements einzustimmen, wird der angestrebte Wechsel zu Teamwerten und Teamarbeit wahrscheinlich fehlschlagen. Kein Wunder, daß viele erfolgreiche Teamversuche in Unternehmen oder Industriezweigen stattfinden, in denen Mitarbeiter und Management gezwungen waren, zugunsten von Teams ihr traditionelles Mißtrauen zu hinterfragen und auszumerzen.

- Geringere Aufstiegsschancen für das mittlere Management

Ein Übergang zu Teamstrukturen und zu der damit einhergehenden flacheren Organisationsstruktur senkt die Aufstiegschancen für Manager in der Hierarchie, weil von der traditionellen Hierarchie nicht mehr viel übrig bleibt. Mit Sicherheit bedroht nicht nur die Teambewegung die Karriereaussichten und -erwartungen vieler Manager, sondern es gibt auch ökonomische Gründe. Gesundschrumpfung und Wegrationalisieren von Befehlsschichten werden weiterhin stattfinden, mit Teams oder ohne.

- Fehlen von Einfühlung und Verständnis

Das Management von autonomen Teams erfordert die Fähigkeit, zuhören zu können, Sichtweisen zu ändern, sich einzufühlen und Grundverhaltensmuster zu ändern. Ohne eine ausreichende Investition in die Schulung und Entwicklung von Sozialkompetenz wird sich die Teamentwicklung verzögern oder ihr sogar entgegengearbeitet.

- Widerstand des Managements

Manager, die gelernt haben, durch Druck oder Drohungen zu führen, werden das Teamkonzept nicht ohne weiteres annehmen. Der Wechsel zum Teamansatz ist für den harten Manager ziemlich entmutigend.

Ausblick auf Unternehmen ohne Bosse

Das erste Kapitel, Auf dem Weg zu Teams, handelt von der wahrscheinlich größten Herausforderung bei der Einführung von Teams. Manager, insbesondere die in der vordersten Linie, sind oft am meisten bedroht und gegenüber dem Teamkonzept die resistentesten Personen. Ihre Macht und ihr Status als Chef werden verwundbar, und sie haben mitunter Schwierigkeiten damit, eine neue Rolle in der Organisation zu übernehmen, die für die Teamentwicklung von zentraler Bedeutung ist. Wenn diese Manager in der Mitte gute Arbeit leisten, riskieren sie, daß sie sich selbst um ihren Job bringen.

Kapitel 2, Teams im Arbeitsalltag, betrachtet ein relativ ausgereiftes Teamsystem in einer Fabrik von General Motors, die wartungsfreie Autobatterien herstellt. Der Schwerpunkt des Kapitels liegt auf den alltäglichen Verhaltensweisen, Aktivitäten und Gesprächen von Teammitarbeitern. Es beschreibt, wie Teams aussehen und was sie leisten, wenn sie einmal die notwendigen Teamfähigkeiten erworben haben und das System relativ stabilisiert ist. Außerdem geht es um die Führungseigenschaften von Teamleitern und -koordinatoren, die die Schaffung von einem Arbeitsleben ohne Vorgesetzte ermöglichen.

Kapitel 3, Gute und schlechte Teams, liefert einen pragmatischen und neutralen Einblick in Teams in einer Papierfabrik der Lake Superior Paper Company. Diese Teams befinden sich in einer relativ frühen Phase ihrer Entwicklung. Die Geschichte enthält viele bemerkenswerte Erfolge sowie zahlreiche Herausforderungen, die zu bewältigen sind. Dieses Kapitel vermittelt ein Gefühl dafür, wieviel Mühe in der Realität damit verbunden ist, ein Teamsystem in Gang zu bringen.

Kapitel 4, Die frühe Implementierungsphase, untersucht den Start eines Teamsystems bei IDS Financial Services. Die Planung, Startvorbereitungen und erste Einführung von Teams ist detailliert wiedergegeben, einschließlich der Implementierungsentscheidung, der Einbeziehung eines externen Beraters und der Bildung von ersten Komitees und Gruppen, die die Übergangsphase leiteten. Das Kapitel zeigt auf, was von Anfang an zu tun ist, um ein Unternehmen ohne Bosse zu schaffen, und vermittelt ein Gefühl für die Relevanz von Teams für Dienstleistungsunternehmen. Es findet sich dort auch eine aktuelle Beschreibung des Nutzens, den es aus dem Teamansatz gezogen hat.

Kapitel 5, Die Illusion von Selbstmanagement, wirft einen Blick auf einen Fall, in dem das Selbstmanagementkonzept zur Senkung der Kontrolle, die Mitarbeiter einer unabhängigen Versicherungsfirma ausübten, zweckentfremdet wurde. Dieser Fall enthält die Warnung, daß Mitarbeiter nicht automatisch mehr Macht bekommen und das Ziel Arbeit ohne Chefs erreicht ist, nur weil das Wort Selbstmanagement benutzt worden ist. Der Meister der Einführung von autonomen Teams in diesem Unternehmen, der CEO, bezog in der Öffentlichkeit eine starke Stellung zugunsten der Philosophie der Mitarbeiterermächtigung, aber in der Realität war es nur eine Illusion. Nach sorgfältiger Analyse stellte sich heraus, daß das Teamsystem tatsächlich benutzt wurde, um die Verfügungsfreiheit und persönliche Kontrolle der Mitarbeiter zu senken.

Kapitel 6, Selbstmanagement ohne formale Teams, beschreibt einen alternativen Weg, wie die Arbeit ohne Chefs und Mitarbeiterselbstmanagement ohne formal geschaffene Teams ermöglicht werden kann. Dieser Ansatz der überaus erfolgreichen W. L. Gore Corporation wird detailliert untersucht, wobei ein faszinierendes System von sich je nach Bedarf selbst bildenden Teams zum Vorschein kommt. Ein System ohne Chefs oder Manager, aber mit jeder Menge Führern, ist das Herz dieser Erfolgsgeschichte. Das Unternehmen hat keine Angestellten, sondern Gesellschafter, die sich direkt mit denjenigen Kollegen zusammentun, die sie für die Erledigung einer Aufgabe brauchen, ohne sich um eine Befehlskette sorgen zu müssen. Das Kapitel gibt einen Einblick in eines der fortschrittlichsten Selbstführungssysteme, die wir bisher gesehen haben, in dem eine Menge Teamarbeit stattfindet, ohne daß Teams formell vom Management gebildet worden sind. Der Gore-Ansatz zum Unternehmen ohne Bosse wird auch mit dem Ausdruck Un-Management (das die Existenz von Unchefs impliziert) umschrieben.

Kapitel 7, Teams und Total Quality Management, betrachtet Teams als Teil eines Total-Quality-Management-Ansatzes. In einer erfolgreichen Teameinführung einer Fabrik von Texas Instruments in Malaysia werden Teams nur als ein Teil, wenn auch ein sehr wichtiges, einer Gesamtanstrengung zum Total Quality Management betrachtet. Diese Fabrik beschäftigt zudem eine sehr vielfältige, multikulturelle Belegschaft. Das Beispiel zeigt eine eindrucksvolle Offenheit zum Kombinieren guter Ideen aus vielerlei Quellen mit dem Ziel, ein optimales, auf Teamarbeit basierendes Arbeitssystem zu schaffen. Total Quality Management, kulturelle Vielfalt und das Streben nach der organisatorischen Mischung der besten industriellen Errungenschaften der Welt sind die Hauptthemen dieses faszinierenden Falls.

In Kapitel 8, Das Strategieteam, liegt die Betonung auf Teamarbeit bei der Entwicklung der Unternehmensstrategie. In der AES Corporation werden viele ineinandergreifende Teams an der Strategiebildung beteiligt. Dieses Kapitel konzentriert sich auf die Bedeutung von Teams auf oberster Ebene. Obwohl Teams und Teamarbeit ein wichtiger Bestandteil der Kultur und Philosophie dieses Unternehmens sind, bildet eine vielschichtige „Managementzwiebel" das Herzstück dieses eindrucksvollen Unternehmens, in dem Strategie von Kernwerten vorangetrieben wird. Dieses Kapitel macht deutlich, daß Teams nicht nur für Mitarbeiter unterer Ebenen, sondern auch für die Spitze angebracht sind.

Kapitel 9, Arbeiten ohne Bosse, identifiziert die wichtigen Lektionen und Herausforderungen, die durch die Beispiele in diesem Buch aufgezeigt wurden. Dieses abschließende Kapitel stellt Lektionen und Rezepte zusammen, die als wichtiger Anfang für Unternehmen dienen können, die den Teamansatz erwägen oder bereits damit kämpfen. Insbesondere ist es ein Wegweiser für die Schaffung erfolgreicher Unternehmen ohne Bosse. Die Schilderungen zeigen, wie der Boß in erfolgreichen Unternehmen zum überflüssigen Tyrannosaurus Rex geworden ist.

1. Auf dem Weg zu Teams: Die Barriere „mittleres Management" überwinden

Die Entscheidung für Teams und gegen Bosse fordert von Managern in der Unternehmung deutliche Anpassungsmaßnahmen. Es kann ein peinlicher Prozeß für Manager sein, Macht und Kontrolle an untere Ränge in der Hierarchie abzugeben, im wesentlichen bedingt durch den Verlust an Status und Macht für sie selbst. Außerdem erfordert das Führen autonomer Mitarbeiter neue Perspektiven und Strategien, die den Betroffenen vielleicht nicht ohne weiteres zufallen. Der Übergang zum autonomen Team kann vielmehr ein unsicherer und problematischer Prozeß für seine Manager sein.

Das Führen autonomer Mitarbeiter eröffnet neue Perspektiven, die sich nicht automatisch zu ergeben scheinen. Dieser kritische Faktor hat starken Einfluß auf den Selbstmanagementprozeß, wird jedoch in der Erforschung und Beschreibung von autonomen Teams oft übersehen. In diesem Kapitel gehen wir diesem Problem auf den Grund und untersuchen die Übergangsprobleme von betroffenen Managern, insbesondere ihre Schwierigkeiten damit, daß ihre ehemaligen Untergebenen nun ihre eigenen Manager sind.

Der Übergang zu autonomen Teams

Die Charrette Corporation bei Boston ist ein nicht gewerkschaftlich organisiertes Großhandels- und Vertriebsunternehmen von Architektur-, Ingenieur- und kommerziellen Kunstartikeln mit einem jährlichen Verkaufsvolumen von über 50 Millionen Dollar. Es wurde 1964 gemeinsam von seinem gegenwärtigen Vorsitzenden und dem Präsidenten gegründet, die zusammen in 100prozentigem Besitz des Unternehmens sind.

Unser Hauptaugenmerk richtete sich auf die Lagervertriebsoperation des Unternehmens. Das Vertriebszentrum bestand aus vier Teilbereichen: Annahme/Auffüllen, Auftragsbearbeitung, Verpackung und Versand. Die Studie konzentrierte sich auf Manager, die unmittelbar mit der Auftragsbearbeitungs- und -verpackungsmannschaft zu tun hatten, etwa 65 Personen.

Das Kernmanagementteam bestand aus sieben Personen: dem Operationsleiter, der für die Koordination aller vier Teilbereiche verantwortlich war, den Tag- und Nachtschichtleitern, die die täglichen operationalen Details der Auftragsbearbeitung und -verpackung verantworteten, sowie vier Tag- und Nachtvorarbeitern in der Auftragsbearbeitung und -verpackung, die den beiden

Schichtleitern unterstellt waren. Die vier Vorarbeiter waren für alle Probleme bezüglich Belegschaft und Produktionsfluß zuständig, die sich kurzfristig ergeben können. Bedingt durch ein hohes Auftragsvolumen legten sie auch oft selbst Hand an.

Die Mehrheit des Kernmanagementteams arbeitete schon seit wenigstens vier Jahren für das Unternehmen, etwa fünfmal solange wie der Durchschnittsangestellte, und fast alle hatten als Auftragsbearbeiter und -verpacker angefangen. Der Managementstil war ein traditioneller autokratischer Ansatz mit Betonung auf Vernunft gewesen. Ein guter Manager war jemand, der „das Nötige" tat, was auch immer für die Erledigung einer Aufgabe erforderlich war, wobei einer strengen Kontrolle über die Belegschaft besonderes Gewicht zukam.

Der alte Managementstil hatte sich nicht bezahlt gemacht. Der Operationswirkungsgrad und das Produktivitätsniveau waren problematisch. Die Statistik zeigte, daß die Abwesenheitsquote bei zehn Prozent lag, die Jobfluktuation betrug 250 Prozent, die Produktivitätsausnutzung 60 Prozent und die Fehlerhäufigkeit 1,8 Prozent aller Aufträge. Die durchschnittlichen Ineffizienzkosten beliefen sich auf etwa 30 Prozent der Erträge. Obwohl eine Änderung dringend nötig war, verursachte der Wechsel zu einem Ansatz mit autonomen Teams, der vom CEO und einem Berater entschieden worden war, einen direkten Konflikt in der Managementphilosophie des alten Systems und erforderte ein deutliches Umlernen der Manager.

Aufgrund bestimmter Merkmale der Belegschaft war dieses Unternehmen besonders interessant für Studienzwecke bezüglich des Wandels im Managementdenken. Das Durchschnittsalter der betroffenen Mitarbeiter war am Anfang 19, deutlich jünger als bei den meisten anderen vergleichbaren Ansätzen. Die meisten Arbeiter hatten gerade die High School beendet oder die Schule abgebrochen. Hinzu kamen einige andere Spannungspunkte, wie die aus vielerlei ethnischen Gruppen gemixte Zusammensetzung der Mitarbeiter. Sie bestand aus 73 Prozent Weißen, 12,5 Prozent Schwarzen und 14,5 Prozent Spanischstämmigen. Die Spannungen kamen in einem feindlichen Geschmier an den Toilettenwänden sowie unkooperativer Verhaltensweisen während der Arbeit zum Ausdruck. Oft mokierten sich weiße männliche Arbeiter über Sprache und Verhaltensmuster ihrer minderheitlichen Kollegen. Selten arbeiteten Weiße und Schwarze zusammen oder unterhielten freundschaftliche Beziehungen. Mehrere Angestellte waren außerdem wegen Drogenbesitz und Drogenhandel verhaftet worden.

All diese Faktoren machten den organisatorischen Wechsel zu autonomen Teams vor allem für das Management zu einer besonderen Herausforderung.

Dem Management war zwar klar, daß ein organisatorischer Wandel für eine Verbesserung von Produktivität und Moral notwendig war, aber es war ungewiß, ob diese junge und problembeladene Belegschaft einem autonomen Teamansatz gewachsen war. Die neue Rolle der Manager würde für eine erfolgreiche Implementierung entscheidend sein.

Wir benutzten mehrere Methoden zur Informationssammlung. Zuerst einmal war David Keating Berater des Unternehmens. Er machte den Vorschlag, autonome Teams einzuführen, und ebnete den Weg. Der Einsatz eines außenstehenden Beraters ist keine Notwendigkeit bei der Implementierung von Teams, aber viele Unternehmen sehen die Unterstützung und Anleitung eines Beraters als hilfreich an. Keating arbeitete bereits etwas mehr als zwei Jahre mit dem Unternehmen zusammen. Während dieser Zeit analysierte er die bestehenden betrieblichen Abläufe, schlug einen Ansatz mit autonomen Teams vor und arbeitete dann direkt mit dem Kernmanagementteam zusammen, um dieses auf den Übergang vorzubereiten. Diese enge Mitarbeit machte Beobachtungen aus erster Hand möglich und schuf eine Wechselbeziehung mit dem Managementteam während des Übergangs zu einer Selbstmanagementphilosophie. In einem Tagebuch wurde dieser Prozeß detailliert dokumentiert.

Weiterhin wurden mehrfach Gespräche und Diskussionen mit einzelnen Mitgliedern des Managementteams geführt, von dem Moment an, zu dem der Wechsel zum neuen System akzeptiert wurde, bis zum Beginn der Implementierung. Einige Schlüsselreaktionen von Managern bezüglich des Managens in einer Umgebung autonomer Teams wurden mit einer Videokamera aufgezeichnet. Die Aufnahmen konzentrierten sich vor allem auf Rollenspiele, in denen die Manager übten, Mitarbeiter zu managen, die dazu ermutigt wurden, sich zunehmend selbst zu managen. Dies lieferte eine besonders detaillierte Quelle von Einsichten in die Gedanken, Gefühle und das Verhalten der Manager während des Übergangs zum Selbstmanagement.

Schwerpunktthemen im Management

Im Kampf der Manager mit dem kommenden organisatorischen Wandel kristallisierten sich mehrere Hauptthemen heraus, die wir dadurch verdeutlichen wollen, daß wir Beispiele der Interaktionen zwischen Mitgliedern des Managements während der Übergangsphase geben. Diese Episoden machen nicht nur den Prozeß klarer, sondern scheinen auch das Rohmaterial für die Konstruktion und Evolution des Wandels in der Managementphilosophie zu liefern.

Thema 1: Anfängliches Mißtrauen, Unsicherheit und Widerstand

Während der Übergangsphase fühlten die Manager sich von dem bevorstehenden Wandel bedroht und verhielten sich ablehnend. Sie befürchteten, daß das obere Management auf Vorkommnisse der Vergangenheit aufmerksam würde, die als persönliche Fehlleistungen angesehen werden könnten. Es gefiel ihnen nicht, daß der Änderungsplan auf das Konto des Beraters zu gehen schien, und sie waren davon überzeugt, daß das neue System fehlschlagen würde. Mit anderen Worten: Sie glaubten, daß eine Analyse des Systems, die eine Änderung nahelegte, sie schlecht aussehen zu lassen drohte und daß der neue Arbeitsplan, selbst wenn er funktionierte, nur dem Image des Beraters zugute kommen würde und nicht den Managern.

Der Tagesmanager führte den anfänglichen Widerstand an. Das bestehende System habe sich mit der Zeit ergeben, sagte er, und sei auf maximale Flexibilität ausgerichtet (das hieß *seine* Flexibilität bei der Erteilung von Anordnungen an die Arbeiter und Erhaltung der Kontrolle). Er glaubte, daß Aufträge nicht zusammengestellt und versandt würden, falls ein Teamansatz eingeführt würde, da den Arbeitern mehr Entscheidungen und Verantwortung zukämen und seiner Kontrolle entgingen. Er befürchtete, daß nicht erfolgte Sendungen ihn seinen Job kosten könnten. Zudem würde die Zustimmung des oberen Managements zum Plan es erfordern, daß Schwachstellen in der Distribution aufgedeckt würden, was ihn ebenfalls nicht gut aussehen ließe. Um diesen Widerstand zu überwinden, mußte der Berater sicherstellen, daß dieser Manager vor der Führungsspitze sicher war.

Der neue Ansatz wurde angenommen, ohne daß der Tagesmanager entlassen wurde, aber er setzte seinen Widerstand fort. Als er erfuhr, daß die Führungsspitze dem Ansatz zugestimmt hatte, reagierte er damit, daß er mißbilligend sein Feuerzeug quer über seinen Schreibtisch schleuderte. Während der Besprechungen der ersten Tage zeigte er eine geschlossene Körpersprache und trug wenig zur Diskussion bei.

An einem der ersten Tage konfrontierte er den Berater mit dem Argument, daß der Entwurf vor allem ihm, dem Berater, nütze. Als dieser auf die potentiellen Vorteile für das Unternehmen hinwies, wiederholte der Manager seine Anschuldigungen. (Als er später die Chancen des neuen Systems erkannte, entschuldigte er sich öffentlich bei dem Berater, leistete hervorragende Beiträge zum Wandel und half der Kerngruppe oft bei der Entwicklung einer Sprache für ihre neue Rolle als Förderer. Er bekam den Spitznamen „Wortmann".)

Eine Reihe von Kommentaren während dieser ersten Phase deutete auf ein Festhalten am traditionellen Managementstil des Unternehmens hin. Ein Manager betonte die Unzulänglichkeiten der Arbeiter und stellte heraus: „Wir müssen immer eingreifen und die Probleme für sie lösen." Ein anderer Manager machte keinen Hehl aus seiner Ungeduld mit den Arbeitern: „Wir können uns nicht mit Leuten aufhalten, die nicht arbeiten." Allgemein schien die Kerngruppe zu glauben, daß die Arbeiter zu unreif und verantwortungslos seien, um den Wandel handhaben zu können.

Kurz, die ersten Reaktionen auf den Wandel waren Argwohn, Unsicherheit und Widerstand. Dies wurde während der ersten Besprechungen des Kernmanagements sehr deutlich. Diese Gespräche dienten offenbar als Ventil für den inneren Druck, unter dem einige von ihnen standen, und scheinbar waren sie Symptom eines allerletzten Versuchs, den Wandel zu verhindern.

Thema 2: Graduelle Realisierung der Chancen im neuen System

Der zweite Punkt war der wachsende Glaube der Manager, daß das neue System funktionieren könnte. Diese Erkenntnis kam allmählich nach stundenlangen Kämpfen und Diskussionen über die Möglichkeiten und Herausforderungen des Teamkonzeptes. Der Glaube an die Kompetenz und Verantwortung der Arbeiter kam auf, als die Manager begannen, die möglichen Vorteile des neuen Systems zu begreifen. Außerdem erkannten sie, daß sie eine neue Rolle als Förderer annehmen und sich vom traditionellen Managementdenken trennen mußten.

In dieser Übergangsphase loteten die Manager die Grenzen des neuen Systems aus. Ihre Fragen reichten von: „Können Gruppen sich wirklich selbst fördern?" bis zu solch grundsätzlichen Fragen wie: „Können Gruppen neue Mitarbeiter anlernen?" – eine Aufgabe, die bisher nur Managern aufgetragen worden war. Nach und nach gaben diese Manager ihre Zweifel an den Kompetenzen der Arbeiter auf und fingen an, Wege zu erkunden, wie sie ihnen bei der Erfüllung ihrer Managementaufgaben helfen könnten.

Ferner entschieden die Manager, daß Arbeiter die Kunden anrufen sollten, um ein Feedback für die Aufträge zu bekommen, die sie bearbeitet hatten. Die Manager waren zwar besorgt, daß die Arbeiter vulgär sein könnten oder unfähig, diplomatisch auf ärgerliche Kunden zu reagieren, aber es war ihnen klar, daß der Unternehmenserfolg von höflichen Mitarbeitern und fehlerfreien Aufträgen abhing. Die Kommunikation mit den Kunden würde den Arbeitern helfen, sich mehr mit ihnen zu identifizieren und ein Gefühl für sie zu bekommen – eine radikale Abkehr von der früheren Denkweise der Manager, daß man „die wilden Tiere im Lagerhaus soweit weg wie möglich von den Kunden halten müßte".

Die Managergruppe entwickelte die Theorie, daß der Erfolg des Programms davon abhing, daß die Arbeiter großen Wert auf die Gruppenzugehörigkeit legten. Diese Annahme erwuchs aus der Frustration der Manager über ihre eigene Unfähigkeit, die Abwesenheitsrate und unprofessionelles Verhalten zu kontrollieren. Als sie dies mit dem Berater diskutierten, sahen sie ein, daß der Vorgesetztenstatus nicht mit Verhaltenskontrolle gleichzusetzen ist. Sie kamen zu dem Schluß, daß Druck von Kollegen oft effektvoller ist als Drohungen vom Management und daß ein Mitarbeiter eher nicht krankfeiern würde, wenn er sich am nächsten Morgen seinen Teamkollegen gegenüber zu verantworten hätte.

Die Manager befürchteten zunächst, in ihrer neuen Rolle als Förderer nicht genug direkten Kontakt zu den Mitarbeitern zu haben. Dann wurde ihnen aber klar, daß sie mehr Zeit auf die Personalentwicklung, auf die Entdeckung und Förderung vielversprechender Mitarbeiter, verwenden könnten, wenn auch in anderer Weise, je autonomer die Arbeiter wurden.

Schließlich betrachteten die Manager sich in ihrer neuen Rolle als Ressource ihrer Gruppe sowie als Gruppe untereinander. Wenn Arbeiter bisher über etwas im unklaren waren, sagten die Manager ihnen entweder, was zu tun war, oder lösten das Problem selbst. Nun entwickelten und erprobten sie Techniken, wie sie die Arbeiter dazu anleiten könnten, selbst Probleme zu lösen. Dies bedeutete im wesentlichen, Fragen zu stellen, statt Antworten zu geben, und den Arbeitern Fehler zuzugestehen, wenn sie sich abstrampelten und Probleme allein zu lösen versuchten.

Während des gesamten Prozesses wurde die Managergruppe zu einer Ressource für sich selbst. Am Anfang bezweifelten sie den Wert der Diskussionen. „Also, ich gehe wieder zur Gruppentherapie", pflegte einer von ihnen zu witzeln, wenn er zu den Treffen ging. Am Ende des Prozesses waren sie alle positiv überrascht von ihrer Fähigkeit, mit komplizierten Themen zu ringen. Sie hatten Probleme gelöst, mit denen die Abteilung sich schon seit Jahren herumschlug, und schrieben diesen Erfolg dem Gruppenprozeß zu.

Die Gruppe bildete ihre eigenen informellen Anführer und internen Witze. Auf einen war immer Verlaß, daß er während der drei- bis vierstündigen Besprechungen Süßigkeiten anbot. Andere lösten die häufigen Spannungen mit Humor. Einer bekam den Spitznamen „Turm des Mitleids" wegen Bemerkungen wie: „Wir können uns nicht mit Leuten abgeben, die sich nicht einfügen" (in das neue Programm). Gelegentlich wurden auch Geschichten über wichtige Errungenschaften der Vergangenheit erzählt.

Die Gruppe nannte sich offiziell Beratungsgremium. Ihr Auftrag lautete, Umfangsformen herauszubilden und als informelle richterliche Prüfstelle für

Beschwerden von Arbeitern zu dienen. Sie nahmen immer mehr schwierige Aufgaben an, darunter eine Multimediapräsentation (die Vorstellung ihres Plans für das neue Selbstmanagementsystem) vor dem Vorsitzenden und dem oberen Management.

Die Gespräche und Interaktionen im Managementteam zeigten, wie sie nach und nach die potentiellen Vorteile des neuen Systems erkannten. Während dieses Umdenkungsprozesses lernten und profitierten die Manager in einer Art und Weise voneinander, die nach Ansicht der meisten jedes bisherige Managementtraining in seiner Effektivität übertraf. Die beiden folgenden Punkte erläutern unsere Erkenntnisse aus der detaillierten Analyse eines Gespräch. Wir wollen damit zeigen, wie die Interaktionen der Manager die für das Management der autonomen Teams erforderlichen neuen Rollen und Verhaltensweisen hervorbrachten.

Thema 3: Ringen mit einer neuen Rolle

Während des ganzen Prozesses rang die Gruppe mit Fragen nach Einzelheiten zu ihrer neuen Rolle: Was macht eigentlich ein Förderer? Was unterscheidet ihn vom Manager, oder inwiefern ist er besser? Mit anderen Worten fragten sie sich, wie die Philosophie des Selbstmanagements Managementverhalten beeinflusse. Dieser Einfluß war in häufigen Hinweisen auf die Selbstmanagementphilosophie als Leitfaden für kommunikatives Verhalten zu sehen. Ob die Manager die volle Bedeutung dieser Philosophie begriffen und ihre Vorstellung von ihrer Rolle endgültig änderten, würde bestimmen, wie wirkungsvoll sie in ihrer neuen Rolle sein würden.

Bei einem Rollenspiel, in dem ein Team eines seiner Teammitglieder zu entfernen hatte, schlug ein Manager vor, mit jedem einzelnen über die Gründe für diese Forderung und dem Grad, zu dem jeder sie unterstützte, zu sprechen. Einer seiner Kollegen, der dieses Verhalten als Verletzung der Teamphilosophie erkannte, riet ihm zu bedenken, was dies für die Gruppenmentalität bedeutete. Ein anderer Manager wurde beim Üben seiner neuen Rolle daran erinnert, daß „die Rolle des Förderers bedeutet, mit der Gruppe und nicht mit dem einzelnen zu arbeiten". Die Schwierigkeit, den einzelnen und das Team zu managen, war für die Manager nicht völlig überschaubar gewesen, was deutlich wurde, als einer von ihnen fragte: „Was machen wir aber, wenn eine Person, die die Teamkollegen loswerden wollen, in der Gruppe bleiben möchte?" Nach langer Diskussion einigten sie sich auf das Prinzip, daß sie wie auch immer alles tun würden, um die Gruppe intakt zu halten.

Das „Gremium" forschte nach Motiven für die Annahme der Rolle des Förderers. Ein Manager meinte, daß der Förderer ein ihm übertragenes Interesse habe, daß die Gruppe funktioniere. Andere unterstützten dieses Argument und betonten, daß die Motivation des Managers über rein finanzielle Interessen hinausgehe: Dies sei *seine* Gruppe. Wenn sie versagt, hat er versagt, wird er sich sagen, weil er nicht fähig war, sie auf die Reihe zu bringen.

Den vielleicht zwingendsten Beweis dafür, daß die Manager ihre neue Rolle anerkannten und sie in Angriff nahmen, lieferte folgende Bemerkung: „Sie wissen, daß wir uns in einer unbequemen Lage finden, und sie werden uns immer wieder provozieren, und wenn wir uns gehenlassen, werden sie sagen: ‚Da haben wir's, er benimmt sich wieder wie ein Saukerl', und das wird alle Bemühungen zunichte machen. Sie werden die ganze Sache als bloße Manipulation ansehen." Dieser Manager hatte verstanden, daß die wirkungsvolle Ausübung seiner Rolle von wirklicher Akzeptanz der Selbstmanagementphilosophie abhängt.

In ihrer neuen Rolle als Förderer autonomer Teams müssen Manager die logischen Implikationen der neuen Philosophie sehen, zum Beispiel das Argument, daß Teams jedes Problem lösen könnten, oder die Frage, welcher Kommunikationsstil im Team der richtige ist.

In Szenarios, die sich um autonome Teams als Quellen zwischenmenschlicher Konflikte und Koordinationsprobleme drehten, mußten diese Führungskräfte sich manchmal an einen wichtigen Aspekt der Selbstmanagementphilosophie erinnern: Die Teams waren zu dem Zweck zusammengestellt worden, Probleme zu lösen. Man suchte eine Sprache, die die Teams an diesen Aspekt der neuen Struktur erinnern würde. Während eines Rollenspiels bestärkte der Förderer seine Gruppe, indem er sagte: „Wir können dieses Problem lösen." Als sich jemand entschuldigte, bekam er zur Antwort: „Entschuldigungen lösen keine Probleme." Auf diese Weise coachten sie sich gegenseitig und identifizierten gleichzeitig Verhaltensweisen, die in einer gegebenen Situation angebracht waren.

Die Frage des richtigen Kommunikationsstils innerhalb der Teams schien ein schwieriges Problem für die Manager zu sein, insbesondere wenn sie effektives Verhalten auswählen und darstellen sollten. Der Berater forderte sie nach einem Rollenspiel manchmal auf, die Sprache eines Teammitglieds zu kritisieren und zu verbessern. Die Antwort eines Managers auf eine Rollenspielsituation lautete: „Er sagte gerade, daß der Kollege angesichts seiner Lohntüte verächtlich geschnaubt habe, aber das ist irrelevant. Es spielt keine Rolle, warum er fehlt, das Problem ist seine Abwesenheit. Niemand darf ihn attackieren. Man darf nur gerade soviel negative Energie rauslassen, daß er erkennt, daß er etwas falsch gemacht hat und dies korrigieren muß. Alles andere ist unnötig und destruktiv. Beleidigungen sind nicht akzeptabel."

Der Berater bestätigte, daß konstruktive Kommunikation das Ziel sei; der Förderer müsse destruktives Verhalten unterbinden und Teammitglieder dazu anleiten, sich konstruktiv auszudrücken. Ein Manager sorgte sich jedoch über die Möglichkeit, die Sprache zu ändern, ohne das Problem zu lösen. „Ich glaube nicht, daß das (zu sagen, daß er angesichts seiner Lohntüte verächtlich geschnaubt habe) eine Beleidigung war ... und ich weiß, daß er ein Drogenproblem hat. Ich habe ihn gesehen, und es beeinflußt seine Arbeit."

Dieses Wechselspiel und andere deuten auf die Spannung hin, die die Manager empfanden, wenn sie einerseits eine offene, ehrliche Kommunikation von Gedanken und Gefühlen pflegen sollten und andererseits Kommunikation abblocken sollten, die in emotionalen Ausbrüchen enden könnte. Der Berater stellte dieses Problem zur Diskussion: „Wird es Aufgabe des Förderers sein zu sagen, wir benutzen hier keine aufrührerische Sprache, oder meinen Sie, daß dies ihre Art ist, sich auszudrücken, und daß Sie sie darin nicht einschränken sollten?"

Die Frage, wie auf negative Kommunikation zwischen Teammitgliedern zu reagieren wäre, wurde nicht direkt gestellt, jedoch wurden Handlungsanleitungen ausgesprochen, wobei es im Ermessen der Führungskräfte blieb, wie sie reagieren sollten.

Thema 4: Eine neue Sprache lernen

Die Rollenspiele während der Übergangsphase sollten den Beteiligten die Gelegenheit geben, geeignete Verhaltensweisen für ihre neuen Rollen einzuüben. Sie sollten möglichst viele der Szenarios, die später eintreffen könnten, vorher durchspielen, so daß sie nicht sagen würden: „Hier sitze ich in meiner neuen Rolle und habe mit Anarchie umzugehen", und ihre erste Reaktion wäre, die Fäuste zu ballen und wieder zum Vorgesetzten zu werden. Sie wußten, daß sie verloren hatten, wenn sie wieder zu Bossen würden.

In den Diskussionen möglicher Gespräche mit ihren Teams erstellten die Manager mit dem Berater Aktionspläne oder „Drehbücher" für verschiedene Situationen. In den Diskussionen ging es um räumliche Anordnungen, Wortwahl und Dialogfolgen und sogar um Erwartungen und Reaktionen des Publikums. Ein Manager entwarf einen Aktionsplan für die Besprechung von Teambesorgnis über ein Teammitglied, dessen häufiges Fehlen den Bonus des Teams beeinträchtigte. Der Plan spezifizierte, daß er die beschuldigte Person nicht neben sich sitzen lassen würde, „damit sie sich nicht angestarrt fühlt, weil alle in meine Richtung gucken."

Bei der Suche nach geeigneten Wegen, wie sie mit ihren Teams kommunizieren sollten, erkannten die Führungskräfte, daß ihre Wortwahl durch den Teamkontext eine größere Bedeutung erhielt. In Teamgesprächen hatten die Manager ihre Worte nicht nur gemäß der Selbstmanagementphilosophie oder an eine einzelne Person gerichtet zu formulieren, sondern sie mußten auch die Belange anderer Teammitglieder mit einbeziehen. Ein Manager bot eine interessante Perspektive des Teampublikums an: „Sie haben immer Autoritätspersonen vor sich gehabt und waren nie eingeladen, mit diesen Leuten auf derselben Ebene zu kommunizieren. Jetzt laden wir sie ein, uns als Gleiche zu behandeln, und das kaufen sie uns nicht ohne weiteres ab." Er machte sich offensichtlich aufgrund früherer Erfahrungen und wegen der bisher typischen Rollenverteilung Sorgen um die Erwartungen beider Seiten. Seine ernüchternden Worte erinnerten die Kollegen daran, wie schwerwiegend der Wechsel zum Selbstmanagement für diese Firma war und wie schwierig effektive Kommunikation sein werde. Sie alle hatten dies erkannt und gaben sich daher besondere Mühe, die verbalen Fertigkeiten für ihre neue Rolle zu entwickeln und zu trainieren. Sie mußten sich dafür erst einmal selbst motivieren, neue Aktionspläne für vorhersehbare Krisensituationen aufstellen und von Zeit zu Zeit Erwartungen der Beteiligten neu überdenken.

Die Rollenspiele gaben ihnen die Gelegenheit, diese Fertigkeiten zu üben. Dialogzeilen in ihrer neuen Sprache lauteten zum Beispiel: „Es ist nicht meine Aufgabe, das Problem zu lösen. Es ist meine Aufgabe, dir bei der Lösung des Problems zu helfen." Auch Feedback war eine Folge der Rollenspiele. Wenn ein Manager in der Hitze des Gefechts sagte: „Das ist nicht mein Problem, das ist dein Problem", wurde er daran erinnert, daß er zum Team gehöre, also hätte sagen sollen: „Das ist unser Problem."

Obwohl der Großteil ihrer Gespräche sich um die Schaffung und das Üben dieser neuen Sprache drehte, sahen sie auch die Notwendigkeit der Improvisation. Ein Manager meinte: „Sie (das Team) werden dich in die Enge treiben. Sie wissen, daß du in einer unbequemen Lage bist, und sie wollen dich zum Reagieren zwingen. Es wird heiß hergehen und Konfrontationen geben." Andere schlugen Wege vor, wie sie ihr Improvisationsvermögen verbessern könnten, um mit diesem Druck fertigzuwerden, zum Beispiel so: „Bevor du zu einer Besprechung gehst oder sie einberufst, solltest du die Situation bewerten. Du solltest wissen, wie es um die Gruppe steht und welche Themen aufkommen könnten, und du solltest die nötige Munition parat haben." Der Berater unterstützte diese Idee und riet: „Laßt euch nicht unvorbereitet erwischen, und wenn es passiert, laßt euch nicht nervös machen. Spielt den Ball ins Team zurück!"

Zusammenfassung und Schlußfolgerungen

Einer der schwierigen und oft übersehenen Aspekte der Verwirklichung autonomer Teams betrifft den Übergang vom Vorgesetzten zum Förderer. In der Literatur wird die Implementierung dieses innovativen Konzeptes überwiegend mit Blick auf die Schwierigkeiten für die Mitarbeiter gesehen. Wenn dann die Vorgesetzten erwähnt werden, geschieht dies meist nachträglich, wenn die Implementierung bereits geschehen ist und sie versuchen, wieder ihrem Job als Vorgesetzter nachzugehen. Die anfängliche Übergangsphase der Manager – nachdem sie von einem Selbstmanagementsystem erfahren, aber bevor es tatsächlich eingeführt wird – ist für den letztendlichen Erfolg des Teamkonzeptes entscheidend.

Dieser Übergang ist aus zwei Gründen schwierig für die Manager: Wenn sie feststellen, daß ihre Untergebenen ihre eigenen Manager werden, erleben sie einen scheinbaren Verlust von Macht und Kontrolle, und sie erkennen, daß ihr Repertoire an Managementfertigkeiten, das sie sich in vielen Fällen über Jahre angeeignet haben, in gewisser Weise überflüssig wird. Folglich wird von ihnen erwartet, daß sie einen völlig neuen Managementstil lernen, von dem sie nicht mit Sicherheit wissen, ob sie ihn beherrschen und erfolgreich anwenden können. Der wichtigste Aspekt unserer Studie war herauszufinden, wie Führungskräfte mit diesen scheinbaren Bedrohungen und Schwierigkeiten fertigwerden.

Das Lagerhausdistributionscenter der Charrette Corporation eignete sich sehr gut für diesen Zweck. Die Mitarbeiter waren sehr jung, und es gab etliche Probleme. Hinzu kam, daß der dominante traditionelle Managementstil autokratisch war und mit Bestrafungen operierte. Die Manager in unserer Studie sahen sich daher vor erhebliche Schwierigkeiten gestellt, ihre neue Rolle zu etablieren, um ihrem Unternehmen zum Erfolg zu verhelfen.

Dieser Fall unterstreicht, wie entscheidend die Schulung von Führungskräften in einer so empfindlichen Phase ist. Sie entscheiden über Erfolg oder Fehlschlag der Teameinführung. Schulung ist ein wichtiges Element, sie hilft bei der Überwindung des anfänglichen Mißtrauens und entwickelt die nötigen Fördererfertigkeiten und -verhaltensweisen. In vieler Hinsicht kann diese Übergangsphase als Grundstein für den zukünftigen Erfolg oder Mißerfolg des neuen Arbeitskonzeptes gesehen werden.

Das Teamsystem der Charrette Corporation besteht seit sechs Jahren. Die Teams erzielen weiterhin beständige Produktivitätsverbesserungen von etwa zehn Prozent pro Jahr und Kostenersparnisse von zehn bis 20 Prozent der Gewinne. Das Qualitätsniveau aller bestellten Kundenartikel bewegt sich um 99,8 Prozent.

Das Managementteam inklusive Vorarbeiter ist noch im Amt. Die Teams sind von fünf bis sechs auf zwei Mitglieder reduziert worden, aber sie haben ihre überlappende Arbeitsweise beibehalten, das heißt, ein Mitglied holt die Artikel aus den Regalen, und die zweite Person verpackt sie. Dieses System trägt zum hohen Qualitätsstandard bei. Das Management reduzierte die Teamgröße, um den bei größeren Gruppen notwendigen Kommunikationsbedarf zu verringern. Ein Manager meinte, daß der Kommunikationsbedarf der Arbeit im Weg gestanden habe.

Dieser Blickwinkel und die Entscheidung für kleinere Teams mag auf einen Rückfall in den früheren, traditionellen Managementstil hindeuten. Und in der Tat kann der Übergang zum Unternehmen ohne Bosse ein langwieriger und hartnäckiger Prozeß sein. Trotzdem ist das Management der Meinung, daß man ohne das neue System nicht dieselbe Produktivität, Qualität, hohe Anwesenheit und niedrige Kündigungsrate erzielt hätte. Das Teamsystem ist heute funktionstüchtig und effektiv und wird sowohl vom Implementierungsteam als auch vom oberen Management unterstützt.

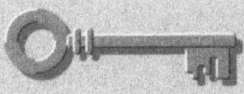 **Schlüssellektionen für Unternehmen ohne Bosse**

1. Der Übergang zu autonomen Teams ist für das mittlere Management meist mindestens so schwierig wie für die Teammitglieder.

2. Manager werden wahrscheinlich vier Stufen durchleben:

   Stufe 1: Anfängliches Mißtrauen, Unsicherheit und Widerstand.

   Der Schritt zu autonomen Teams wird oft als Anzeichen für mangelnde Effizienz im früheren Verhalten der Manager gesehen. Es wird auch angenommen, daß Teams zum Vorteil Dritter gereichen (zum Beispiel Berater) und letztendlich dazu bestimmt sind zu versagen.

   Stufe 2: Allmähliches Erkennen der positiven Möglichkeiten, die autonome Teams bieten.

   Nach Stunden des Kampfes und der Diskussion sehen Manager ein, daß Teams Vorteile jenseits traditioneller Managementansätze bieten: konstruktiver Druck von Teamkollegen, die Entwicklung von Kundenverständnis, mehr Zeit der Manager für die Förderung vielversprechender Mitarbeiter und anderes.

   Stufe 3: Begreifen ihrer neuen Führungsrolle.

   Manager ringen mit Fragen wie: Was ist ein Förderer? Inwiefern beeinflußt Selbstmanagement das Managementverhalten?

   Stufe 4: Eine neue Sprache lernen.

   Manager entwickeln und lernen ein neues Vokabular und neue Kommunikationsdrehbücher für das Führen autonomer Mitarbeiter. Durch Rollenspiele identifizieren und entwickeln sie die verbalen Fertigkeiten, die das Kernstück ihrer neuen Führungsrolle bilden.

3. Zeit und Bemühungen, Managern zu helfen, sind entscheidend für die Schaffung erfolgreicher autonomer Teams.

4. Schulung und Lernmöglichkeiten für mittlere Manager, die sie durch die Übergangsphase begleitet, sind wahrscheinlich die besten Hilfestellungen für den Erfolg mit autonomen Teams.

2. Teams im Arbeitsalltag: Rollen, Verhaltensweisen und Leistung gereifter autonomer Teams

Das Fitzgerald-Batteriewerk der Firma General Motors wendet ein innovatives und höchst effektives System autonomer Teams an, um ein Unternehmen ohne Bosse zu betreiben. Wir untersuchen an diesem Beispiel, was tatsächlich geschieht, wenn ein ernsthafter Versuch zur Mitarbeiterbeteiligung durch autonome Teams unternommen wird. Wir beschreiben die Gesamtorganisation des Unternehmens und geben einige Details über die besonderen Rollen, Strukturen, Prozeduren und die Führung, unter der sie operieren. Vor allem konzentrieren wir uns auf die Menschen in diesen Teams, um den Beigeschmack ihrer täglichen Interaktionen zu vermitteln. Was tun sie, das sie vom traditionellen Produktionsarbeiterniveau abhebt? Worüber sprechen sie? In welchem Zusammenhang stehen ihre Gespräche mit dem Gesamtthema Produktivität? Wie sieht die Teamführung aus? Ein wichtiger Aspekt dieses Falls ist das Thema, wie Teams Selbstführung bewerkstelligen. Es gibt gewählte Teamleiter und externe Koordinatoren (Förderer) und keine traditionellen Vorarbeiter oder „Bosse". Dieses Beispiel macht deutlich, wie das Teamsystem, das hier ein klarer Erfolg ist, zur Produktivität und Leistung dieses bemerkenswerten Produktionssystems beiträgt.

Die Organisationsstruktur

Das Fitzgeraldwerk im ländlichen Fitzgerald, Georgia, wurde 1974 von der General Motors Corporation zur Herstellung versiegelter wartungsfreier Autobatterien errichtet. Die einzelnen Produktionsschritte sind aufeinanderfolgend, so daß der Ausstoß des einen Teams zum Input eines anderen Teams wird. Das Werkspersonal, etwa 320 Leute, war von Anfang an in Teams organisiert. Sie nennen sich schlicht Teams; wir ordnen sie in die Kategorie der autonomen Teams ein, weil sie unsere definierten Kriterien erfüllen. Es gibt drei Ebenen von Teams. An der Spitze sind die Manager im Helferteam, so genannt, weil sie „die Leute unterstützen, die die wirkliche Arbeit tun". In der Mitte befindet sich eine Gruppe von Personen mit technischen und operationalen Verantwortlichkeiten, die Koordinatoren. In traditionellen Werken würden diese Leute Vorarbeiter oder Techniker heißen, aber die Rolle dieser Koordinatoren unterscheidet sich deutlich von der eines traditionellen Vorarbeiters. Einige dieser Koordinatoren haben operationale Verantwortlichkeit über die Produktionsteams, aber diese Verantwortlichkeit ist mehr Rat und Hilfe als Anweisung. Auf der dritten Ebene gibt es etwa 33 Operationsteams mit drei bis 19 Mitgliedern. Die Teams sind aus natürlichen Arbeitseinheiten zusammengesetzt, die eng miteinander verbundene Aufgaben haben. Jedes Team hat erkennbare Grenzen, räumlich und von der Aufgabenverantwortung her. Die Produkte jedes Teams werden gemäß Input und Output bemessen, und jedes Team wird als eigenständiger Betrieb angesehen. Der Output eines Teams wird zum Input anderer, aber die Verbindungen zwischen Teams sind in der Regel durch Inventare von Material zwischen Gruppen von Produktionsprozessen gepuffert.

Gehälter gründen sich auf ein „Lohn-für-Können"-Konzept anstatt des traditionellen Lohn-für-Position-Prinzips, das heißt, Mitarbeiter werden dafür bezahlt, was sie in der Lage sind zu leisten, anstatt für die Position, die sie gerade besetzen. Dieses System erleichtert Aufgabenflexibilität und -vielfalt. Mitarbeiter müssen ihre Kompetenz in allen Positionen in zwei verschiedenen Teams bewiesen haben, bevor sie zum höchsten Lohnniveau befördert werden. Dies dauert in der Regel zwei Jahre. Eine Folge ist eine hohe Reaktionsgeschwindigkeit, da die meisten Mitarbeiter viele verschiedene Arten von Arbeiten beherrschen und sie finanziell nicht kürzertreten müssen, wenn sie kurzfristig für Arbeiten eingeteilt werden, die in einem traditionelleren Lohnsystem eine niedrigere Bezahlung vorsehen würden. Diese Bandbreite an Joberfahrungen fördert auch eine nicht selbstverständliche Einsicht in die Probleme der anderen.

Das Teamsystem dieses Werks zeichnet sich durch eine innovative Methode aus, Mitarbeiter zu motivieren und ihr Verhalten zu beeinflussen. Zusätzlich zu den körperlichen Aufgaben in der Produktion hat jedes Team noch eine Reihe von Verantwortlichkeiten, viele davon sind traditionelle Managementaufgaben. Normalerweise sind die Teams an verschiedenen Entscheidungsfindungs- und Problemlösungsprozessen beteiligt, zum Beispiel bei der zeitlichen Produktionsplanung, bei Prozeßkorrekturen der Produktverbesserung und besonders bei der Lösung von Qualitätsproblemen. Teams befassen sich auch mit internen Personalproblemen wie häufiges Fehlen eines Teammitgliedes.

Viele dieser Aktivitäten finden während der Teammeetings statt, die in der Regel als Problemlösungsforen dienen. Jedes Team hat mindestens ein reguläres halbstündiges Teammeeting pro Woche, und für spezifische Probleme werden spezielle Treffen einberufen. Alle Meetings finden während der Arbeitszeit statt, und die Mitarbeiter erhalten ihr normales Gehalt, während sie teilnehmen. Die Meetings werden gewöhnlich von einem intern gewählten Teamleiter moderiert. Koordinatoren oder Helferteam-Mitglieder sind zu bestimmten Punkten der Treffen zugelassen, sind aber nicht routinemäßig anwesend.

Teamrollen und -verantwortlichkeiten

Bei der Inbetriebnahme des Werks hatte man darauf geachtet, daß die Teams wenigstens in einen Teil der Rollen und Verantwortlichkeiten einbezogen waren, die in traditionelleren Werken typischerweise vom Management ausgeführt werden. Da viele Verantwortlichkeiten auf Teammitglieder übertragen worden waren, erübrigten sich traditionelle Vorarbeiter oder Chefs. Betrachten wir einmal näher, wie Teams Verantwortlichkeiten handhaben, die typische Chefaufgaben sind.

- Ablösungs- und Pausenplanung

Teams hatten bei der Einteilung ihrer eigenen Arbeitspläne einen großen Spielraum. Da die meisten Teams durch kurzfristige im Prozeß befindliche Lagerbestände einen Puffer besaßen, konnten sie Pausen nach Belieben einteilen. Sie behandelten diese Aufgabe sehr verantwortungsbewußt und beraumten Pausen oft für Instandhaltungsmaßnahmen oder Produktionseinstellungen ein. Ein unkomplizierter Werkzeug- oder Prozeßwechsel würde ausgeführt werden, während das Team eine Pause hatte.

- Wahl und Abwahl des Teamleiters

Die Teams wählten ihren eigenen Teamleiter unter den Teammitgliedern. Wahlen fanden statt, wenn ein amtierender Leiter zurücktrat oder von einem anderen Teammitglied herausgefordert wurde. Teams konnten einen Teamleiter auch entlassen, aber dies kam in der Realität nie vor. Statt dessen wurde ein ineffizienter Teamleiter dazu überredet, zurückzutreten, oder von einem anderen Mitglied herausgefordert. Einige wenige Teams hatten von Anfang an denselben Teamleiter, andere hatten im gleichen Zeitraum mehrere. Anfangs wurden oft beliebte Individuen zu Teamleitern gewählt; später jedoch fanden die Teams heraus, daß die besten Leiter solche waren, die Kenntnis des Organisierens, der Planung, im zwischenmenschlichen Bereich und in der Konfliktlösung hatten.

Das Management ernannte die Koordinatoren, Führende außerhalb der Teams (viele waren allerdings Teamleiter gewesen). Jeder Koordinator war für ein bis drei Teams verantwortlich. Obwohl die Koordinatoren die Lücke in der Hierarchie füllten, die typischerweise von einem Vorarbeiter besetzt worden war, spielten sie doch eine ganz andere Rolle.

44 Teams im Arbeitsalltag

- Ausrüstungs- und Maschinenreparaturen veranlassen

Generell führten Teammitglieder kleinere Reparaturen selbst aus, um den Produktionsfluß in Gang zu halten. Größere Reparaturen wurden aber meist von der Instandhaltungsabteilung vorgenommen und von Teammitgliedern veranlaßt. Wir erinnern uns an die Bemerkung eines Teammitglieds in der wöchentlichen Besprechung: „Es wäre gut, wenn sie das Lager dieses Wochenende austauschen, sonst wird diese Maschine nächste Woche ausfallen, und wir verlieren einen Tag Produktion!" Vor allem schienen die Teammitglieder sich in ungewöhnlichem Maße als Eigentümer der Ausrüstung zu sehen. Sie waren sehr um das fehlerlose Funktionieren der Maschinen besorgt.

- Zuteilung bestimmter Aufgaben in der Arbeitsgruppe

Jedes Team verteilte die Aufgaben in der Gruppe selbst. Die Methode war von Team zu Team verschieden; in einem Team fand Aufgabenrotation stündlich statt, während ein anderes streng nach Erfahrung ging. Im allgemeinen schienen die Teams individuelle Präferenzen erfüllen zu können, ohne Produktivitätsziele zu gefährden.

- Training neuer Teammitglieder

Für diese Aufgabe waren alle Teams selbst zuständig, und dies ist im Hinblick auf die Entwicklung der Vielseitigkeit, die für Beförderungen verlangt wurde, ein wichtiger Punkt. Gelegentlich sprang ein externer Koordinator ein oder führte eine spezielle Schulung durch, und für Teammitglieder gab es spezielle Schulungsprogramme.

- Versorgung benötigter Teile und Ersatzteile sicherstellen

In vielen traditionellen Werken lassen Arbeiter zu, daß Produktionsmaterial völlig verbraucht wird, um dann eine Pause außer der Reihe einlegen zu können. In diesem Werk lag die Verantwortung für die Verfügbarkeit von Material beim Team selbst. Die Teamleiter verwandten viel Zeit darauf, sicherzustellen, daß immer genügend Material für die Erfüllung der Produktionserfordernisse vorhanden war.

- Geleistete Arbeitszeit jedes Teammitglieds notieren

Das Werk hatte keine Stechuhren. Jedes Teammitglied führte selbst Buch über die geleistete Arbeitszeit und gab diese Angaben wöchentlich an den Teamleiter und den Koordinator weiter. Auf die Frage: „Schummeln die denn nicht?" antwortete ein Teammitglied: „Wen beschummeln Sie? Andere Teamkollegen! Das geht vielleicht einmal, zweimal gut, aber nicht öfter. Teamkollegen kann man nichts vormachen."

- Budgets für Material und Arbeitszeit erstellen

Jedes Jahr führten die Teams eine Planungsübung durch, in der sie ein Teambudget aufstellten. Unabhängig davon wurde parallel von der Buchhaltung ein Budget erstellt, und beide wurden dann diskutiert und zu einem endgültigen Budget vereinigt. Für diese Übung erhielten die Teams Anleitungen und die nötigen Informationen.

- Führung eines täglichen Logbuches über produzierte Mengen und im Prozeß befindliches Inventar

Die Teams stellten ihre Inventarlisten überwiegend selbst zusammen; sie waren Gegenstand gelegentlicher Prüfungen durch die Produktionsplanung. Die Teams kannten ihre Produktionspläne und führten selbst Buch über die Produktionsmengen und -bedarf.

- Empfehlung technischer Änderungen von Ausrüstung, Prozessen und Produkten

Teams baten manchmal um Veränderungen, die zu deutlichen Prozeß- oder Produktverbesserungen führten. Ein Ingenieur in der Hauptabteilung drückte diese Vorliebe für den Einsatz neuer oder experimenteller Ausrüstung im Fitzgeraldwerk so aus: „Sie bringen es zum Funktionieren!"

- Neue Mitglieder für das Team auswählen und Mitglieder entlassen

Die Teams besaßen einen großen Spielraum bei der Einstellung und Entlassung von Teammitgliedern. Die meisten Wechsel zwischen den Teams wurden von den Koordinatoren in die Wege geleitet, die ihre Menschenkenntnis dazu benutzten, neue Einsatzmöglichkeiten für Teammitglieder in anderen Teams zu erkunden. Es wurde großer Wert darauf gelegt, die Vorlieben einzelner für bestimmte Teams zu erfüllen. Mitarbeiter wechselten Teams aus den verschiedensten Gründen, zum Beispiel wegen besserer Bezahlung, um eine andere Art von Arbeit auszuführen oder um besser passende Teamkollegen zu finden.

- Teammitglieder für Beförderungen beurteilen

Mitarbeiter mußten im „Lohn-für-Können"-System Leistungstests für alle Aufgaben in zwei verschiedenen Teams bestehen, um die höchste Lohnstufe zu erreichen. Die Tests wurden von einem Koordinator, einem Teamleiter und einem erfahreneren Teammitglied durchgeführt.

- Besprechung der Sicherheitsmaßnahmen

Sicherheitsbesprechungen wurden regelmäßig durchgeführt, in der Regel von einem Teamleiter, Koordinator oder einem anderen Techniker. In der Anfangszeit des Werkes war es um die Sicherheit nicht gut bestellt. Dies konnte jedoch allmählich verbessert werden, und zur Zeit unseres Besuchs befand sich das Fitzgeraldwerk in puncto Sicherheit im oberen Viertel aller Werke von General Motors.

- Bei schlechter Qualität die Produktion stoppen

Teams besaßen die Autorität, die Produktion zur Lösung von Qualitäts- oder Prozeßproblemen anzuhalten. Solche Entscheidungen wurden mit großer Vorsicht getroffen und fast immer, um ein ernsthaftes Qualitäts- oder Prozeßproblem zu lösen, denn eine solche Entscheidung hatte weiterreichende Konsequenzen für andere Teams.

- Wöchentliche Teambesprechungen

Die Teams hatten in der Regel jede Woche eine halbstündige Besprechung während der Arbeitszeit. Zusätzlich fanden fast täglich kürzere Treffen statt, und gelegentlich gab es längere Problemlösungssitzungen, um bestimmte Produktions- oder Qualitätsprobleme auszuräumen.

- Vierteljährlicher Leistungsrückblick auf Unternehmen, Werk und Gruppe

Jedes Vierteljahr traf der Werksleiter sich mit jedem Team einzeln zu einem Rückblick auf die Unternehmens-, Werks- und Teamleistung. Dies gab Gelegenheit zu einem Informationsaustausch zwischen dem Werksleiter und den Teammitgliedern.

- Gruppenmitglieder für Abwesenheit oder Unpünktlichkeit rügen

Obwohl dies Aufgabe der Teams war, machten nicht alle davon Gebrauch. Die Koordinatoren betrachteten es als ihre schwierigste Aufgabe, die Teams dazu zu bewegen.

Rollen, Verhaltensweisen und Leistung gereifter autonomer Teams 47

- Neue Mitarbeiter für das Werk auswählen

Neue Werkmitarbeiter wurden durch einen Assessment-Center-Prozeß ausgewählt. Ein Auswertungsteam, bestehend aus einem Manager, einem Koordinator, einem Teamleiter und zwei Mitgliedern verschiedener Teams beobachteten die Kandidaten während der zwischenmenschlichen Übungen und erstellten Bewertungsskalen und abschließende Beurteilungen.

Kommunikation in autonomen Teams

Die Teamtreffen stellten sich als reichhaltige Quelle von Informationen über die Unternehmenskultur heraus. Wir erforschten, was Teammitglieder sagten, worüber sie sprachen, ob sie sich mit ernsthaften Produktivitätsproblemen befaßten oder bloß Späße machten. Wir wollten erfahren, wie ihre Gespräche mit dem Betrieb zusammenhingen. Durch die Untersuchung von Mustern verbalen Verhaltens können wir einen Einblick in die Kultur der Teams im Fitzgeraldwerk geben und zeigen, wie sie wirklich ihre Aufgabe erfüllten.

Belohnungen und Verweise

Teammitglieder tauschten häufig Worte der Anerkennung aus – ein Kompliment, Dank oder Lob als Erwiderung auf eine Tat, die als hilfreich oder nützlich angesehen wurde. Manchmal fand dies zwischen zwei Personen statt: „Bobby, danke für deine Hilfe mit der Maschine Nr. 1 letzte Nacht." Dann wieder wurden Worte des Lobs vor dem ganzen Team ausgesprochen, oft vom Teamleiter: „Wir schulden Emily ein besonderes Dankeschön, weil sie dafür gesorgt hat, daß das Material letzten Montag fertig war. Wir hätten die Produktion anhalten müssen, wenn sie nicht vorausschauend organisiert hätte, was wir brauchten." Diese Art verbalen Verhaltens war für die Bildung von Teamzusammenhang, Kooperation und Esprit de Corps sehr wichtig. Es verstärkte die Hilfsbereitschaft innerhalb der Teams und warb für die Praxis des Zusammenarbeitens zum Erreichen von Zielen.

Das Gegenstück zu Anerkennungen waren verbale Verweise, durch die ein Teammitglied Mißfallen oder Kritik gegen einen oder mehrere Teamkollegen richten konnte. (Sowohl Lobesworte als auch Kritik wurden technisch als „Feedback geben" bezeichnet. Ein Verweis wurde „negatives Feedback" genannt.) Wir beobachteten einen besonders dramatischen Vorfall eines verbalen Verweises bei einem regelmäßigen Teamtreffen, nachdem mehrere Routineangelegenheiten abgehandelt waren. Der Teamleiter guckte zu einem der Mitglieder und sagte: „Jerry, wir wollen jetzt mit dir über deine unentschuldigte Abwesenheit sprechen." Er fuhr fort mit einer Aufzählung der Tage, an denen Jerry als abwesend geführt worden war, und fragte Jerry dann, ob er etwas dazu zu sagen hätte. Jerry murmelte einige Ausreden. Der Teamleiter beschrieb nun die Auswirkungen seines Fehlens auf die anderen Teammitglieder, sie mußten mehr arbeiten, und Jerrys Fehlen beeinträchtigte die Teamleistung. Er nannte Jerrys Fehlen unentschuldbar und sagte: „Wir lassen nicht zu, daß dies so weitergeht." Beim nächsten Vorfall werde Jerry eine formale disziplinarische Ermahnung bekommen, die in seine Personalakte eingehen werde. Abschließend befragte der Teamleiter Jerry nach seinen Absichten. Jerry antwortete: „Ich habe wohl so oft gefehlt, wie es ging. Ich glaube, ich komme jetzt besser arbeiten."

Die Frage der Teamselbstdisziplinierung ist die umstrittenste überhaupt. Viele Manager, die noch keine direkten Erfahrungen mit autonomen Teams sammeln konnten, halten Teams für unfähig, ihre eigenen Kollegen zu disziplinieren. Unser Beispiel zeigt aber, daß sie stattfindet. Wir glauben, daß ein solches Disziplinarsystem mit der richtigen Anleitung funktionieren kann. Wir glauben, daß gerade Druck von Kollegen die wirksamste Form der Mitarbeiterkontrolle ist.

Aufgabenzuweisung und Arbeitseinteilung

Die Aufgabenzuteilung erfolgte in Teamgesprächen. Jedes Team entschied selbst darüber, wer welche Aufgaben auszuführen hatte. Manche legten diese Zuteilungen auf Dauer fest, wobei sie die Erfahrung der Mitglieder zugrunde legten. Andere wechselten den Arbeitsplatz beinahe stündlich und wieder andere täglich oder wöchentlich, so daß jedes Mitglied einen gerechten Anteil an den unbeliebten und begehrten Jobs hatte. Diese Übung der Kontrolle ihrer eigenen Arbeitsaufgaben hatte eine nachhaltigere Wirkung auf die Motivation der Mitarbeiter. Manchmal beobachteten wir, wie Mitarbeiter mit Teamkollegen über die Zuweisung der Aufgaben verhandelten. Meist geschah dies ohne größeren Konflikt, aber wir sahen einen Vorfall, bei dem die Auseinandersetzung auf emotionaler Ebene stattfand. Ein sechsköpfiges Team war auf drei Schichten verteilt, und es gab einen Disput darüber, welche Schicht für die Ausführung eines besonders schmutzigen und körperlich anstrengenden Jobs verantwortlich war. Der Koordinator sperrte das ganze Team schließlich in einem Raum ein und verlangte, daß sie dort blieben, bis sie eine Lösung gefunden hätten. „Ich hätte die Entscheidung für sie treffen können", sagte er zu uns, „aber wenn sie es unter sich ausmachen, wird es eine bessere Entscheidung sein, und sie werden besser arbeiten." Dieser Vorfall war für die Intensität der aufkommenden Emotionen untypisch, aber er war repräsentativ für die Art und

Weise, wie Probleme ausgeräumt wurden. Üblicherweise wurden die von einem Problem Betroffenen aufgefordert, sich zusammenzusetzen und den Konflikt auszudiskutieren. Manchmal waren verletzte Gefühle und angeschlagene Egos die Folge, aber die Lösungen hatten bessere Erfolgsaussichten, weil sie von den Teilnehmern selbst kamen und nicht von außen aufgezwungen waren.

Viele Entscheidungen drehten sich um Fragen der Produktionseinteilung, das heißt, welches Produkt wann produziert werden sollte. Aufgrund sinkender Produktnachfrage hatte dieses Werk kürzlich die Gesamtproduktion zurückgeschraubt, ohne jemanden zu entlassen. Eine Reaktion auf diese Krise war ein groß angelegter Versuch, das im Prozeß befindliche Inventar zu senken. Weniger Inventar bedeutete weniger Raum für Fehler und Irrtümer, weniger Flexibilität, wenn ein Teil nicht fertig war, und im allgemeinen ein schwierigeres Managen der tagtäglichen und sogar der stündlichen Produktion. Wir waren Zeuge eines interessanten Gesprächs über dieses Thema. Ein Mitarbeiter beschwerte sich energisch über die Probleme, die durch das Fehlen von Puffern verursacht wurden, und fragte, warum das Inventar so beschnitten worden sei. Ein Teamkollege antwortete: „Weißt du eigentlich, wie hoch die Zinsen im Moment stehen? Wir bezahlen für die Finanzierung jedes Teils, das wir auf Lager haben, Bankzinsen, Mann! Das geht direkt von unserem Profit ab. Wir müssen den Lagerbestand niedrig halten, wenn unser Geschäftsbereich Profit machen soll!" Mit dem Wort Geschäftsbereich bezog er sich auf sein Team.

Diese Gespräche über Produktionseinteilungen ersparten dem Unternehmen eine beträchtliche Menge Kapital. Wenn in einem traditionellen Werk Teile ausgingen, würde die Produktion angehalten, bis der Vormann die fehlenden Teile besorgt hätte. In diesem Werk waren Produktionsstopps aufgrund fehlender Teile selten, weil die Teams in der Lage waren, vorauszudenken und rechtzeitig Korrekturmaßnahmen vorzunehmen.

Setzen von Produktionszielen und Leistungsfeedback

Das Gesamtproduktionsziel des Werks wird von Unternehmens- und Divisionserfordernissen bestimmt, so daß die Mitarbeiter im allgemeinen nicht an der Zielsetzung auf dieser Ebene beteiligt sind. Sie sind jedoch stark daran beteiligt zu entscheiden, wie diese Gesamtziele erreicht werden, sowie beim Bestimmen von Nichtproduktionszielen. Ein Gespräch, in dem es um die wöchentliche Produktionsquote ging, fing so an: „Mittwoch werden wir kein Material für Produkt X haben. Wir werden unser Wochenziel daher nicht erreichen." Eine Antwort: „Laß uns doch Mittwoch auf Produkt Y umschalten und einen Vorrat anlegen. Wir werden diese Woche weniger X produzieren, aber wir machen bei Y einen Sprung, und dann können wir nächste Woche bei X aufholen." Worauf es hier ankommt ist, daß das Team die Autorität besaß, innerhalb bestimmter Zeitlimits zwischen verschiedenen Produkten zu wechseln, und das Team nutzte diese Freiheit, um kurzfristige Schwierigkeiten zu überwinden. Auch in anderen Bereichen wurden Ziele gesetzt, insbesondere bei der Qualität und Sicherheit.

Ein Beispiel: „Unsere Retourrate war letzten Monat 5,8 Prozent. Diesen Monat müssen wir sie unter fünf Prozent bringen. Wie stellen wir das an?" Dieses Problem war innerhalb des Teams ohne Ermahnung eines Vorarbeiters oder Vorgesetzten aufgebracht worden.

Die Teams bekamen ständig Feedback – nicht nur persönliches Feedback als Lob oder Verweis, sondern auch tägliches, wöchentliches, monatliches und vierteljährliches Feedback. Jedes Team führte Charts über Quantität, Qualität und Sicherheit. Wir hörten oft Berichte wie: „Gestern haben wir 3948 Einheiten geschafft. Wir sind zehn Prozent voraus." Ein anderer interessanter Kommentar lautete: „Hast du die Sicherheitsresultate gehört? Das Werk ist jetzt im oberen Drittel des Unternehmens." Überall waren Charts. Offizielle Charts an den Wänden zeigten die langfristigen Trends in der Gesamtleistung. Informelle Charts hingen an Haken und Pinnwänden und in der Nähe von Maschinen. Feedback war ein entscheidender Aspekt des Informationsflusses in diesem Werk.

Ankündigungen und Problemlösungen

Routineankündigungen gehörten zur Teamkonversation, zum Beispiel: „Die Weihnachtsfeier findet am Montag statt. Gebt George drei Dollar, wenn ihr kommen wollt." Es wurde jedoch auch viel Zeit auf die Lösung besonderer Probleme verwandt. Ein Vorfall drehte sich um die Qualität eines Produktes innerhalb des Prozesses. Ein junger Arbeiter in der Produktion betrat eines Nachmittags das Qualitätskontrollabor mit mehreren Produktionsteilen. Er sagte zum Laborkoordinator: „Irgendwas stimmt nicht mit der Farbe. Ich checke besser die Zusammensetzung." Nach einigen Tests sagte er: „Sie sind unbrauchbar. Wir müssen sehen, wie tief wir in der Tinte stecken." In der folgenden Stunde herrschte ein beträchtliches Umherhasten, um das Ausmaß des Problems zu bemessen, und am Ende wurde beschlossen, daß etwa ein Viertel der Tagesproduktion dieses Teils unbrauchbar war. Die nötigen Korrekturen wurden vorgenommen und die fehlerhaften Teile entfernt. Der Arbeiter, dem der Fehler aufgefallen war, blieb zwei Stunden länger als seine Arbeitszeit, um bei der Suche nach einer Lösung mitzuhelfen; er wurde durch einen frühen Feierabend am darauffolgenden Freitag entschädigt.

Dieser junge Arbeiter besaß keine besondere Verantwortung bei der Qualitätskontrolle; er arbeitete in der Produktion dieses Teils. Indem er das Problem frühzeitig erkannte und durch seine freiwillig erworbene Kenntnis technischer Tests, die ihm eine fachliche Beurteilung der Lage ermöglichte, zeigte er eine bemerkenswerte Initiative. Ein Manager sagte später zu uns: „Wissen Sie, es ist schlimm genug, wenn wir einen Fehler machen und ein Viertel der Tagesproduktion jener Teile verlieren. Aber wieviel teurer wäre es geworden, wenn er das Problem nicht bemerkt hätte. Wir hätten wahrscheinlich die Produktion mehrerer Tage wegwerfen können."

Ein anderes Mal hatten Arbeiter es mit einem Qualitätsproblem zu tun. Ein Koordinator hatte ein Treffen einberufen, um einen bestimmten Mangel zu diskutieren. Es waren vier Mitglieder zweier Teams sowie der Koordinator und ein Techniker von der Qualitätskontrolle anwesend. Der Koordinator brachte das Problem vor, indem er Statistiken zitierte, die einen graduellen Anstieg der Beanstandungen über mehrere Wochen hinweg zeigten. Er fragte: „Wo liegt das Problem? Wie können wir es korrigieren?" Keiner hatte gleich eine Lösung parat. Aber der Koordinator war geduldig und hörte zu, was jeder zu sagen hatte, wobei er dem jeweils Sprechenden Mut machte. Nach etwa fünf Minuten schien das Meeting produktiver zu werden, und in der nächsten halben Stunde wurden mehrere Ursachen des Problems genannt und mehrere Lösungen vorgeschlagen. Die Gruppe listete schließlich die Lösungsvorschläge nach der Schwierigkeit ihrer Anwendung auf und einigte sich darauf, sie auszuprobieren. Nachher fragten wir den Koordinator, ob er tatsächlich etwas Neues gelernt hatte oder nur um der Teilnahme willen mitmachte. Er antwortete: „Viele der Ideen, die sie vorbrachten, waren mir neu. Aber vor allem haben sie das Problem jetzt als das ihre angenommen, und sie werden tun, was sie können, um es zu lösen."

Diese beiden Beispiele hatten mit Qualitätsgesichtspunkten zu tun. Obwohl sie keine Quality Circles waren, verwendeten die Teams beachtliche Mühe auf die Lösung von Qualitätsproblemen. Autonome Teams gehen in der Tat über Qualitätszirkel hinaus. Sie befassen sich ständig mit Qualitätsgesichtspunkten, nicht nur in wöchentlichen Meetings. Außerdem sind sie mit weitaus mehr Autorität ausgestattet, Lösungen zu implementieren.

Kommunikationsprobleme

Kommunikationsprobleme betreffen sowohl Fragen zwischen verschiedenen Teams als auch innerhalb der Teams. Zum Beispiel beschwerte ein Team sich bei einem anderen über die Qualität eines Produktes, das im Produktionsprozeß vor dem eigenen produziert wurde. Eine Lösung war der vorübergehende

Austausch von Teammitgliedern. Durch die Arbeit im anderen Team für etwa eine Woche bekamen die Mitarbeiter ein besseres Verständnis dafür, warum bestimmte Probleme auftraten, warum bestimmte Prozeduren wichtig waren und wie Nachlässigkeit sich auf andere Kollegen auswirkte.

Beurteilungen und Teammitgliedschaft

Da die Leistungsbeurteilungen für Lohnerhöhungen innerhalb des Teams durchgeführt wurden, waren diesbezügliche Fragen Gegenstand der Teambesprechungen. Ein Mitglied sagte zum Beispiel zum Teamleiter: „Könnten wir einen Leistungstest auf der Z-Maschine laufen lassen? Ich glaube, ich bin soweit." Die Antwort hieß: „Okay. Ich versuche, es diese Woche einzuplanen."

Teams sprachen auch über die Aufnahme in ein Team und den Ausschluß eines Mitglieds. Wir versuchten, Regeln für Teamzuweisungen von Mitarbeitern auszumachen, konnten aber keine erkennen. Eine typische Antwort war: „Wir machen das unter uns aus." Wir beobachteten ein Teammeeting, bei dem es um die Eliminierung eines Kollegen aufgrund gesunkener Produktionszahlen ging. Der betroffene Kollege sollte einem befristeten Bauarbeiterteam zugeteilt werden, das zu Reparatur- und Aufräumzwecken gebildet worden war. Der Teamleiter stellte das Problem zur Diskussion. Ein Vorschlag war, nach Dauer der Teamzugehörigkeit zu gehen. Der zuletzt zum Team gekommene Kollege meldete sich: „Das bin ich, und ich möchte nicht gehen." Der Teamleiter fragte, ob jemand gehen wolle. Einer fragte: „Wird auch draußen gearbeitet? Gibt es vielleicht Zimmermannsarbeit zu tun?" Dieser Mitarbeiter erklärte sich schließlich bereit, zu dem Bauarbeiterteam zu wechseln. Er wollte draußen sein und etwas Handwerkliches tun.

Teamführung

Die externen Teamleiter im Fitzgeraldwerk heißen Koordinatoren. In einem traditionelleren Werk würden sie in der Hierarchie die Position eines Vorgesetzten einnehmen. Über die Verantwortlichkeit eines Koordinators herrscht oft Verwirrung. Er oder sie steht über und ist verantwortlich für Arbeitsgruppen, die eigentlich autonom sein sollen – ein Widerspruch in sich. Das Dilemma kommt in der Frage zum Ausdruck: „Wie führt man Mitarbeiter, die sich selbst führen sollen?" Um dieser Führungsrolle noch mehr Verwirrung hinzuzufügen, haben Teams im Fitzgeraldwerk auch einen Teamleiter innerhalb des Teams, der ein Teammitglied ist und vom Team gewählt wird.

Was machen „Koordinatoren"? Was zeichnet ihre Verhaltensweisen und Aktionen als effektvoll aus? Wenn Mitarbeiterteams „partizipativ" sein oder sich selbst managen sollen, wofür braucht man dann Koordinatoren?

Traditionelle Führungstheorie trifft auf die einzigartige Beschaffenheit partizipativer oder autonomer Teams nicht zu. In einem traditionellen Konzept ist die ernannte Führungsperson eine legitime Autoritätsfigur und handelt daher wie ein „Boß". In autonomen Teams ist diese fundamentale Annahme jedoch weitgehend außer Kraft gesetzt. Externe Leiter autonomer Teams machen keinen Gebrauch von traditioneller legitimer Autorität und benehmen sich nicht wie Bosse. Was für ein Führungsverhalten ist aber angebracht, wenn traditionelle Vorstellungen von Macht, Autorität und Einfluß herausgefordert werden? In welchem Ausmaß sollen Koordinatoren Anweisungen geben, Aufgaben zuweisen, Leistungsbeurteilungen durchführen und Belohnungen und Verweise austeilen? Inwieweit sollen sie als Förderer und Kommunikator agieren, die normalerweise keine Autorität über das Team ausüben? Wer trifft die Myriaden von Entscheidungen, die für die tägliche Arbeit der Gruppe notwendig sind? Ferner, wie unterscheidet sich die Rolle des externen Leiters von der Rolle von Führungspersonen, die sich aus dem Team ergeben? Welche Verhaltensweisen schließlich zeichnen effektvolle Führende aus?

Die Koordinatoren werden gemeinsam vom Management und dem Koordinatorenteam ausgewählt. Viele sind ehemalige Teamleiter, andere werden aufgrund technischer Fertigkeiten ausgesucht. Die meisten haben keinen Hochschulabschluß. Das Lohnniveau ist in etwa mit dem von Vorarbeitern in traditionellen Werken vergleichbar. Jedes Team wird einem Koordinator zugeteilt, der für bis zu drei Teams verantwortlich sein kann. Es gibt keine formalen Leitlinien für die Pflichten eines Koordinators; wie ein Koordinator sich verhält, scheint eher durch soziale Konventionen definiert zu sein als durch irgendein strukturiertes Netz von Regeln.

Die Rolle des Koordinators

Unsere Untersuchung der Rolle des Koordinators sollte verschiedene Fragen beantworten. Die erste war: Welche wichtigen Verhaltensweisen können Koordinatoren in ihrer Arbeit verwenden? Wir richteten diese Frage zuerst an das Werksmanagement und erhielten folgende Antworten (in der Reihenfolge ihrer Bedeutung):

1. Ein Team dazu bringen, Probleme selbst zu lösen.
2. Dem Team bei der Lösung von Konflikten helfen.
3. Teams und einzelnen sagen, wenn sie etwas gut machen.

4. Die Wahrheit sagen, auch wenn sie unerfreulich oder schmerzlich ist.
5. Teammitglieder dazu ermutigen, Probleme offen zu diskutieren.
6. Nach der Lösung zu einem Problem fragen, statt eine Lösung vorzuschlagen (oder vorzusagen). Man fördert, was man kreiert.
7. Teams ihre Leistungsziele setzen lassen.
8. Teams mit den Informationen versehen, die sie für ihren Geschäftsbereich benötigen.
9. Zukünftige Probleme oder Situationen voraussehen (Planung).
10. Teams zur Selbstbeurteilung auffordern.
11. Teams in der Philosophie des Unternehmens unterrichten.
12. Eine Ressource für das Team sein.

Die Liste vermittelt einige interessante Einsichten. Die Betonung liegt darauf, Teams ihre eigenen Anstrengungen managen zu lassen. Diese Betonung auf der Delegation von Kontrolle an Arbeitsteams fiel uns auch bei zahlreichen Beobachtungen im Werk auf. Koordinatoren vermieden es oft absichtlich, Mitarbeitern Antworten oder Hilfen zu geben, selbst wenn sie dazu in der Lage waren – manchmal zum Ärger der Arbeiter.

Ein anderer Schwerpunkt bei den Verhaltensweisen ist Kommunikation. Beobachtungen deuten an, daß Kommunikation – die direkte Kommunikation des Koordinators mit Teammitgliedern sowie das Bemühen um Kommunikation im Team und zwischen Teams – ein entscheidender Punkt ist. Die meisten Koordinatoren erkannten dies und förderten den gelegentlichen Austausch von Mitarbeitern zwischen Teams, um die Kommunikation zwischen Teams zu verbessern. Probleme auf der Produktionsebene, die bei Teammeetings diskutiert wurden, waren häufig auf mangelnde Kommunikation zurückzuführen. Zwei Verhaltensweisen schließlich weisen direkt auf ein Merkmal hin, das einige der bereits diskutierten Verhaltensweisen mittelbar andeuteten: Ein Koordinator sollte ein Teamförderer sein. Statt eine Entscheidung zu fällen, hat er dafür zu sorgen, daß das Team selbst eine Lösung findet.

Wir befragten auch die Teamleiter nach wichtigen Verhaltensweisen für Koordinatoren in ihrer Arbeit und erhielten folgende Antworten:

1. Nach Problemlösungen fragen.
2. Eine Ressource für das Team sein.
3. Zwischen Koordinator und Team und innerhalb des Teams eine Atmosphäre gegenseitigen Vertrauens und Verständnisses schaffen.
4. Ehrliches Feedback geben.
5. Das Team über Änderungen im Produktionsplan unterrichten.
6. Problemlösungsrunden arrangieren und mögliche Lösungen präsentieren.
7. Werkzeug und Material für das Team besorgen.

Rollen, Verhaltensweisen und Leistung gereifter autonomer Teams

8. Den Teamleiter unterstützen und informieren.
9. Details über die Tätigkeit des Teams lernen.
10. Dem Team Informationen zur Lösung seiner Probleme bereitstellen.
11. Bei der Problemlösung zwischen Teams bezüglich der Qualitätskontrolle Hilfe leisten.
12. Das Team Leistungsziele setzen lassen.
13. Produktionspläne und Inventare überprüfen.
14. Bei der Instandhaltung der Ausrüstung helfen (zum Beispiel für Teile und benötigtes Material sorgen).
15. Den Teamleiter im Helferteam unterstützen.
16. Problemlösungen zwischen Teams übermitteln.
17. Über neue Technologien informiert sein (Innovation).
18. Das Team ermutigen, seine Probleme selbst zu lösen.
19. Gute Beziehungen zu anderen Koordinatoren unterhalten (um Vorhaben, die das ganze Werk betreffen, zu koordinieren).
20. Den Teamleiter in den Kommunikationsprozeß einbeziehen.
21. Das Team zur Selbstbeurteilung ermutigen.

Teamleiter scheinen der fördernden gegenüber der direktiven Rolle des Koordinators ein besonders hohes Gewicht beizumessen. Die beiden am höchsten bewerteten Verhaltensweisen unterstützen diese Interpretation. Allgemein unterstreichen Beobachtungen die Bedeutung, die Teamleiter der fördernden Rolle des Koordinators beimessen, während sie externe Direktiven offenbar ablehnen. Die Äußerungen von Teammitgliedern in Diskussionen sowie Beobachtungen (einschließlich der von Teamleitern) deuteten an, daß sie oft ihre Arbeit allein zu tun wünschten und ihre Probleme selbst lösen wollten. Es war im allgemeinen klar, daß Teams übermäßig direktives Verhalten von Koordinatoren ablehnten.

Wir waren bei einer Sitzung anwesend, die von einem Team einberufen worden war und auch geleitet wurde, um ein dringendes Qualitätsproblem zu lösen. Der Koordinator und der Manager des Helferteams, die teilnahmen, dienten lediglich als Informationsquellen. In einem anderen Fall jedoch sahen wir, wie ein Koordinator über den Fortschritten eines Teams in einem Problemlösungsprozeß die Geduld verlor. Er nahm mehr oder weniger das Ruder in die Hand und diktierte dem Team den Kurs, den es steuern sollte. Bevor er sich einmischte, waren die Teammitglieder interessiert und sehr in Problemlösungen involviert. Der Ton änderte sich jedoch für den Rest des Meetings und reflektierte ihr geringes Interesse und ihre Verärgerung. Wir dachten, daß die Implementierung sicher aufgrund dieses allzu direktiven Koordinators leiden werde. Gleichzeitig bekamen jedoch andere Teams, die bei der Problemlösung völlig alleingelassen waren, Frustrationen und waren unzufrieden mit schwierigen

Situationen, in denen ein Koordinator nach ihrer Meinung unzureichend Anleitung gab. Wir ziehen daraus den Schluß, daß die Trennungslinie für die Koordinatoren zwischen zuviel und zuwenig Anleitung sehr schmal ist. Teams bewerteten ihre Unabhängigkeit sehr hoch, brauchten – und wollten – jedoch gelegentlich Führung und Hilfestellung. Die Koordinatoren müssen selbst in jeder Situation entscheiden, wie weit sie zu gehen haben.

Ein zweiter Schwerpunkt in den Antworten der Teamleiter betrifft die Ehrlichkeit von Koordinatoren gegenüber den Teams. Wiederum bestätigten Beobachtungen diese Sichtweise. Ein Team mißtraute einem bestimmten Koordinator, der offenbar die Position eines Arbeitsteams gegenüber dem Management in anderer Weise präsentiert hatte, als er die Gruppe hatte annehmen lassen. Einzelgespräche mit Teammitarbeitern und auch Beobachtungen wöchentlicher Teammeetings zeigten, welch hoher Wert auf einen Koordinator gelegt wurde, auf den das Team zählen und dem es vertrauen konnte.

Das Paradox der Teamführung

Gelegentlich schien es im Fitzgeraldwerk Widersprüche zwischen der Bedeutung eines Wortes und der Realität in der täglichen Arbeitspraxis zu geben. Die Teams wurden als autonom angesehen. Wir erforschten und diskutierten hier aber die Rolle eines ernannten externen Leiters dieser Teams. Dieses Dilemma kam in der Frage zum Ausdruck: Wenn diese Arbeitsgruppen autonom sein sollen, wofür braucht man dann einen externen Leiter? Das Werksmanagement sah die Koordinatorrolle zunächst als die eines Förderers, der Teams dabei unterstützen sollte, sich selbst zu managen. Indem sie Teams dazu bringen, selbst Probleme zu lösen, und für die Kommunikation im Betriebssystem sorgen, können die Koordinatoren zum Funktionieren der Teams beitragen.

Die Teamleiter sehen den Job des Koordinators angesiedelt zwischen einem Förderer, der sich nicht in Gruppenfunktionen einmischt, und einer Ressource für Ratschläge – eine prekäre Position für Koordinatoren. Wenn sie benötigt werden, müssen sie handeln, im wesentlichen aber stehen sie im Hintergrund der Teamaktivitäten. Nach Meinung der Teamleiter müssen Koordinatoren Wahrhaftigkeit und Vertrauenswürdigkeit als wichtige Charakteristika aufweisen, um diese Rolle ausführen zu können.

Bleibt noch die Frage, über welche Erfahrungen ein Koordinator in dieser Art der Betriebsorganisation verfügen sollte. Während technische Kenntnisse nützlich und angebracht sind (insbesondere zur Etablierung einer Basisglaubwürdigkeit), scheint es vielmehr auf die soziale Kompetenz des Koordinators anzukommen. Er handelt in vielerlei Weise als Berater und Kommunikationshelfer. Das vielleicht häufigste verbale „Verhalten", das wir bei Koordinatoren wahrnahmen, war die Reflektion einer Frage und damit das Zurückwerfen der Last, Urteile zu fällen und Entscheidungen zu treffen, zum Teamleiter oder Teammitglied. Koordinatoren werden Spezialisten der alltäglichen angewandten Organisationsentwicklung, wobei sie einen erheblichen Teil ihrer Zeit mit der Förderung der Fähigkeiten eines Teams, sich selbst zu managen, verbringen.

Es scheint, daß den Leitern autonomer Teams eine neue und sehr heikle Rolle zugeteilt worden ist. Es ist eine Rolle, die ihren Inhabern anfangs Unbehagen verursachen kann und versehentlich zur Suche nach konkreten Aufgaben führt, wenn sie mit traditionelleren Vorgesetztenaufgaben verglichen wird. Ein effizienter Koordinator ist vielleicht vorrangig ein Förderer, der sich weitgehend auf Kommunikation stützt und der vorsichtig zwischen einem Hände-weg-Verhalten und einem direktiven Stil balanciert, ja nach den Erfordernissen der Situation.

Die Verbindung zwischen Teams und Produktivität

Unsere Nachforschungen über Teamrollen und -führung förderten viele Einstellungen und Verhaltensweisen im Fitzgeraldwerk zutage. Besonders aufschlußreich waren die Gespräche. Während das verbale Verhalten unweigerlich eine gewisse Besorgnis wiedergab und manchmal trivial war, war die Verpflichtung zum Unternehmen und die Motivation dieser Angestellten mit die höchste, die wir je beobachtet haben.

Was war die Verbindung zwischen Teams und dem hohen Grad an Motivation und Verpflichtung? Wie lassen sich Teamkonversationen und Teamverhalten in Produktivitätsresultate übersetzen?

Zunächst sollten wir fragen, ob dieses Werk als effizient angesehen wurde. Bestimmte Informationen waren geheim, aber wir hatten Zugang zu internen Daten, die anzeigten, daß gute Leistungen erzielt wurden. Das Werk hatte die Fähigkeit bewiesen, Produkte zu erheblich niedrigeren Kosten herzustellen als ähnliche Werke mit traditionellem Management. Die Personalfluktuation war extrem niedrig. Ein Manager zählte an den Fingern einer Hand diejenigen auf, die freiwillig gegangen waren. Eine Meinungsumfrage schließlich zeigte, daß der Grad an Zufriedenheit im Werk mit am höchsten im gesamten Unternehmen war und sogar viele White-Collar-Gruppen übertraf. Am wichtigsten aber war, daß viele führende Personen im Unternehmen, mit denen wir sprachen, die innovative Struktur im Werk als einen Erfolg ansahen. Dieser Erfolg hat sich mehrere Jahre lang und über den Wechsel mehrerer Werksleiter hinaus gehalten.

Gehen wir einmal davon aus, daß die hohe Produktivität ein Erfolg ist, so dreht sich die nächste Frage um die Verbindung zwischen Teams und Produktivität. Was ist da in den Rollen, die Teams einnehmen, und dem, was Teammitglieder sagen, das sich in grundlegende Resultate übersetzen läßt? Wieso ist Reden mehr als nur reden? Einer der Gründe dafür, wieso Gespräche sich in der Produktivität niederschlagen, ist der *Informationsfluß,* ein anderer ist die Wirkung auf die *Motivation* der Mitarbeiter.

Informationsfluß

Wenn man irgendeine Führungskraft nach ihrem größten Problem befragt, so ist die Chance groß, daß die Antwort etwa so lautet: „Kommunikation. Unsere Kommunikation ist nicht, wie sie sein sollte. Wir scheinen einfach nie die richtigen Informationen am rechten Ort zur rechten Zeit zu haben." Unzureichende Information bedeutet oft unzureichenden Informationsfluß. Dieses Problem ist überwiegend das Resultat einer Politik der Geheimhaltung: Sag Mitarbeitern nur, was sie für die Ausübung ihrer Arbeit wissen müssen. Häufig besteht aber zwischen dem, was ein Manager denkt, das der Mitarbeiter wissen muß, und dem, was der Mitarbeiter tatsächlich wissen muß, eine Diskrepanz. Ergebnis ist, daß der Mitarbeiter oft nicht über die optimalen Informationen zur Erfüllung seines Jobs verfügt.

Im Fitzgeraldwerk stellte das Management alle Informationen zur Verfügung, die nicht als persönlich eingestuft waren. Leitlinie war, daß nur der einzelne Mitarbeiter und das Team selbst, nicht das Management, in der Lage waren zu beurteilen, welche Informationen wichtig waren. Daraus entstand ein Klima der Offenheit, dem wir in unserer bisherigen Erfahrung noch nicht begegnet waren. Ferner gab diese Informationsteilung Mitarbeitern eine Basis für vorausschauende Problemlösung; sie mußten nicht erst das Management einschalten, um ein Problem zu präsentieren und dann zu lösen, sondern konnten so Probleme in einer relativ frühen Phase aufdecken und korrigieren.

Einzelmotivation

Die Gespräche schienen auch dadurch einen Einfluß auf die Produktivität zu haben, daß sie auf den einzelnen motivierend wirkten. Immer wieder konnten wir beobachten, daß individuelles Verhalten sich auf das Team auswirkte. Wenn ein einzelner gute Arbeit leistete, profitierte das ganze Team davon;

wenn jedoch umgekehrt ein einzelner versagte, traf es ebenfalls das Team. Das Resultat war ein starker Druck von den Kollegen, zu den Anstrengungen und Leistungen des Teams beizutragen. Motivation und Disziplin kamen aus dem Team heraus, nicht vom Management. Diese Motivation und der Druck von den Kollegen wurden überwiegend durch Gruppengespräche manifestiert.

Worauf es ankommt ist, daß es nicht die Rolle des Managements zu sein schien, einzelnen Mitarbeitern direkt Motivation und Disziplin zu geben, wie es in traditionellen Werken der Fall ist. Stattdessen sorgte das Management für ein Arbeitsklima, in dem Motivation und Disziplin von den einzelnen Mitarbeitern selbst und von ihren Kollegen kam. Dies ist in unseren Augen die effektivste Art der Motivation, und sie setzt sich direkt in Produktivität um. Mitarbeiter, die gute Leistung bringen und etwas erreichen wollen, haben größere Chancen, dies mit dem Teamsystem zu schaffen. Teamgespräche sind das Mittel, durch das zwischenmenschliche Einflüsse in Motivation und letztlich grundlegende Resultate umgesetzt werden.

Wir wollen nicht den Eindruck erwecken, daß das Werk ein Vorbild an Ruhe und Harmonie war. Im Gegenteil, die Mitglieder der autonomen Teams waren unnachgiebig und heftig. Es gab emotionale Konflikte, aber die vorherrschende Stimmung schien zu sein, daß man sich offen und direkt mit dem Konflikt auseinandersetzte. Der Motivations- und Einsatzpegel war im allgemeinen hoch.

Das Fitzgeraldwerk ist ein provokatives Beispiel dafür, wie Teams dem Unternehmen ohne Bosse dienen können. Die Teams veranschaulichen das Potential von Mitarbeitern, die in Teams zusammenarbeiten, um hohe Qualitäts- und Produktivitätsstandards zu erzielen. Die Teams im Fitzgeraldwerk schaffen es ohne Chefs. Zu betonen ist hierbei, daß dieses Werk kein japanischer Betrieb ist, so daß das Problem der Differenzierung der verschiedenen Auswirkungen von Kultur und Managementorganisation und -stil entfällt. Dieses Werk ist der Beweis, daß Arbeiter verantwortlich und produktiv auf partizipative Programme reagieren können. Wenn man ihren täglichen Gesprächen zuhört, kann man die Botschaft von ihrer Kompetenz und Einsatzbereitschaft laut und deutlich heraushören. Die Fitzgerald-Geschichte kann helfen, Bedenken und Ängste über die Delegation von Macht an Arbeiter offenzulegen. Sie liefert überzeugende Argumente dafür, daß Teams unter den richtigen Bedingungen äußerst effizient sein können.

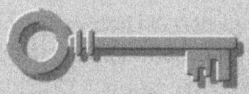 Schlüssellektionen für Unternehmen ohne Bosse

1. Ermuntere Mitarbeiter, ihre Probleme selbst zu lösen. Das daraus resultierende höhere Engagement kann sich durch bessere Leistungen sehr wohl bezahlt machen.

2. Übertrage Teams die Verantwortung für eine weite Bandbreite von Rollen und Funktionen, auch traditionelle Managementaufgaben. Wenn sie die nötigen Schulungen, Informationen, Ausrüstungen, Materialien und insbesondere die Gelegenheit bekommen, können sie Bemerkenswertes vollbringen.

3. Führungskräfte in Systemen mit autonomen Teams, besonders solche außerhalb des Teams, müssen eine neue, schwierige Aufgabe lernen, die vorsichtig zwischen Anleitung und Direktive zu balancieren hat. Oft ist es wichtiger, die richtigen Fragen zu stellen, als fertige Antworten zu liefern.

4. Reife autonome Teams können eine nennenswerte Quelle betrieblicher Wettbewerbsfähigkeit sowie persönlicher Zufriedenheit für die Mitarbeiter darstellen.

3. Gute und schlechte Teams: Ein Blick auf Erfolge und Herausforderungen

In einigen Industriezweigen haben Unternehmen ohne Bosse sich als eine wettbewerbsfähige Strategie erwiesen. Eine Führungskraft des Unternehmens, das in diesem Kapitel beschrieben wird, erklärte den starken Einsatz für Teams schlicht so: „Wir wollen ein soziales System haben, das auf dem neuesten Stand ist, genau wie unsere Technologie." Dieses Kapitel berichtet von dem bisher erfolgreichsten Start eines Unternehmens in der Papierindustrie. Teams sind aber kein magisches Allheilmittel. Dieser Fall deckt die schwierigen Herausforderungen auf, die auf dem Wege zum Unternehmen ohne Bosse zu meistern sind, sowie einige erhebliche Vorteile. Teams haben entscheidend zu motivierten Mitarbeitern, Effizienz und finanziellem Erfolg beigetragen. Doch Teammanager hatten mit ihrer neuen verwirrenden und bedrohlichen Rolle zu kämpfen. Einige Mitarbeiter fühlten sich als Verlierer. Für andere war das langsame Tempo der Fortschritte frustrierend. Trotzdem veranschaulicht dieser Fall die Fähigkeit von Teams, erfolgreich zu sein.

In diesem Beispiel geht es um den Aufbau autonomer Teams in einer Papierfabrik. Die Papierherstellung ist eine Industrie, in der autonome Teams immer mehr zur Norm werden, zumindest bei Neugründungen. Die Lake Superior Paper Co. nahm ihren Betrieb Ende 1987 als ein Joint Venture einer großen amerikanischen Gesellschaft mit Managementerfahrung in der Branche und eines größeren regionalen Elektrizitätswerks auf. Unsere Studie fand im zweiten Jahr ihres Bestehens statt. Das Werk befindet sich in Duluth, Minnesota, in der Nähe reichlicher Baumbestände, ist nicht gewerkschaftlich organisiert und bereits der größte Hersteller von unbeschichtetem, supergepreßtem (Glanzpapier, das in Zeitschriften, Zeitungsbeilagen, Katalogen verwandt wird) gemahlenen Holzpapier in Nordamerika. Das Werk verfügt über die neueste Technologie und ist für die Produktion von nahezu einer Viertelmillion Tonnen Papier pro Jahr ausgelegt. Es ist eine hochautomatisierte Anlage, die ständig von ausgebildeten Mitarbeitern überwacht wird.

Das Werk hat mehrere verschiedene Bereiche: Eingang, Waschen, Zerkleinern und Entrinden großer Baumstämme; Mahlen des Holzes in verfeinerte Pulpe; Umwandeln der Pulpe in lange Bögen von Papier, Bügeln und Polieren der Bögen, um den Glanzeffekt zu erzielen; Zurückrollen des Papiers und Schneiden in gewünschte Größen; Verpacken und Lagern der Papierrollen; Füllen der Dampfmaschine, die das Werk betreibt, mit biologisch abbaubarem Material. Die Belegschaft ist in 20 Teams unterteilt, darunter Teams für die Handhabung des Holzes, Pulpemühle, Papiermaschine, Pressen und Aufrollen, Labor und Instandhaltung. Es gibt auch einen Kern von Teammanagern und ein Designteam, bestehend aus dem Präsidenten und dem Vizepräsidenten, die das anfängliche Werksdesign, den Start und die Aufgabenverteilung in Angriff nahmen.

Ein Manager sagte uns, daß ein System autonomer Teams für das Werk ausgewählt worden war, weil es gegen die Norm in der Papierindustrie gewesen wäre, wenn man ein traditionelles Arbeitssystem in einem neuen Betrieb eingesetzt hätte. Vom Personaldirektor erfuhren wir, daß traditionelle Managementsysteme in neuen Papierwerken völlig unüblich sind. „Alle zehn zuletzt gebildeten Papierfabriken in den Vereinigten Staaten verwenden irgendeine Form partizipativ-soziotechnischer Systemprogramme", sagte er. Ein anderer Manager erklärte: „Wir hatten eine hochmoderne Fabrik, was die Technik betrifft. Wir wollten ein hochmodernes soziales System, das dazu paßt, und kein altes, ausgedientes traditionelles System."

In den frühen Phasen des Aufbaus und Betriebs der Fabrik gaben alle Managementebenen den Teams spezielle Anleitungen. Insbesondere die Werksmanager besaßen beachtliche technische Erfahrungen, während die meisten Arbeiter über keine Branchenkenntnisse verfügten. Daher waren viele Aktionen in der Aufbauphase auf die technischen Aspekte des Werks gerichtet. Einwandfreies technisches Funktionieren (konzentriert auf den Papierherstellungsprozeß, Maschinen und Ausrüstung, Computersysteme und Material) wurde als wichtigste Voraussetzung für das Erzielen eines Profits zu einem frühen Zeitpunkt angesehen. Der Übergang zu autonomen Teams sollte kontinuierlich vollzogen werden, aber nur in soweit, als die Teams sowohl in ihren technischen als auch sozialen Fähigkeiten reifer wurden. Besonders das Sozialsystem erforderte die Entwicklung und Verfeinerung von Rollen, Mission, Zielen, Wertvorstellungen, Belohnungssystemen, Karriereförderungsmaßnahmen, Rechtssystemen, Verhaltensnormen und Auswahl-/Einsatzmethoden.

Aufgrund des Umfangs solcher Aufgaben hat jedes Team immer noch einen Manager, der direkt für dessen Anleitung und Unterstützung verantwortlich ist. Mit dem Reifen der Teams wird diese Rolle graduell in den Hintergrund treten, und sie werden mit anderen Projekten betraut werden.

Man rechnete damit, daß die Entwicklung echter autonomer Teams fünf bis acht Jahre brauchen werde. Die Teams waren anfangs direkt dem Teammanager unterstellt, eine Rotation der Mitgliederrollen und -verantwortlichkeiten fand nicht statt. Letztendlich werden autonome Teams die erforderlichen Fertigkeiten und Fähigkeiten dazu besitzen; ihre Mitglieder werden Kontrolle über ihre Probleme ausüben und zwischen verschiedenen koordinierenden und planenden Rollen rotieren. Abbildung 1 auf der folgenden Seite zeigt den langfristigen Entwicklungsplan, in dem Teammanager sich vom direkten Vorgesetztenstatus (Stufe 1) zu Positionen geteilter Autorität (Stufe 2) und Randmanagern und -führern weiterbewegen (Stufen 3 und 4).

Nach dem ersten Betriebsjahr versicherte ein Manager des Unternehmens, daß die Fabrik „die erfolgreichste Gründungsphase in der Geschichte der Papierindustrie" durchlebt hatte und bereits die besten Papierhersteller der Welt übertraf. Die Hauptleistungsindikatoren wie Durchschnittseffizienz, Geschwindigkeit, Tonnage, Prozentsatz der Partiewaren und Ausfall waren günstiger als ursprüngliche (und sogar korrigierte) Planungsdaten, die auf vergleichbaren Informationen von anderen Gründungen in dieser Branche basierten. Das Werk warf schon im ersten Jahr Profit ab, ungewöhnlich in der Papierindustrie, wo die Kunst der Papierherstellung eine relativ langsame Lernkurve für die Operatoren mit sich bringt.

Die Führungskräfte schrieben diese günstigen frühen Ergebnisse einer Kombination von Faktoren zu: modernste Technologie, Qualität der Belegschaft (sowohl die allgemeine Arbeitsethik als auch der hohe Ausbildungsstand) und das System autonomer Teams. Management und Mitarbeiter teilten die Ansicht, daß das Leistungsniveau im Betrieb ohne das Teamsystem bedeutend niedriger wäre.

Wir diskutierten das Arbeitssystem detailliert mit verschiedener Mitarbeitern einer Reihe von Teams im Werk. Wir sprachen mit Teammanagern und Führenden des Designteams. Sie berichteten uns von ihren Erfahrungen in diesem Werk, ihren Reaktionen, Problemzonen und Gefühlen über Teammanager und das ganze Unternehmen. Wir prüften auch Unternehmensdokumente, die Beschreibungen des Designteams, den soziotechnischen Plan für die Verbesserung der Produktivität und der Qualität des Arbeitslebens, den Teamschulungsprozeß, das Orientierungsprogramm und das demonstrierte Leistungssystem (Entlohnung gemäß Kenntnissen) enthielten. Wir machten in verschiedenen Entwicklungsstadien des Unternehmens Rundgänge durch die Fabrik, und wir erhielten informelle Informationen von Mitgliedern der Personalabteilung.

Schließlich hatten wir eine Reihe von Schlußfolgerungen, die wir in zwei Hauptbereiche einteilten: Themen, die zum Erfolg beitragen, und übriggebliebene Probleme. Aus unserer Untersuchung der Erfolge und Kämpfe, die wir in diesen Gruppen erlebten, leiteten wir nützliche Lektionen für autonome Teams ab.

64 Gute und schlechte Teams

Stufe 1:
Aufbauteam
Autorität
Experte
Lehrer
Problemlöser
Koordinator
Teamvorgesetzter
Mentor

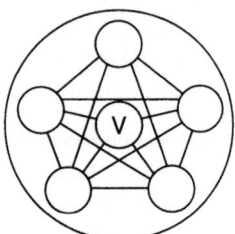

Stufe 2:
Übergangsteam
Geteilte Autorität
Überwacher
Helfer
Vorbild
Lehrer
Bewerter
Informationsübermittler
Verbindung zu anderen Teams

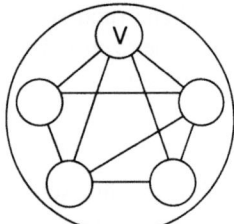

Stufe 3:
Gut ausgebildetes, erfahrenes Team
Randmanager
Prüfer
Experte
Ressource
Zielsetzungsanleiter
Informationsübermittler
Schutz/Puffer

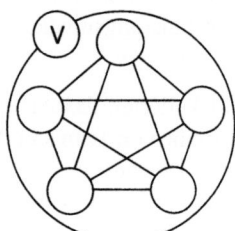

Stufe 4:
Gut ausgebildetes, reifes Team
Randführer
Teilen von Wertvorstellungen
Coach
Meister
Berater
Ressource
Helfer
Teilen von Verantwortung

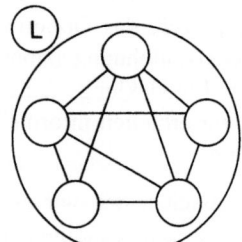

Abbildung 1: Evolution der Rolle des Teamleiters (V = Vorgesetzter, L = Leitender)

Grundlagen des Erfolgs

Eines der hervorstechendsten Merkmale in der erfolgreichen Gründungsphase des Werks war seine Strategie, sich auf das am Anfang kritischste Element für kurzfristiges Überleben zu konzentrieren: befriedigende Produktionsniveaus zu erzielen. Für einen reibungslosen Start wurde zunächst die technische Seite in Angriff genommen. Ein Mitglied des Managements erklärte uns: „Die anfängliche Betonung der technischen Seite half dem Werk, den häufigen typischen Leistungsabfall (Produktivität unterhalb erwarteter Werte im Vergleich zu traditionelleren Betrieben) zu vermeiden, den die meisten Gründungen mit autonomen Teams erfahren." Ein neues System autonomer Teams braucht häufig Zeit, um den Sand im Betriebsgetriebe loszuwerden und Arbeitern und Managern Gelegenheit zu geben, sich an das Mitarbeiterselbstmanagement zu gewöhnen. Daher kann in den frühen Gründungsphasen eine Betonung der sozialen Seite oder das Mitarbeiterselbstmanagement zur Folge haben, daß das gesamte Betriebssystem (einschließlich sowohl der technischen als auch der sozialen Komponente) schlechter abschneidet als traditionellere Systeme. Dieser zusätzliche Druck erfordert erhebliche Geduld und Einsatzbereitschaft vom Management; einige geben sogar das System auf, bevor es Gelegenheit hatte zu reifen und sich zu beweisen.

Dieses Werk erlebte keinen anfänglichen Leistungsabfall, überwiegend, wie wir meinen, dank des starken Einsatzes, zuerst die technischen Aspekte des Systems zu verfeinern. Es wurde viel Zeit und Mühe darauf verwendet, die technischen Kenntnisse der Teams zu fördern, das heißt, daß die weitaus erfahreneren Manager direkt in die täglichen Geschehnisse einbezogen wurden. Für den frühen Erfolg des Werks war weiterhin die Entscheidung wichtig, eine größere Anzahl von Arbeitern (etwa 25 Prozent der Belegschaft) mit technischer Erfahrung in anderen Papierherstellungszweigen einzustellen. Mit dieser Spritze relevanter Vorbildung und Erfahrung hatte von Anfang an ein Basisniveau technischen Könnens die Oberhand.

Die sozialen Aspekte des Systems waren andererseits so konzipiert, daß ein langsamerer Reifeprozeß geplant und erwartet wurde. Das offizielle Ziel war, innerhalb von fünf Jahren autonome Teams zu etablieren, wobei dies ein gradueller Übergang sein sollte, der sich über die vier in Abbildung 1 dargestellten Stufen erstreckte. Die meisten Arbeiter bestätigten in unseren Interviews, daß die Entwicklung vollkommen reifer Teams langsam vor sich gehen werde, obwohl fast alle Mitarbeiter glaubten, daß ihr Team dem Plan geringfügig voraus war (die meisten Mitarbeiter und auch Teammanager nahmen an, daß sie bereits mindestens Stufe 2 erreicht hätten). Es gab auch versteckte Hinweise über einiges Unbehagen mit dem Ungleichgewicht zwischen den stärkeren Fortschritten des Werks auf der technischen Seite gegenüber der sozialen Dimension. Ein Arbeiter kommentierte: „Es gibt hier den Mythos, daß zwischen unserem sozialen Wachstum und unserem technischen Wachstum Ausgewogenheit herrscht." Diese Ungeduld könnte teilweise zwei Faktoren zugeschrieben werden: Zum einen könnten die Arbeiter glauben, daß sie aufgrund ihres frühen Erreichens der technischen Ziele in der Lage sein sollten, die gleichen Resultate auch in der sozialen Domäne zu erzielen. Zum zweiten nehmen wir an, daß viele Arbeiter nicht daran gewöhnt sind, in ihrer Arbeit in Fünfjahresplänen zu denken. Daher kürzen sie die Zeit bis zur Reife für ihr Team ab.

Ein weiterer Grund für den vorhergesagten Leistungsabfall in vielen Experimenten mit autonomen Teams ist die Schwierigkeit, die Mitarbeiter mit der Anpassung an neue Erwartungen haben, wenn ein drastischer Wechsel von einem Arbeitsdesign zu einem anderen stattfindet. Da die Papierfabrik neu war und viele Mitarbeiter erstmals beschäftigt waren, brauchten die meisten sich nicht an einen internen Wechsel zu einer neuen Technologie oder an neue soziale Beziehungen zu gewöhnen. Demgegenüber mußten die erfahrenen Techniker erhebliche Anpassungen im Verhältnis zu ihren früheren Positionen leisten.

Im Einstellungsprozeß waren alle Bewerber einer strengen Prüfung unterzogen worden, um einigermaßen sicher zu sein, daß sie die Idee der autonomen Teams unterstützen würden. Außerdem machte ein ausführlicher Orientierungsprozeß die neuen Mitarbeiter behutsam mit der Philosophie und den Operationen soziotechnischer Systeme vertraut. Daher war das ganze System einer erfolgreichen Einführung zugeneigt, im Gegensatz zu anderen organisatorischen Änderungsversuchen, bei denen Umlernen und Neulernen stattfinden müssen.

Einige der eindrucksvollsten Hinweise auf die Wirkung des Teamsystems auf die Werksmitarbeiter fanden sich in Bemerkungen wie: „Ich arbeite gern hier", „Sie (das Werksmanagement) behandeln uns wie richtige Menschen." Selbst wenn Arbeiter über einige Aspekte des Betriebs Frustration empfanden (zum Beispiel die ungewöhnlich hohe Zahl der Meetings oder der Widerstand des Managements, bei zeitweisem Mehrbedarf an Arbeitskräften in der Gründungsphase Aushilfen einzustellen, um zukünftige Kündigungen zu vermeiden), so wurden diese Bemerkungen üblicherweise durch Zusätze entschärft wie: „Aber wir haben hier die Macht, die Dinge zu verändern."

Anzeichen des Mitarbeiterengagements (oder zumindest seltener Kündigungsabsichten) als Produkt der partizipativen Orientierung, spiegelten sich immer wider in Bemerkungen mit der Aussage: „Ich würde nirgendwo anders arbeiten." Viele Arbeiter hatten ernsthafte Zweifel, ob sie aufgrund der Verschwendung an Mitarbeiterfertigkeiten, die sie gesehen und erfahren hatten, jemals wieder in einem traditionellen, auf Autorität basierenden System arbeiten könnten. Sie bezogen sich auf die Geschichte eines ehemaligen Kollegen, der in eine andere Stadt gezogen war; er hatte einen neuen Job angefangen, war aber schon wenige Monate später erneut auf Arbeitssuche. Als Grund gab er an, daß er ein autoritäres Managementsystem nicht länger tolerieren könne.

Die von uns interviewten Angestellten fanden, daß das partizipative Arbeitssystem sich positiv auf die Qualität ihres eigenen Arbeitslebens auswirkte (sowie Effizienz, frühe Profitabilität, eine sehr niedrige Kündigungsrate und eine fast zu vernachlässigende Abwesenheitsrate erzielte). Sie nahmen gern an sozialen Aktivitäten des Unternehmens teil, weil man sich untereinander gut verstand. Teammanager wurden im allgemeinen nicht als Gegner der Arbeiter betrachtet, sondern „mehr als Teammitglieder". Ein tiefes Vertrauen in und Respekt für das Topmanagement drückte sich darin aus, und ein Mitarbeiter erklärte: „Sie tun alles, was sie versprochen haben." Die wöchentlichen Teamtreffen wurden als nützliche Einrichtung angesehen, um soziale Beziehungen zu vertiefen und Kommunikationskanäle zu öffnen.

Der partizipative Ausleseprozeß schließlich (Teammitglieder sind direkt bei der Auswahl neuer Mitarbeiter beteiligt) gab der Belegschaft ein starkes Gefühl von Macht. Jedes Mitglied des Einstellungsteams konnte mit entsprechender Rechtfertigung jeden Bewerber ablehnen, der seiner Meinung nach nicht eingestellt werden sollte. Ein Mitarbeiter erklärte mit offensichtlichem Stolz: „Es ist eine Inflation deines Egos, eine solche Macht zu haben."

Die Papierfabrik scheint ein überwiegend lern- und aufstiegsfreundliches Klima für die Angestellten geschaffen zu haben. Arbeiter haben weitaus größere Verantwortungsbereiche als in traditionellen Produktionsbetrieben und arbeiten typischerweise an vielfachen Aufgaben, über deren Zuteilung im Team entschieden wird. Teammitglieder treffen auch viele Entscheidungen und üben verschiedene Funktionen aus, die traditionelle Managemententscheidungen und -aufgaben sind. Das Lernen neuer Fertigkeiten ist daher in diesem Werk außerordentlich wichtig.

Gleichzeitig mit unseren Interviews erfolgte die Entwicklung eines Lohn-für-Können-Systems (offiziell System bewiesener Leistung genannt). Dieses System sollte den Mitarbeitern die Gelegenheit geben (und sie dazu ermutigen), eine breite Palette von Funktionen zu erlernen (Fertigkeitenblöcke), sowohl innerhalb ihrer Teams als auch überkreuz mit anderen Teams. Wenn Mitarbeiter meinen, daß sie für die Zertifikation in einem neuen Fertigkeitenblock bereit sind, werden sie getestet, um festzustellen, ob sie das entsprechende Wissen haben, die Fertigkeiten sicher anwenden können und Leistung erbringen.

Sowie ein Angestellter neue Fertigkeiten erwirbt, erhält er Lohnerhöhungen bis zu 22 Prozent für jede Erweiterung.

Die Einführung dieses Lohnsystems war eine deutliche Botschaft an die Mitarbeiter, daß Lernen notwendig ist, erwartet wird und für den langfristigen Erfolg des Werks wesentlich ist. Die Lohnerhöhungen waren für die von uns interviewten Personen zweifellos attraktiv, aber daneben schienen sie wirklich die Gelegenheit zu schätzen, sich zu verbessern und dem Unternehmen zu helfen. Ein Arbeiter erklärte: „Mir gefallen die Lohnerhöhungen, aber mir gefällt auch schlicht zu lernen."

Dieses Thema – die positive Betonung des Lernens – tauchte bei mehreren Teammitgliedern und -managern wieder auf. Ein Teammanager erklärte, daß die Arbeiter „viel schneller lernen, weil es ihnen erlaubt wird." Ein anderer fügte hinzu, daß „das Werk Jahre in seinem Plan zurück" wäre, wenn es auf einem traditionellen System basierte. Die Betonung des Lernens in diesem Unternehmen wurde am besten durch eine der Übergangsrollen des Teammanagers, die des Lehrers, veranschaulicht. Ein Manager summierte seine vorrangige Rolle zur Zeit auf als „zuerst lehren und ihnen (den Arbeitern) dann erlauben, es selbst zu machen."

Noch zu lösende Probleme

Reaktionen auf das Konzept autonomer Teams reichen oft von völliger Skepsis bis zu ihrer Ergreifung als Allheilmittel. Diese Unterschiedlichkeit der Reaktionen kann eine Reihe von Gründen haben: Unkenntnis des Konzeptes, philosophische Unterschiede, voreingenommene oder unsolide Berichterstattung oder einmalige (idiosynkratische) Erfahrungen mit dem Konzept. Aktuelle Erfahrungen mit Teams scheinen irgendwo zwischen den beiden Extremen totaler Erfolg und totaler Mißerfolg angesiedelt zu sein. Obwohl einige halbherzige und fehlgeleitete Versuche klar fehlgeschlagen sind, haben sich auch einige erfolgreiche Anwendungen ereignet. Doch selbst der Weg zum Erfolg ist oft voller Hindernisse, und dies trifft auch auf die Papierfabrik zu.

Lake Superior Paper ist in seinen frühen Entwicklungsstufen ein klarer Erfolg gewesen, sowohl aus der technischen als auch aus der sozialen Perspektive. Trotzdem sind noch einige erhebliche Herausforderungen zu meistern, und diese Realität scheint von den Werksangestellten auf allen Ebenen verstanden zu sein.

Unterstützung der Teammanager in ihrer neuen Rolle

Leitende Positionen waren schon immer konfliktbeladen: Vorgesetzte sitzen oft zwischen den Stühlen, wenn sie versuchen, die Forderungen des Managements von oben und die Erwartungen der Arbeiter von unten in der Hierarchie zufriedenzustellen. Die Teammanager in der Papierfabrik machten da keinen Unterschied. Eine Managerin beschrieb ihre vorrangige Rolle als eine Art von Puffer, der „es von beiden Seiten abbekommt", was sie gelegentlich wünschen ließ, daß sie sich einfach der einen oder anderen Gruppe zuwenden und sagen könnte: „In Ordnung, macht Ihr mal!"

Autonome Teams bedeuten zusätzliche Herausforderungen, die die Rolle des Teammanagers um so schwieriger machen. Erstens haben viele der Manager ihre Erfahrungen in traditionelleren Organisationen gesammelt, in denen direktive Führungsmethoden die Norm waren. Der Übergang zu einem Teamsystem erfordert nicht nur neue Rollen, sondern eine völlig andere Managementphilosophie für die Behandlung von Mitarbeitern. Dies kann zweifellos interne Konflikte für Teamleiter schaffen. Zweitens gibt es einen klaren organisatorischen Plan für die Entwicklung der Teamleiterrolle vom Gründungsteamleiter bis zu der Führungskraft, die zur Unterstützung eines gut ausgebildeten, reifen Teams benötigt wird. Die Teamleiter befinden sich daher, und werden es weiterhin sein, in einem ständigen Rollenfluß. Dieses Problem wird dadurch erschwert, daß einige Teams im Werk sich mit unterschiedlicher Geschwindigkeit auf ihrem eigenen Pfad zum Reifestadium fortbewegen. Die Rolle des Teamleiters ist deshalb von Team zu Team anders geartet.

Drittens kamen viele der Werksmitarbeiter aus Unternehmen mit traditionellem Management. Ihnen fehlte daher am Anfang das Vertrauen in das neue System, und sie benötigten außerdem soziale (Team-)Fähigkeiten. Diese Umstände machten den Teammanagern zusätzlich zu schaffen.

Einige der Teammanager werden schließlich von der Furcht verfolgt, sie könnten riskieren, sich aus ihrem Job herauszumanagen. Wenn sie wirklich erfolgreich sein würden, bräuchte ihr Team sie nicht mehr und könnte sich selbst managen.

Im allgemeinen schienen die Teammanager jedoch ihre neue Rolle trotz der vielen Schwierigkeiten zu schätzen. Ein Manager, der zuvor zwölf Jahre in einer traditionellen Papierfabrik gearbeitet hatte, erklärte: „Ich könnte niemals zurückgehen. Ich habe da soviel Verschwendung von Potential gesehen. Wenn man hier fragt, wer etwas tun will, stehen gleich drei Leute auf der Matte. Sie sind wirklich engagiert." Die Kommentare anderer Teammanager gingen in die gleiche Richtung. Obwohl es ihnen nicht schwerfiel, Fehler im System zu identifizieren – zum Beispiel es mit einem Dutzend verschiedener Meinungen von Teammitgliedern gleichzeitig zu tun zu haben oder unrealistischen Erwartungen von Mitarbeitern bezüglich ihrer Fortschritte in ihren Fertigkeiten –, waren die meisten mit ihren Positionen sehr zufrieden.

Die Teammanager schnitten auch andere Themen an. Einer von ihnen meinte: „Der technische Betrieb des Werks ist eine Kleinigkeit, aber die Teamentwicklung hält einen nachts wach." Einige der speziellen Probleme bei der Teamentwicklung waren die Frustration des Wartens, bis das Team eine eigene Lösung zu einem Problem fand (während der Teammanager eine Lösung zurückhält, um dem Team in seinem Wachstumsprozeß zu helfen), eine „Art von Psychologe" zu sein, wenn sie den Gefühlen und Nöten der Arbeiter Aufmerksamkeit schenkten, und sicherzustellen, daß Teammitglieder nicht zu hart mit sich umgehen (eine ziemlich einmalige Situation). Wenn zum Beispiel ein Teammitglied nicht genügend zum Team beiträgt (weil es chronisch abwesend ist), könnte es sein, daß der Manager „ihnen das Seil zum Lynchen des Betreffenden aus den Händen nehmen muß" (eine sehr plastische Metapher, die von einem Teamleiter kam) und versuchen muß, eine friedliche Beilegung herbeizuführen, statt die traditionellere Bestrafung zuzumessen.

Neben Herausforderungen innerhalb der Teams war die größte Sorge der Teammanager die Unklarheit, die ihre eigene zukünftige Rolle betraf. Wie durchdringend diese Unsicherheit war, veranschaulicht die platte Behauptung eines Teammitglieds: „Wir wissen, daß unser Teammanager nicht für immer hier sein wird. Am Ende haben wir vor, ihn abzuschaffen und uns allein zu managen." Trotz nachhaltiger Versicherungen des Werksmanagements, daß die Teammanager ihren Schwerpunkt auf Spezialprojekte und Randführungsfunktionen verlagern würden, war die Botschaft noch nicht gänzlich verstanden. Es war nicht klar, was sie mehr besorgte: die bloße Unsicherheit über das, was am Ende ihre neue Führungsrolle konstituieren würde, oder die mangelnde Arbeitsplatzsicherheit.

Ein Hinweis auf die Tragweite ihrer Besorgnis kam aus der positiven Erwartungshaltung, mit der sie die mögliche Expansion des Werks in der nahen Zukunft sahen. Es war ihnen klar, daß neue Arbeitsteams eine Reihe neuer Teammanager benötigen würden. Wenn sie ihre bestehenden Teams erfolgreich durch die ersten zwei oder drei Stufen der Teamentwicklung gebracht hätten, könnten sie vielleicht daran vorbeikommen, sich mit der Unsicherheit der Führungsrolle in Stufe 4 herumzuschlagen, indem sie für Teammanagementpositionen in der neuen Abteilung des Werks ausgewählt würden. Dies deckt eine merkwürdige Ironie auf: Nachdem sie ihre Aufgabe erfüllt und schlaflose Nächte hindurch mit der Entwicklung starker und unabhängiger Teams gerungen hatten, freuten sie sich darauf, zurückzugehen und noch einmal von vorn anzufangen. (Festzuhalten ist, daß dies bedeuten würde, zu einer Stufe zurückzukehren, die stärkere Führungsdirektiven erforderte.)

Aufkommende Gefühle der Ungleichheit

In den meisten Unternehmen gibt es Mitarbeitergruppen, die annehmen, daß sie zu irgendeinem Zeitpunkt benachteiligt werden. Das war auch in der Lake Superior Paper Company der Fall. Sicherlich trifft dies auf die Teammanager zu, die den Verlust ihrer Jobs befürchten, wenn die Teams heranreifen. Aber sie sind nicht die einzigen, die meinen, daß sie unfair behandelt würden. Erstaunlicherweise war unter den Werksmitarbeitern, die zu dieser Auffassung neigten, die Gruppe der „Techs", die wegen ihrer umfangreichen technischen Erfahrungen in der Papierindustrie eingestellt worden waren. Das Management-Designteam hatte eine erhebliche Zahl von Mitarbeitern mit Erfahrungen in der Papierherstellung eingestellt, um die Aufbauphase des Werks zu beschleunigen. Aus der operationalen Perspektive betrachtet, erfüllte der Einsatz dieser Techs klar seinen Zweck, brachte aber auch einige Nachteile mit sich. Erstens kamen viele der Techs aus traditionellen Organisationssystemen und hatten nicht nur mit den Problemen des Werksaufbaus zu tun, sondern auch mit der Anpassung an ein völlig anderes soziales System. Die Techs benötigen mehr Zeit, um Vertrauen in das neue Managementsystem zu fassen. Ein unerfahrener Arbeiter meinte, daß die Techs sich immer noch sehr skeptisch zeigten, an ehemaligen Werkstraditionen festhielten und eine Menge Bedenken äußerten („Ich glaube es, wenn ich es sehe.").

Die Gefühle der Ungleichheit der Techs stammten aus zwei Quellen: der Ausführung von Aufgaben, die für sie unterhalb ihres Niveaus lagen (und dies kränkte sie in ihrer Ehre) und den schnelleren Beförderungen (und höheren Löhne) anderer, unerfahrener Arbeiter. Wenn die unerfahrenen Arbeiter Fortschritte machten, dazulernten und höherqualifizierte und -angesehene Aufgaben ausführten, hieß dies, daß die Techs, die auf Stufe 7 der neun-Punkte-Skala eingestellt worden waren, zunehmend niedriger angesiedelte Aufgaben auszuführen hatten (wie beispielsweise den Fußboden abspritzen).

In einem traditionelleren System mit enger umrissenen Aufgabenbereichen für jede Stufe wären sie solch niedrigen Pflichten entkommen. Zusätzlich würde in dem Lohnsystem im neuen Werk, das nach demonstrierter Leistung ging, bald (innerhalb von 18 Monaten) von ihnen verlangt werden, daß sie über das Wissen und die Fertigkeiten gemäß Stufe 7 verfügten (was bedeutete, daß sie einen kompletten Produktionsprozeß lernen mußten und an jeder Position darin funktionieren konnten), ohne Rücksicht auf ihre frühere Ausbildung und Erfahrung. Für einige war dies ein Rückschritt.

Sichtbarer als der Statusverlust war die Auffassung der Techs, daß sie bei der finanziellen Entlohnung ungleich behandelt wurden. Obwohl ihr Ausgangslohn etwa das Doppelte von dem der unerfahrenen Arbeiter war, konnten die letzteren wesentlich größere relative und absolute Lohnerhöhungen einstecken, sobald sie die Prüfungen für neue Fertigkeitenblöcke abgelegt hatten. Die Techs sahen den Tag kommen, an dem neuere Mitarbeiter mit den Löhnen der Techs gleichzogen und sowohl von der Bezahlung als auch von der Erfahrung her den gleichen Status hatten. Obwohl die Techs in dem Prozeß nichts verloren, so war es doch hart für sie, andere mehr gewinnen zu sehen.

Die Reaktionen der Angestellten in unseren Interviews auf das Bezahlung-für-Können-System deuteten darauf hin, daß dies ein umstrittenes Thema war. „Sie berühren da einen empfindlichen Nerv", lautete die vielsagende Antwort eines Angestellten. Unerfahrene Mitarbeiter sahen den Qualifizierungsprozeß sehr positiv („Es macht mir Spaß zu lernen, und die Bezahlung motiviert mich zusätzlich."); die Techs schienen nahezu einstimmig dagegen zu sein. (Von ihrer gegenwärtigen Stufe waren es nur zwei Schritte zum oberen Ende der Skala mit nur fünf Prozent mehr Lohn.) Dies brachte das Werksmanagement in ein ziemliches Dilemma; das Lohnsystem wurde als wesentlicher Teil des Fortschritts im Werk in Richtung autonome Teams angesehen und sorgte doch für die Auffassung, daß es Sieger und Verlierer gebe. Dank dem Management wurde die Lohnskala überarbeitet, um einen Zwei-Stufen-Gewinn von mehr als 18 Prozent zu erlauben.

Ungeduld mit langsamer Entwicklung

Die Entstehung und Entwicklung autonomer Teams sind keine glatten Prozesse, trotz gelegentlicher Behauptungen von sofortigem Erfolg. Unrealistische Erwartungen oder vereinfachende Annahmen, daß die Teams schnell und schmerzlos aufgebaut werden könnten, können im Gegenteil die langfristigen Erfolgschancen sabotieren. Die Ansprüche und Belohnungen können für Teammitglieder wie Teamleiter hoch sein, aber wenn die Beteiligten emotional nicht vorbereitet, geduldig, von der Organisation unterstützt und sorgfältig für die Herausforderungen ausgebildet sind, ist Desillusion eine große Gefahr. Dies kann besonders in Ländern, deren Kultur Mitarbeiter der ersten Stufe traditionell nicht darauf vorbereitet, größere Selbstmanagementaufgaben anzunehmen, ein ernsthaftes Hindernis darstellen.

Die Lake Superior Papierfabrik entkam nicht den Frustrationen, die mit dem Tempo der Veränderungen, den Ansprüchen an die Mitarbeiter, dem Zeitrahmen für die Reife der Teams und der Zerbrechlichkeit der Intrateam- und Interteambeziehungen einhergingen. Die Werksmitarbeiter waren sorgfältig darüber informiert worden, daß der Prozeß der Teamentwicklung Zeit, Geduld und harte Arbeit erfordert, aber unterschiedliche Auffassungen über das aktuelle und das gewünschte Tempo der Veränderungen lösten doch einige Frustrationen aus. Einige Arbeiter deuteten an, daß es zu schnell ging: „Ich komme mir vor wie auf einem Ausreißerzug." Fast alle waren besorgt über die Zahl der Konferenzen, an denen sie teilnehmen mußten.

Andere Angestellte konterten mit Beschwerden, daß es nicht schnell genug ginge. Einer von ihnen, der in einer anderen Industrie bereits Erfahrungen mit einem Selbstmanagementsystem gesammelt hatte, redete gedankenvoll von den Annehmlichkeiten des Arbeitens in einem reifen autonomen Team und von seinen gelegentlichen Frustrationen in diesem Werk aufgrund der scheinbar langsamen Fortschritte im Reifungsprozeß. Ein anderer Arbeiter, der die Frustrationen der Kollegen wahrnahm, äußerte sich zuversichtlich und meinte, daß „das ganze Design langfristig für die Arbeiter wirklich großartig ist, auf kurze Sicht bräuchte man nur etwas mehr Geduld."

Ein Schlüssel zu diesem Tempoproblem findet sich in der amerikanischen Vorstellung von Zeitspannen. Es ist sicherlich schwierig für amerikanische Werksarbeiter, angesichts von Tages- und Monatsproduktionszielen in Zeithorizonten von fünf Jahren für das Erreichen eines langfristigen Ziels zu denken. Ein Teammanager erzählte uns zum Beispiel, daß alle seine Teammitglieder einen besonders hochspezialisierten und angesehenen Posten im Kontrollraum als ihr Hauptkarriereziel anstrebten. Er bewunderte ihre starke Motivation, schnell Karriere zu machen, bemerkte aber traurig: „Sie wollen diesen Posten alle vor Ablauf eines Jahres haben." Seine abschließende Bemerkung deckte ein merkwürdiges, aber sehr reales Paradoxon auf: „Die Chancen dieser Leute sind unbegrenzt, aber es gibt eine Grenze." (In Kulturen, wo Angestellte an langsamere Beförderungen gewöhnt sind, mag dieser selbstauferlegte Druck zur Beförderung kein ernsthaftes Problem darstellen.)

Eine andere Quelle des Drucks für Teammitglieder war die Auffassung, daß sie zeitweise in einigen Bereichen einen Arbeitskräftemangel hatten. Ein Mitarbeiter beschwerte sich, daß Unternehmensreserven für neue Ausrüstung und Material vorhanden seien, daß das oberste Management sich aber weigerte, neue Mitarbeiter einzustellen. Er verstand und akzeptierte die Begründung, daß weitere Einstellungen in der Gegenwart bedeuten würden, später Leute entlassen zu müssen (eine Praxis, die mit dem Ziel von null Entlassungen unvereinbar war). Diesem Mitarbeiter war klar, daß die Arbeiter durch das Überkreuzlernen mehr und mehr in der Lage sein würden, anderen Kollegen zu helfen, wenn sie Probleme hatten. Daher würden in der Zukunft durch das Trainingsprogramm bereits Personalreserven bestehen, die dort eingesetzt werden könnten, wo Hilfe nötig war. Ironischerweise machte die Tatsache, daß die Fabrik mit harter Arbeit und ohne zusätzliches Personal gut lief, es wahrscheinlicher, daß keine weiteren

Leute eingestellt würden. (Warum sollte das Management ein Problem lösen, daß nicht wirklich bestand?) Offensichtlich war aber dank des Arbeitssystems der langfristige Erfolg des Werks den Arbeitern wichtiger als ihr unmittelbares Wohlbefinden. Sie vermittelten ein Gefühl des Stolzes auf das Werk und ihre Arbeit und schienen willig, den Preis für den Erfolg zu bezahlen.

Teamrückschritte und wachsende Pein

Ein letztes Phänomen, mit dem Teammitglieder, Manager und Werksführung Erfahrung machten, war, daß autonome Teams anfangs zerbrechliche, verletzliche Einheiten sind. Arbeiter und Leiter realisierten, daß sie fast keine Gelegenheit hatten, sich auf ihren Lorbeeren auszuruhen. Ein Mitarbeiter betonte, daß es großartig sei, in diesem System zu arbeiten, daß es aber sehr fragil sei. Erklärend fügte er hinzu: „In einem Augenblick kann es im Team wirklich tadellos klappen, und im nächsten Moment können die Dinge wieder in Aufruhr sein, dann schreien die Leute sich gegenseitig an, und eine Menge feindlicher Gefühle kommen auf."

Diese Realität spiegelt ein Element der Unternehmensbotschaft und -philosophie wider, nämlich „Konflikte sind unausweichlich", aber sie müssen auf „zeitgemäße und gerechte Weise" gelöst werden. Teammitglieder lernten, daß Meinungsverschiedenheiten auftreten und Stimmen erhoben werden, aber einstimmige Entscheidungen von den Teams getroffen und unterstützt werden müssen. Teams machen mit Erfolgen und Fehlschlägen Erfahrung, und das Vorwärtskommen kostet viel Mühe. Ohne kontinuierliche Bemühungen kann die gewaltige Investition von Zeit und Mühe in die Teamentwicklung schnell zerstört werden, sobald Gruppenmitglieder entdecken, daß der Gruppenzusammenhalt eine zerbrechliche Angelegenheit ist.

Zusammenfassend ist zu sagen, daß selbst in höchst erfolgreichen autonomen Teamsystemen Erwartungen gestellt, aber nicht immer erfüllt werden und Mitarbeiter sogar frustriert werden. Sie haben zwar große Flexibilität, Verantwortung und Abwechslung in ihrer Arbeit, sind aber gleichzeitig mit vielen Schulungen und unzähligen zeitraubenden Sitzungen konfrontiert. Teammitglieder sind mehr und mehr in der Lage, sich gegenseitig in vieler Weise zu helfen, aber kurzfristig kommt es ihnen so vor, als ob sie einer personell unterbesetzten Unternehmung angehörten. Diese Herausforderungen in Kombination mit der Unklarheit und Bedrohung, die Teammanager in einem neuen Arbeitssystem oft empfinden, sorgen für harte Zeiten. Fügt man hinzu, daß einige Schichten von Mitarbeitern an Wichtigkeit und Status verlieren und andere an Einfluß und Bedeutung gewinnen werden, so kann der Weg zu kontinuierlichem Fortschritt steinig erscheinen.

Lektionen für zukünftige Teamoperationen

Nach einem Jahr schienen die autonomen Teams in der Papierfabrik trotz einiger Unvollkommenheiten zu gedeihen. Einige Mitarbeiter waren begeisterter als andere, aber im allgemeinen zeigte unsere Bewertung, daß die Belegschaft sehr engagiert und zufrieden war. Die frühen Daten der Werkseffizienz und Profitabilität zeigten, daß sie selbst die optimistischsten Pläne klar übertrafen.

Die Entscheidung für die Betonung der technischen Aspekte hat einige klare Vorteile. Der wesentlichste ist, daß dieser Ansatz am Anfang eine bessere Ausnutzung der Technologie bietet. Trotzdem sollte ein signifikanter möglicher Nachteil erwähnt werden. Die Entscheidung, eine große Zahl von Managern und erfahrenen Arbeitern von anderen traditionellen Unternehmen einzustellen, könnte ein Hindernis für die soziale Entwicklung autonomer Teams darstellen. Lake Superior hat eher Merkmale einer „Retrofit"-Teameinführung als eines reinen „grünen" Starts. Es ist möglich, daß Manager und Arbeiter die Entwicklung von Teams sogar behindern, weil sie ihre bereits etablierten Haltungen nicht aufgeben werden.

Das Betreiben eines Unternehmens ohne Bosse mittels autonomer Teams wird in den meisten Ländern und Industrien noch als eine radikale Innovation der Arbeitsorganisation angesehen, obwohl es in US-amerikanischen Papierfabriken in kurzer Zeit zur Norm geworden ist. Die Logik für die Einsetzung von Teams in diesem Werk scheint klar – modernste Technologie mit einem modernen Managementsystem kombiniert.

Die vielleicht interessanteste Frage, die diese Studie aufgeworfen hat, ist, warum andere Firmen in anderen Industriezweigen nicht im gleichen Tempo auf autonome Teams umgestellt haben. Sie können eine wesentliche und dabei sozial verantwortliche Wettbewerbsstrategie darstellen. Mitarbeiter auf allen Ebenen der Papierfabrik schienen zu sagen: „Wir konnten in dieser Industrie mit einem traditionellen Arbeitssystem, das den Beitrag der Arbeiter erstickt, nicht mithalten, geschweige denn an der Spitze sein." Ein Arbeiter faßte die Situation so zusammen: „Ich wundere mich darüber, daß der Herstellungsbereich dies nicht früher eingeführt hat. Es verblüfft mich total, daß Amerika so lange ohne es auskam. Manchmal frage ich mich, wie wir jemals etwas zustande gebracht haben." Die gewonnenen Einsichten und gelernten Lektionen können anderen Unternehmen in vielen Ländern helfen, den Wert autonomer Teams zu erkennen und einige der möglichen Probleme bei der Anwendung autonomer Teams zu vermeiden.

Gute und schlechte Teams

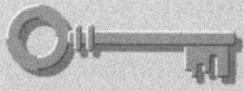 **Schlüssellektionen für Unternehmen ohne Bosse**

1. Legen Sie den Schwerpunkt anfangs auf die technischen Aspekte, und denken Sie später über die Perfektionierung der sozialen Dimension nach. Der soziale Aspekt ist wichtig, kann aber in einem längeren Zeitrahmen gesehen und langsamer vorangetrieben werden.

2. Es ist einfacher und hat bessere Erfolgsaussichten, autonome Teams in ein neues Unternehmen einzuführen, als zu versuchen, ein etabliertes System zu verändern.

3. Echte Beteiligung wird von den meisten Angestellten geschätzt, sofern sie die ganze Organisation durchdringt. Sie kann sich in Form von Engagement, Zufriedenheit und Loyalität mehr als bezahlt machen. Der anfängliche Wunsch der Angestellten zu partizipieren, kann jedoch davon dramatisch abweichen.

4. Viele Angestellte sind begierig zu lernen und zu wachsen, ein legitimer Weg zu Macht (und Geld) in Unternehmen. Unternehmen sollten diesen Appetit fördern, indem sie Möglichkeiten für Wachstum anbieten.

5. Mitarbeiter werden sich von den wachsenden Anforderungen des Systems (zahlreiche Konferenzen, eine sich ständig ändernde Umgebung) unter Druck gesetzt fühlen. Sie müssen in ihren Bemühungen, sich anzupassen, unterstützt werden.

6. Unterstützen Sie die gegenwärtige und zukünftige Rolle der Teammanager ständig, und machen Sie diese Rolle deutlich. Behalten Sie ihre Ängste im Auge, und reagieren Sie darauf.

7. Seien Sie darauf gefaßt, daß Mitarbeiter (besonders diejenigen, die am meisten zu verlieren haben) sehr genau auf Gerechtigkeit in ihren Arbeitsbeziehungen achten werden; bedenken Sie die Auswirkungen von Handlungen und Entscheidungen auf ihre Auffassung von Gerechtigkeit.

8. Lenken Sie Teamerwartungen in bezug auf den eigenen Fortschritt, indem Sie Teams auf die möglichen Langzeitrahmen, unterschiedliche Reifezeiten von Team zu Team und andere mögliche Schwierigkeiten aufmerksam machen.

4. Die frühe Implementierungsphase: Teams im Dienstleistungssektor

Das Kapitel beschreibt die Einführung des Teamkonzepts in den Büros eines Dienstleistungsunternehmens. Bei den Angestellten im Mittelpunkt dieses Wechsels zu autonomen Teams handelte es sich um Sachbearbeiter, die im wesentlichen mit der Transformation von Information zu tun haben. Es ist noch wenig Mühe darauf verwandt worden, autonome Teams in Büros einzuführen, so daß der Versuch, den wir hier beschreiben, eine Pioniertat im Dienstleistungssektor ist.

Das Unternehmen wandte für die Umstellung die soziotechnische Systemanalyse an. Es handelte sich um die IDS Financial Services Inc. in Minneapolis, Minnesota, eine Tochtergesellschaft von American Express. Die Beschreibung zeigt die Schlüsselstrukturen und -prozesse, die für den Wechsel zu einem Teamsystem entscheidend sind. Während dieser Fall als recht erfolgreich bezeichnet werden kann, liefert er gleichzeitig Einsicht in die Herausforderungen, Frustrationen und Schwierigkeiten, die einen solch bedeutenden Wandel unausweichlich begleiten.

Das Unternehmen

IDS, das als Investors Diversified Services gegründet wurde, ist als der stille finanzielle Riese von Minneapolis beschrieben worden. Das Unternehmen wurde 1894 gegründet und bietet heute weiterleitende finanzielle Dienstleistungen und Produkte, darunter persönliche Finanzplanung, Versicherungen, Investmentfonds, Zertifikate, begrenzte Partnerschaften, Darlehen und Maklergeschäfte. Die Produkte und Dienstleistungen des Unternehmens werden von einem landesweiten Netz von mehr als 6500 Finanzplanern vertrieben, deren Arbeit von mehr als 3600 Angestellten in der Unternehmenszentrale unterstützt wird. 1990 besaß oder managte IDS Vermögenswerte von mehr als 58 Milliarden Dollar, darunter 22 Milliarden in 36 Investmentfonds unter seinem Management. Seit es 1984 von American Express akquiriert worden ist, sind seine Erträge mit einer zusammengesetzten jährlichen Rate von 22 Prozent gewachsen.

Die Planer bei IDS arbeiten mit einzelnen Kunden, um finanzielle Ziele und Pläne auszuarbeiten und eine komplette, auf den Bedarf des Individuums zugeschnittene Strategie zu planen. Ein Kunde, der einen Finanzplan der IDS einsetzt, kauft typischerweise eins oder mehrere der Finanzprodukte des Unternehmens. Die Finanzplaner haben täglich Kontakt mit Repräsentanten in den Zentralen der Investmentfonds, jetzt Transaction Services Department genannt. Der Kontakt erfolgt per Post oder Telefon und dreht sich typischerweise um eine Transaktion für einen Kunden. Die Finanzplaner – selbständige Außenagenten, die direkt mit dem Kunden zu tun haben – sind daher besonders auf die Qualität, Richtigkeit und das Tempo der Hintergrunddienste angewiesen, die von Mitarbeitern der Operationsabteilung bereitgestellt werden.

Die Investmentfondsoperationen der IDS können im Grunde als ein Dienstleistungsunternehmen betrachtet werden, das Informationen verarbeitet. Der prototypische Kunde ist ein selbständiger Finanzplaner, der Kunden finanzielle Beratung anbietet. Der Großteil der Arbeit dreht sich um Informationen oder Finanztransaktionen, normalerweise per Post oder Telephon – zum Beispiel die Investition eines bestimmten Betrags in einen Investmentfonds der IDS für einen Kunden, eine Auszahlung oder Tilgungszahlung von einem Konto oder die Arrangierung eines Rentenauszahlungsplans. Die Routinetransaktionen werden normalerweise von Kernmitarbeitern ausgeführt. Die meisten Transaktionen sind relativ unkompliziert, aber einige erfordern spezielle technische oder juristische Erfahrungen, um die Einhaltung von Gesetzen und Regulierungen sicherzustellen. Transaktionen, bei denen es um treuhänderische Funktionen oder Nachlaßabwicklungen geht, erfordern spezielle Sachbearbeiter – Individuen mit speziellen Kenntnissen in bestimmten Bereichen –, die den Kernmitarbeitern zur Verfügung stehen. Die höheren Sachbearbeiter dienen als Feuerwehr, Problemlöser und Quasivorgesetzte.

Generell kann die Arbeit als ein Input-/Outputfluß von Informationen und Finanzressourcen quer durch das Unternehmen charakterisiert werden. Obwohl die meiste Arbeit ohne persönlichen Kontakt abläuft und nur Handlungen aufgrund der Informationen erfordert, ist die zwischenmenschliche Beziehung (auf Distanz) mit den Finanzplanern ein bedeutendes Element. Es ist ein wichtiges Ziel des Unternehmens, die Planer als zufriedene Kunden zu erhalten. Genauigkeit und Fehlerlosigkeit sind für die Erhaltung von Effizienz und Goodwill der Kunden entscheidend.

Die Wettbewerbssituation

Das Managementteam in der Investmentfondsoperation hatte die Verbesserungsmöglichkeiten innerhalb dieser Abteilung als Teil der erwogenen Veränderungen analysiert und folgende Haupttrends in der Branche identifiziert:

Teams im Dienstleistungssektor 79

- Hauptwachstum in der Finanzplaner- und Kundenbasis
- Mehr Dienstleistungen werden direkt von der Zentrale an die Kunden weitergegeben
- Zunehmender Bedarf an Flexibilität, besonders für wechselnde Volumina
- Anhaltender Anstieg in der Zahl der verkauften Produkte
- Unbeständiger Markt
- Ansteigender Gebrauch von Technologie bei Kunden, Planern und Personal der Zentrale
- Zunehmender Wettbewerb

Aus dieser Analyse ergaben sich zwei Kernfragen:

1. Wie können Bearbeitungsfehler vermieden werden (im wesentlichen ein Qualitätsproblem)?
2. Wie kann das Unternehmen bezüglich wechselnder Volumen, Produkte und das finanzielle Umfeld anpassungsfähiger werden (das Flexibilitätsproblem)?

Eine Teilantwort auf diese Fragen findet sich in einer erweiterten Anwendung von Technologie, aber vor allem einer gestiegenen Abhängigkeit von der Qualität der Personalressourcen des Unternehmens. Fragen der Qualität und Flexibilität bedeuten nichts anderes als die Notwendigkeit, das Können und die Motivation der Mitarbeiter zu verbessern. Eine der Alternativen, die zur Begutachtung vorgeschlagen wurden, war ein organisatorischer Wechsel zu Teams.

Ein Schlüsselwort ist Qualität. Wie können Bearbeitungsfehler vermieden werden?

Qualitätssteigerung durch Ändern der Arbeitsmuster

Als wir die Fakten für diese Geschichte zusammenstellten, war ein kleiner Bereich des Unternehmens gerade in ein autonomes Team umfunktioniert worden; die anderen Angestellten arbeiteten weiterhin in ihren traditionellen Arbeitseinheiten. Diese organisatorische Umstellung war das Ergebnis eines bewußten Analyse- und Designprozesses, der vom Management gesponsert und von den betroffenen Mitarbeitern durchgeführt wurde. Die Motivation für den Wechsel kam zum Teil aus der Unzufriedenheit mit dem Status quo. Ein Manager, der dies erkannte, sagte: „Etwa dreißig Prozent unserer Leute sind für Fehlerkorrekturen abgestellt." Ein anderer Manager sagte: „Wir haben in den letzten paar Jahren viel getrickst. Aber das Unternehmen ist so massiv und komplex, daß wir ausgetrickst haben. Ich glaube, wir haben alle eingesehen, daß wir etwas Neues brauchen."

Die Division war profitabel, aber keiner der Manager hatte den Eindruck, daß der Betrieb glattlief. Das Unternehmen hatte sich mit der Zeit in ein, wie ein Manager es beschrieb, Flickwerk von Verantwortlichkeiten entwickelt, die von einer scheinbar unlogischen Kombination von Funktion, Produkt und Prozeß strukturiert wurden. Die Spezialisierung von Jobs war tief verankert, und das ganze Unternehmen wurde als fragmentiert beschrieben. „Ein Kunde könnte anrufen und vier- bis fünfmal verbunden werden, bevor jemand erreicht würde, der zu helfen in der Lage wäre." Genauigkeit war ein Problem. Die Division hatte während des Börsenkrachs von 1987 vor einer temporären Krise gestanden, weil das System überladen war und beinahe zusammenbrach. An diesem Tag dauerte es durchschnittlich sieben Minuten, bis ein Kunde eine Antwort bekam. Ferner wurde die Division im allgemeinen nicht als ein erstrebenswerter Arbeitsplatz angesehen und hatte eine hohe Kündigungsrate.

Vizepräsident Bill Scholz sah die Gefahr, daß sich eine pure Überlebensmentalität breitmachen würde und wollte nun Maßnahmen ergreifen, um vorzubeugen. Er und sein Stab erwogen monatelang viele Alternativen, darunter eine funktionale Neuorganisation und Schulung von Vorgesetzten. Nach dieser Periode der Selbstbetrachtung und Studie entschieden sie, daß sie sich auf ein neues organisatorisches System einlassen wollten, dem eine soziotechnische Systemanalyse vorausgehen sollte.

Die Veränderung von Organisationsstrukturen

Um den Wandel zu vollziehen, wurden mehrere temporäre organisatorische Strukturen gebildet. Während der Planungsphasen blieben die grundlegenden Organisationsstrukturen erhalten, aber es wurden mehrere Komitees oder Implementierungsteams gebildet, um den Prozeß zu erleichtern: der Lenkungsausschuß, das Designteam und das Pilotteam. Jedes dieser Teams erhielt Unterstützung von einem Beratungsteam, das aus einem internen und einem externen Berater, der in der Anwendung der soziotechnischen Systemanalyse erfahren war, bestand.

Der Lenkungsausschuß

Der Lenkungsausschuß wurde von Bill Scholz gebildet und einberufen. Es bestand aus ihm selbst und seinem Stab von Managern sowie den Vizepräsidenten der Bereiche Managementinformationssysteme und Personal. Eines der

Mitglieder drückte die Absichten dieses Ausschusses so aus: „Unser besonderes Ziel war, denke ich, das Programm in Gang und die Leute an ihren Platz zu bringen und andere Leitlinien zu etablieren." Ein anderes Mitglied fügte hinzu: „Die Ziele waren nie auf Effizienz oder Einsparungen konzentriert, sondern auf größere Genauigkeit, besseren Dienst am Kunden, die Reduzierung von Irrtümern. Wir behaupteten nicht, daß wir die Kosten um hundert Millionen Dollar senken würden. Wir sind davon nicht ein Jota abgewichen; es geht uns um Genauigkeit; wir sind an Qualität interessiert." Ein weiteres Mitglied kommentierte: „Mir fiel die Art und Weise auf, wie wir zusammenarbeiteten. Es war sehr schwierig, weil sich die Arbeit so sehr von unserer früheren Arbeit unterschied. Vorher hieß es: Dies ist meine Welt, und ich entscheide, was hier heute geschieht. Das ist heute nicht so. Dies ist immer noch ein Lernprozeß für uns."

Der Lenkungsausschuß führte das Designteam ein und gab ihm die anfänglichen Parameter und periodische Anleitungen. Ein Mitglied des Lenkungsausschusses meinte: „Wir beschützten sie. Wir erhielten regelmäßig Berichte darüber, wo sie sich gerade befanden, räumten Wegsperren beiseite, holten Genehmigungen ein. Wir veröffentlichen Parameter oder Grenzen für sie. Sie wußten auch, daß wir ein Vetorecht hatten, das ganz vorn anstand. Aber es ist ein ziemlicher Unterschied zur Rolle des Entscheidungsträgers." Ein anderer meinte, daß die Rechte des Designteams mächtig seien – sie hatten Entscheidungsfreiheit in allem, das in der Division vorging. Der Lenkungsausschuß gab dem Designteam Vollmacht. Der Lenkungsausschuß fungierte auch als Verbindung zwischen Topmanagement und anderen Abteilungen des Unternehmens. „Wir haben viel Zeit darauf verwendet, das obere Management für diesen Plan zu gewinnen", und „Wir veröffentlichten bändeweise Fragen und Antworten und stellten uns selbst die schwierigsten Fragen. Wir waren Pioniere."

Arbeitsplatzsicherheit, ein wichtiges Thema, wurde frühzeitig angeschnitten. „Wir hatten ein großes Treffen außerhalb des Betriebs für all unsere Angestellten. Es fand in einem Hotel statt. Wir erklärten alles Schritt für Schritt. Wir garantierten jedem Arbeit. Keiner sollte wegen dieses Prozesses arbeitslos werden. Wir sagten nicht, daß ihre Jobs sich nicht verändern würden."

Der Lenkungsausschuß mußte den Umfang seiner Direktiven für das Designteam sehr behutsam dosieren. Bill Scholz „gab ihnen soviel Freiheit wie möglich, weil ich nicht wollte, daß irgend etwas auf ihre Entscheidungen einwirkte. Ich sagte dem Designteam sogar, daß ich nicht gesehen werden würde."

Ein Manager, der weiter oben in der Hierarchie angesiedelt war, sprach über seine gemischten Reaktionen auf den Prozeß: „Ich fand das Ganze irgendwie peinlich. Älter zu sein und meine gesamte Karriere in traditionellen Unternehmen verbracht zu haben, und nun am Ende meiner Karriere – aber es war wirklich erfrischend. Es gibt den letzten Jahren ein bißchen Aufregung." Einige Manager fragten sich, ob die Mitarbeiter in der Lage sein würden, Entscheidungen von gleicher Qualität wie die Manager zu treffen. Der Lenkungsausschuß entschied trotz dieser Vorbehalte zu handeln und verkündete die bevorstehende Veränderung vor der gesamten Division. Der nächste Schritt war die Bildung des Designteams.

Das Designteam

Das Designteam wurde aus 57 Freiwilligen ausgewählt. Ein Mitglied erklärte: „Jeder war zu einer Versammlung eingeladen, auf der die Vorgehensweise erklärt wurde. Ich hörte ihren Vorschlägen zu und bewarb mich für eine Stelle in dem Team." Ein anderer sagte: „Wir machten uns Sorgen, daß es sich um eine Rationalisierungsstrategie handelte. Das war nicht der Fall. Sie machten gleich deutlich, daß keine Jobs wegen dieses Projektes verlorengehen würden."

Das Designteam setzte sich aus elf Personen zusammen – acht Kernarbeitern, zwei Vorgesetzten und einem höheren Sachbearbeiter – und wurde von dem professionellen externen Berater, der Erfahrung mit STS-Analysen hatte, unterstützt. Es wurde kein formaler Teamleiter benannt. Jedes Teammitglied war von seinem gewöhnlichen Job befreit und widmete seine volle Arbeitszeit den Teamvorhaben. Das Team war jeden Tag von 8.00 bis 16.30 Uhr zusammen und traf sich etwa alle zwei Wochen mit dem Lenkungsausschuß zum Austausch von Informationen und für Hilfsersuchen. Nach dem ursprünglichen Plan sollte das Designteam seine Aufgaben in drei bis sechs Monaten erfüllt haben. Tatsächlich benötigte es achteinhalb Monate. Das Team befolgte drei Hauptschritte: Entwickeln eines Plans, technische (Aufgaben-)Analyse und soziale Analyse. Die Datensammlung und -analyse schloß Interviews und Umfragen bei den Planern, Kunden und Mitarbeitern, Dokumentation des Arbeitsflusses, Identifikation der Fehler und Bestimmen der Gründe für wesentliche Abweichungen ein.

Die Teammitglieder beschrieben das Kommunikationsklima mit dem Lenkungsausschuß als „mittelmäßig bis gut". Ein Teammitglied charakterisierte es als „sehr, sehr schwierig. Es ist wahrscheinlich das Hauptproblem in dem ganzen Prozeß. Wir sollten Dinge durch allseitige Zustimmung entscheiden. Und das ist mit all den Leuten ein schrecklich mühseliger, langer Prozeß. Jeder hatte seine Rolle dabei, seinen Standpunkt zu vertreten. Es braucht viel Zeit, bis man lernt, wie man dies ohne Zeitverschwendung erreicht." Ein oder zwei Teammitglieder waren kurz davor, das Team zu verlassen. „Ausgebrannt –

Kommunikationsprobleme", sagte einer. „Ich hatte ein Gefühl, als ob ich durchdrehen würde. Das Team hatte hohe Erwartungen, als ob wir in einem Meeting innerhalb von einer halben Stunde geradewegs die Themen durchgehen und Entscheidungen treffen könnten. Das Team war hochmotiviert und hatte sehr hohe Vorstellungen davon, was es erzielen konnte. Vielleicht waren wir zu perfektionistisch."

Der Vorgesetztenrolle widmeten sie besondere Aufmerksamkeit. „Die Vorgesetzten waren ziemlich nervös in dem ganzen Prozeß. Eines der Gerüchte, die sie über STS gehört hatten, war, daß Vorgesetzte eliminiert würden." Tatsächlich wurden die Vorgesetzten nicht eliminiert, obwohl ihre Rolle einen beträchtlichen Wandel erfuhr. Ihr Titel wurde in Förderer umbenannt, und „Ihr Ziel würde sein, das Team in seinen Autonomiebemühungen zu unterstützen." Ein Designteammitglied sah sowohl bei Vorgesetzten als auch bei Managern Probleme voraus: „Sie werden es schwer haben, sich anzupassen. Das Problem bei diesem Prozeß ist, daß das Managementpersonal nicht vom Entscheidungsträgerstatus loslassen kann. Sie werden lernen müssen, wie sie dem Team erlauben können, Entscheidungen zu treffen."

Das Designteam bestimmte, daß Teams nach geographischen oder regionalen Kriterien organisiert werden sollten und daß jedes Team 25 bis 40 Mitglieder haben sollte. Als die Höhe dieser Zahl in Frage gestellt wurde, antwortete ein Teammitglied: „Wir haben eigentlich Teams innerhalb der Teams." Jedes Team sollte multifunktional sein; es sollte alle Funktionen und Prozesse des Unternehmens einschließen und die Vollmacht haben, für die zeitgemäße und genaue Durchführung der Arbeit notwendige Entscheidungen zu fällen.

Das Designteam betonte besonders, wie die Arbeit organisiert werden könnte, um die Effektivität zu verbessern. Ein Mitglied sagte: „Effektivität stellt heraus, was wir erreichen wollten, und das war Qualität. Wir wollten die Arbeit gleich beim ersten Mal richtig machen und die Fehler eliminieren. Wir wollten effizienter arbeiten, so daß wir nicht alles zweimal machen müssen." Die Konsequenz war eine Analyse mit dem soziotechnischen Systemprozeß, ein formaler Ansatz zur Analyse des technischen Anteils der Arbeit und des sozialen Interaktionsteils (siehe Kasten auf der folgenden Seite).

84 Die frühe Implementierungsphase

Was ist STS?

Soziotechnisches Design, auch als STS (Soziotechnische Systeme) bekannt, ist ein systematischer Ansatz zum Design von Arbeit, der eine gründliche Analyse sowohl der technischen (Werkzeug und Techniken, die im Produktions- oder Informationsfluß verwendet werden) als auch sozialen (wie die Arbeit unterteilt und koordiniert wird) Komponenten eines Arbeitssystems beinhaltet. Unternehmen legen normalerweise mehr Gewicht auf einen Aspekt auf Kosten des anderen. STS versucht, dieses Ungleichgewicht zu vermeiden, in der Annahme, daß beide Aspekte zur Fehlerkontrolle (Abweichung von Standards) gleichermaßen wichtig sind. Die Kontrolle der Hauptabweichungen wird als zentrale Herausforderung bei der Produktion eines Qualitätsproduktes oder einer Dienstleistung zu den geringstmöglichen Kosten gesehen. Der Ansatz, der sich von traditionelleren Industriearbeitsplänen unterscheidet, sieht es als entscheidend für die Kontrolle der Varianz, daß Mitarbeiterbedürfnisse in bezug auf persönliche Kontrolle und Autonomie erfüllt werden. Die beste Methode zur Kontrolle der Varianz ist gemäß STS, daß der Mitarbeiter, der diese Aufgabe ausführt, der Varianz gewahr ist und die nötige Korrektur ausführt.

Eine gründliche Analyse des Arbeitssystems liefert ein komplettes Bild von Umfeld, Arbeitsfluß, Kommunikationsfluß, technischen Problemen und anderen Themen in einer modernen Arbeitsorganisation. Wenn die Analyse von den Leuten durchgeführt wird, die die betreffende Arbeit auch ausführen, so trägt sie erheblich zu deren Wissenserweiterung bei. Da sie der Arbeit näher stehen, sind sie in der Lage, dieses Wissen für die Lösung von Problemen effektvoller einzusetzen. Abbildung 2 zeigt ein Gesamtbild der Hauptbestandteile einer STS Designanalyse. Sie besteht aus drei Hauptschritten: einem Abtasten des Umfeldes, einer technischen Analyse und einer sozialen Analyse. Die Abtastung der Umwelt wird zuerst durchgeführt und schließt einen Geschichtsrückblick, Kultur, Ziele, Struktur und den ökonomischen und Marketingkontext des Unternehmens ein. Auch Input, Output und die Technologie insgesamt werden einbezogen. Die technische Analyse zerlegt dann den Arbeitsfluß in Aufgaben, die zu Operationseinheiten gruppiert werden. Varianzen werden aufgespürt und in eine Kontrolltabelle der Schlüsselvarianzen eingetragen. Varianzen, die eine Gruppe von außen erhält, werden von den intern produzierten getrennt.

Wenn die Schlüsselvarianzen erkannt sind, wird eine Analyse des sozialen Systems durchgeführt, um zu sehen, wie diese Varianzen kontrolliert

> werden. Der Rückblick auf das soziale System spricht auch Kommunikationsmuster und andere Themen des Betriebsklimas an. Zum Schluß werden diese Analysen in eine Empfehlung für ein neues Design integriert. Diese Analyse ist ein anspruchsvolles und schwieriges Unternehmen. Zu ihrer Bewältigung muß ausreichend Zeit veranschlagt werden.

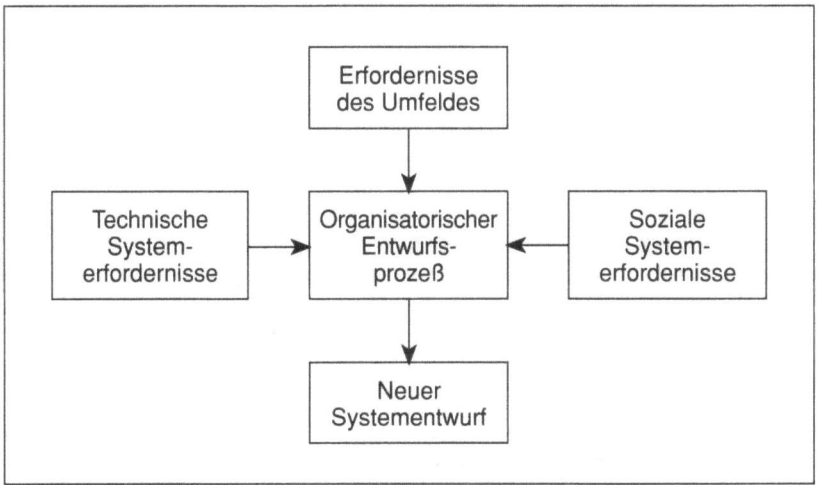

Abbildung 2: Hauptkomponenten eines STS-Ansatzes

Zunächst stellte sich die Frage, wie die Neustrukturierungsanstrengungen mit dem bestehenden System des Messens von Output verfahren sollten. Eine Menge Geld war in dieses System investiert worden. Aus einer Quelle war zu erfahren, daß dieses Meßsystem von traditionellen Industriekonstrukteuren gemäß traditionellen Konstruktionsprinzipien konstruiert worden war. Das heißt, die Absicht war, die Effizienz zu erhöhen und Standards zu erzwingen, indem man einen hohen Grad an Kontrolle über die Angestellten ausübte. Das System, von einem Mitarbeiter als „automatisiertes Spürsystem" und von einem anderen als „computerisiertes elektronisches Überwachungssystem" umschrieben, war ein ausgeklügeltes automatisches Log- und Datenverfolgungssystem, das das Arbeitsverhalten jedes Mitarbeiters zu einem erstaunlichen Grad maß. Die einzelnen Mitarbeiter wurden natürlich gemäß der Zahlen beurteilt, die sie produzierten.

Das System hatte negative Nebeneffekte: „Eine Kernarbeiterin würde ihren Arbeitsplatz nicht verlassen, um ein Problem zu lösen, weil dies ihre Leistungszahlen beeinträchtigen würde", berichtete ein Mitarbeiter des Unternehmens. Die Kunden hatten darunter zu leiden, weil ihre Probleme ungelöst blieben. Die Arbeitszufriedenheit war gering und die Kündigungsrate hoch. Das Designkomitee wollte das System anfangs ausrangieren, aber andere hoben die Bedeutung der Statistiken hervor, die es erstellte und die als Feedback für die Teams notwendig würden, wenn sie sich selbst managen sollten. Das Komitee empfahl schließlich, eine modifizierte Form des Systems beizubehalten; wichtigster Punkt dabei war, daß der Gebrauch des Systems hauptsächlich den Teams überlassen bliebe, um ihr eigenes System zu managen.

Ein weiteres heikles Thema erhob sich um die Rolle der Qualitätssicherungsgruppe, derzeit eine externe Struktur, die hauptsächlich Kontrollzwecken diente. Die Empfehlung hierzu lautete, daß der größte Teil des Qualitätssicherungspersonals in die Serviceteams integriert werden sollte.

Mitverantwortlich für den hohen Zeitaufwand des Designteams war auch die Frage, inwieweit es minimale Spezifikationen setzen sollte und wieviel Detailarbeit den Teams überlassen bleiben sollte. Rückblickend meinte ein Mitglied, daß das Design des Designteams überspezifiziert war (der STS-Ansatz hat die Tendenz, dem Designteam die Designautorität zu geben; andere Formen der Einführung autonomer Teams geben den Teams selbst oft mehr Spielraum, wenn sie erst einmal auf dem Weg sind): „Aus heutiger Sicht haben wir den Schluß gezogen, daß sie zuviel Zeit und Mühe auf Überstrukturierung verwendet haben, zuviel Detail in den Aufgaben. Ich meine, die Teams könnten das selbst ausklügeln. Wo soll man aber einen Strich ziehen zwischen dem, was das Designteam empfiehlt, und der Freiheit, die man dem Team gibt?" Ein anderer Manager wandte ein: „Ich glaube aber, daß der Grad an Details von den Teams benötigt wurde, um ein tieferes Verständnis zu erlangen, bevor sie versuchten, eine Struktur auszutüfteln. Obwohl all diese Details im endgültigen Design nicht verwendet wurden, brauchten sie das."

Nachträglich stellte sich auch die Frage, ob es richtig war, das Designteam dem Designprozeß ganztags zuzuteilen. Ein Manager meinte: „Ich glaube, daß es unser größter Fehler als Lenkungsausschuß war, daß wir dies als Vollzeitaufgabe für das Designteam zuließen. Ich sage Ihnen, wenn Sie jeden Tag in einem Raum sitzen, egal wie sehr Sie jemanden leiden können, fünf Tage nacheinander, drei volle Monate lang mit diesem Analysenmist, und Sie fangen an, die Bedeutung des Lebens in Frage zu stellen." Hinzu kam, daß das Designteam von anderen Mitarbeitern als privilegiert betrachtet wurde.

Trotz der Schwierigkeiten bemerkte ein Manager am Ende über das Designteam: „Es war für uns ein Durchbruch ... Sie wurden wirklich stark. Sie hatten eine Menge Macht, und das wußten sie." Das Designteam erfüllte in der Tat seine Aufgaben und produzierte eine ganze Reihe von Empfehlungen, die für verschiedene Wählerschaften im großen und ganzen akzeptabel zu sein schienen:

1. Teams sollten um Kunden/Planer und in Rastern innerhalb geographischer Regionen gebildet werden.
2. Teammitglieder sollten dahingehend ausgebildet werden, daß sie Kenntnisse für vielerlei Aufgaben besaßen; das heißt, jedes Team sollte die Fähigkeit haben, nahezu alle Ersuchen von Kunden und deren Planern bedienen zu können.
3. Das Team sollte zwischen dreißig und vierzig Mitarbeiter haben – groß genug für die Bewältigung des regionalen Volumens und die Bereitstellung technischer Expertise und doch klein genug, um einen freien Kommunikationsfluß zu ermöglichen und ein Gefühl der Dazugehörigkeit zu vermitteln. Die Bemerkung über die vielfältigen Kenntnisse war ein wichtiger Punkt der Empfehlung. Das heißt, ein Team wird über die Fähigkeiten und das Wissen verfügen, eine große Bandbreite von Aufgaben erfüllen zu können und Transaktionen von Anfang bis Ende zu bearbeiten.
4. Die Rolle des Vorgesetzten sollte in die eines Förderers umgewandelt werden, der mit dem Team Ziele und Vorhaben ausarbeiten, Verbindungen zu anderen Teams und externen Gruppen herstellen, Teamvolumen und Personalbedarf planen, an Leistungsdiskussionen teilnehmen, Projekte leiten und Teambildung und Konfliktlösung fördern würde.
5. Eine wichtige Empfehlung war die Neuformulierung der Rolle der Manager in der Division. Ihre frühere Rolle war als „Feuerwehr" und „Aufpasser der Aufpasser" beschrieben worden! Über Manager wurde gesagt, daß sie „ihre Energie nach unten und innen richteten – nicht nach außen in das Umfeld oder vorwärts in die Zukunft."
6. Die Rolle der Manager würde sich zu der von strategischen Direktoren wandeln, mit der vorrangigen Verantwortung der Beziehungen zur Außenwelt, langfristigen Strategiethemen, Hilfe bei der Schaffung neuer Systeme, Coachen von Teamleitern und Koordination quer durch das Unternehmen. Zum Zeitpunkt unserer Datenerhebung war der Wandel zur Rolle des strategischen Direktors noch nicht vollzogen. Das Managerteam hatte jedoch die Empfehlung für den Wandel in der Managerrolle akzeptiert. (Ein interessanter Aspekt dieser Empfehlung ist, daß die Rolle dieser Manager im wesentlichen durch ihre Untergebenen neugeformt worden war und daß die Manager dieses neue Design akzeptiert hatten.)
7. Es würden Informationssysteme entwickelt, die jedes Team mit den Informationen versorgte, die es brauchte, um effizient als Kleinunternehmen zu operieren. Darunter waren Maßnahmen für Qualitäts- und Quantitätstransaktionen.

Der Zeitplan des Designteams begann mit einem einzelnen Pilotteam in einer bestimmten geographischen Region. Die übrigen Angestellten würden später alle gleichzeitig in Teams umgeformt, was allgemein als „der große Knall" bezeichnet wurde.

Das Pilotteam

Zur Zeit der Datenerhebung hatte das Pilotteam erst einen Monat bestanden, und doch war die Begeisterung der Mitglieder offensichtlich. Das Team bestand aus etwa 25 Mitarbeitern (einige vom Designteam) und zwei Förderern. Vor dem Start des Pilotteams war ein umstrittenes Schulungsprogramm durchgeführt worden. Einen Monat nach dem Start sagte einer der Förderer: „Die nötige Qualifizierung wurde nicht erreicht. Die Leute sind frustriert, weil sie zum Beispiel vorher für die Ablage zuständig waren und nun lernen wollen, in der Korrespondenz zu arbeiten, aber sie noch keine Gelegenheit hatten, es zu lernen. Es braucht alles Zeit." Es wurde auch bald offensichtlich, daß eine Gelegenheit für das Erlernen neuer Kenntnisse gebraucht wurde. Das Team führte zuerst eine Analyse der vorhandenen Kenntnisse durch, um herauszufinden, welche Fertigkeiten für die Ausführung der erweiterten Verantwortlichkeiten nötig waren. Als nächstes half ein Förderer dabei, die Qualifikationen zu schaffen und unter den Teammitgliedern ein Gleichgewicht herzustellen.

Das Pilotteam war zweifellos bemüht zu lernen und zu experimentieren. Ein Mitglied sagte: „Wenn wir in einer alten Einheit wären, hätten sie vielleicht gesagt (über einen Veränderungsvorschlag), das können wir nicht machen, es ist nicht durchführbar, vergiß es. Jetzt kommen sie mit der Idee zum Team, und das Team sagt: ‚Oh ja, das könnte funktionieren.' Es ist eine Chance, Ideen auszuprobieren, und wenn sie auf die Nase fallen, dann hatten sie die Gelegenheit, das zu tun. Wir werden nicht sagen, daß wir die Tür zumachen. Sie fühlen sich wichtiger. Sie tun, was möglich ist."

Das Gefühl, Kontrolle und Autorität zu besitzen, war offensichtlich: „Ich habe das Gefühl, als ob ich mehr Vorgesetztenentscheidungen treffe, als mir jemals vorher erlaubt war – soweit es um die Transaktionen geht. Ich kann mich als eine Autorität darstellen in dem, was ich tue, weil ich es bin."

Der Faktor Teamarbeit kam laut und deutlich heraus, als die Pilotteammitglieder über ihre Arbeit sprachen: „Wenn man in einer sehr, sehr kleinen Gruppe arbeitet, ist man verantwortlich für die Zahl der Anrufe, die man annimmt, und für die Qualität, die man in seine Arbeit steckt, die Anstrengung, die man unternimmt ... man findet heraus, daß alles auf einen zurückstrahlt." Ein Mitarbeiter sagte: „Wir gehen nicht zum Förderer und fragen, ob wir einen Tag freinehmen können, in der Hoffnung, daß er jemanden findet, der für uns einspringt. Wir machen das mit den Leuten innerhalb der Gruppe klar."

Zu lernen, als Team zusammenzuarbeiten, läuft nicht immer glatt und ohne Schwierigkeiten ab. „Gerade jetzt machen wir die Erfahrung mit Frustrationen im Pilotteam, einige blockierende Punkte. Es gibt einige Themen, die wir ansprechen müssen – wie sollen Entscheidungen gefällt werden, oder wer hat die Verantwortung, Entscheidungen in bestimmten Bereichen zu fällen." Differenzen im Stil werden offenbar: „Ich möchte alles schnell erledigen und aus dem Weg räumen. Einige Leute brauchen mehr Zeit zum Überlegen. Wir arbeiten uns durch eine Menge Stilfragen. Ergebnis ist, daß wir nicht hundert Prozent glücklich sind." Insgesamt jedoch schien das Pilotteam selbst zu diesem frühen Zeitpunkt einige Erfolge zu erfahren.

Was wirklich geschah: Stolpersteine entlang des Wegs

Mehrere Probleme waren zur Zeit unseres Besuchs ganz offensichtlich, darunter negative Vorahnungen, der Übergang vom Vorgesetzten zum Förderer, die Besorgnisse der Vorgesetzten, die noch nicht in Teams waren, und der befürchtete Statusverlust der höheren Sachbearbeiter.

Nicht alle Mitarbeiter sahen dem Teamsystem freudig entgegen. Ein Mitarbeiter beschrieb einige Kollegen als unwillig zu Veränderungen: „Sie wollen diese Dinge nicht lernen müssen. Sie sagen, ich hoffe, die fallen aufs Gesicht, weil wir das dann alles nicht machen brauchen." Ein anderer sagte: „Ich höre eine Menge negatives Feedback. Manche sagen, daß sie es nicht einmal versuchen wollen. Entweder ist man voll dafür oder voll dagegen." Es gab in der Tat nur sehr wenige in der Mitte.

Es sieht aber so aus, als ob viel von der negativen Haltung sich ins Gegenteil wendet, wenn die Betroffenen das Teamsystem erst einmal erfahren haben. Ein Teammitglied beschreibt ihre anfängliche Reaktion: „Ich haßte die Idee. Ich verschmähte sie einfach. Ich wollte da raus. Ich sagte meinem Vorgesetzten, daß ich nichts damit zu tun haben wollte. Jetzt, wo ich aktiv drin bin und stärker beteiligt bin, finde ich es phantastisch."

Der Übergang vom Vorgesetzten zum Förderer

Zwei Förderer, beide ehemalige Vorgesetzte, wurden dem Designteam zugeteilt. Sie empfanden die Teamumgebung als grundlegend anders. Einer der beiden bemerkte: „Wir finden, daß es etwas völlig anderes ist, Entscheidungen mit

25 bis 30 Leuten zu treffen. Nur zu entscheiden, wie die Entscheidungen getroffen werden sollen, kann überwältigend sein, wie wir es erfahren." Sie ging auf diesen Unterschied näher ein:

> Im traditionellen System war es klar, daß ich das letzte Wort hatte, und jetzt ist es nicht klar. Das ist anders. Ein weiterer Unterschied ist, daß wir die Aufgaben verändert haben. Es ist eine Sache, in seinem alten Büro mit denselben Aufgaben selbstmanagend zu sein, aber jetzt haben wir zwanzig weitere Aufgaben zusammengetan, über die wir nichts wußten, so daß wir statt einem Set von Zielen und Vorhaben eine Vielzahl haben. Zum Beispiel leitete ich vorher eine Einheit, die das Neugeschäft bearbeitete. Jetzt hat das Team zusätzlich Rückkäufe, Eigentumswechsel, Service – viele verschiedene Dinge, die sich in einer geographischen Region abspielen.

Die Förderer versuchen, den neuen Teammitgliedern Zuversicht einzuflößen, wenn sie neue Verantwortungen übernehmen: „Eine Mitarbeiterin äußerte das Bedürfnis, bei Ausnahmefällen jemanden von uns einzuschalten. Sie hat wahrscheinlich mehr Sachkenntnis als wir, aber sie war in ihrer früheren Einheit nicht unter denjenigen gewesen, die Sonderfälle bearbeiteten. Sie empfindet dies nicht als ihre traditionelle Aufgabe und ist nicht zuversichtlich, daß ihre Entscheidung akzeptiert würde. Sie sucht vielleicht ein bißchen nach einem Sicherheitsnetz." Ein anderes Beispiel: „Wenn sie anfangs zu mir kam und mir eine Frage stellte, sagte ich: ‚Was würden Sie tun, wenn niemand sonst verfügbar wäre?' Man muß sie dazu bringen, unabhängig zu werden. Man muß die Zeit mit den Leuten verbringen, um sie zu diesem Punkt zu bringen und ihr Selbstvertrauen aufzubauen."

Das System, das das Team umgibt, muß sich ebenfalls ändern. Ein Förderer sagte: „Einige unserer Frustrationen gehen eigentlich auf den Wandel selbst zurück ... das Herumtappen, um Berichte auf die Reihe zu bekommen. Systemautorisierungen und eine Menge technische Informationen, weil wir vorher noch nie etwas Ähnliches gemacht haben. Wir verwenden soviel Zeit auf diese Aufbauprobleme. Zur Zeit haben wir zum Beispiel keine Meßwerte. Wir sind gerade dabei, für einige der Leute Qualitätsmaßstäbe anzulegen."

Zweifellos lernen Teams durch ihre Fehler, und der Förderer erkannte dies; er ging sogar soweit, gelegentlich Fehler zuzulassen. „Ihre erste Gelegenheit zur Demonstration von Selbstmanagement war, daß sie die Entscheidung trafen, eine Station unbesetzt zu lassen, wenn jemand den Raum verließ. Es war eine kleine, unbedeutende Sache, aber es war eine einfache Lektion. Sie hatten falsch entschieden, und durch diese Entscheidung lernten wir und diskutierten den Vorfall als Lernprozeß. Wir sprachen über den Arbeitsfluß und die Verantwortung, die jeder für seine Arbeit hat. Es war eine wertvolle Erfahrung."

Ein Mitglied des Pilotteams diskutierte den Wandel in der Rolle des Vorgesetzten: „Da findet eine unglaubliche Umschichtung eines Teils der Macht statt, die mit der Rolle des Vorgesetzten einherging. Es ist eine ernsthafte Angelegenheit, einen Teil der Verantwortung und Kontrolle, die man vorher hatte, abzugeben, und ich bin sicher, daß es sehr bedrohlich ist. Wir sehen unsere Förderer nicht wirklich als Vorgesetzte an, denn es heißt nicht: ‚Dies kannst du machen und dies nicht.' Sie helfen uns."

Die Motivation, ein Förderer zu sein, ist komplex und nicht immer ohne weiteres ersichtlich: „Womit ich am meisten zu kämpfen habe, ist, daß da nichts mehr ist, daß ich mein Eigen nennen könnte. Wenn die Teams am Ende tatsächlich autonom sind, werden sie es sein, die die meiste Anerkennung bekommen. Und das ist der schwierigste Teil, denn traditionellerweise würde die Anerkennung zuerst dem Vorgesetzten zukommen, und man hatte das Gefühl, daß man selbst eine Leistung vollbracht hatte. Aber jetzt gibt es mir mehr Befriedigung, jemandem bei seiner Arbeit zu helfen, als etwas anzuordnen." Der zweite Förderer stimmte dieser Perspektive zu: „Ich meine, wir sind auch nur Menschen, und obwohl ich gern dem Team die Anerkennung überlassen würde, sagt mir mein menschliches Ego, daß ich mich wirklich freuen würde, wenn mir nur gelegentlich jemand auf die Schulter klopfte und sagte, daß ich heute gute Arbeit geleistet habe. Manchmal frage ich mich, ob die Leute, mit denen ich arbeite, die heikle Situation des Förderers sehen, denn wir haben einen strategischen Direktor hier oben, der große Dinge von uns erwartet, und wir haben das ganze Team, das Erwartungen an uns hat, so daß wir eine Art Gurke in der Mitte des Sandwiches sind und nicht wissen, auf welcher Scheibe Brot wir sind. Gibt das Wort Förderer wirklich Anerkennung, wo sie uns gebührt?" Der traditionelle Konflikt des Vorgesetzten als die Person zwischen den Stühlen setzt sich in der Förderrolle fort.

Auch die Frage der Ziele und Pläne war zu diesem frühen Zeitpunkt noch nicht völlig geklärt: „In einer traditionellen Organisationsstruktur wären die Ziele ausgelegt. Ich hatte immer das Gefühl, daß ich wußte, an welchem Punkt des Weges ich mich befand. Hier als Teamförderer habe ich das noch nicht klar erkannt, so daß ich nicht genau weiß, wo die Reise hingeht. Zum Teil sind die strategischen Direktoren daran schuld, denen wir unterstellt sind. In dieser ganzen Zeit haben sie, glaube ich, noch immer kein klares Bild gewonnen, wie sie in das System passen, und das verwirrt mich ein wenig. Vorher war es so, daß der Vorgesetzte seinem Manager unterstellt war und dieser dem Vizepräsident und so weiter. Jetzt kommt es mir so vor, als ob mehrere Leute mir sagten, was ich zu tun habe; an manchen Tagen bekomme ich Input unmittelbar von einer Person, aber manchmal ist es so, als ob es mittelbar von mehreren Personen kommt."

Einen Monat nach dem Start des Pilotteams hatten die Förderer wahrscheinlich den Punkt maximaler Unklarheit und Frustration erreicht. Die Reorganisation und Strukturierung der Aufgaben sind eine Dimension, und der Managementstil oder die Aufteilung der Autorität, wenn man so will, ist eine andere Dimension. Die Förderer schienen es mit einem doppelläufigen Wandel zu tun zu haben. Da der eigentliche Übergang sich noch nicht ereignet hatte, hatte der Wandel in der Rolle der Manager zu strategischen Direktoren noch nicht stattgefunden. Wir vermuteten, daß die Manager ebenso wie die Vorgesetzten einige Unklarheit, Spannung und Besorgnis erfahren würden, wenn ihre Rolle sich in den nächsten Monaten verändern würde.

Beklemmung der leitenden Angestellten

Leitende Angestellte, die noch keinem Team zugeteilt worden waren, zeigten sich besorgt. Eine Frage schien von großer Bedeutung zu sein: „Werde ich meinen Posten als Führungskraft verlieren? Wenn die Rolle des Vorgesetzten sich verändern wird, bedeutet dies, daß einige von uns keinen Job mehr haben werden?" Das Management stellte erhebliche Anstrengungen an, um gegen die Furcht vor dem Verlust des Arbeitsplatzes anzugehen.

Aber einige der leitenden Angestellten sahen dem großen Knall, wenn alle anderen Abteilungen zum Teamsystem übergehen würden, freudig gespannt entgegen. Einer sagte: „Ich bin entzückt. Ich glaube, daß dies die Arbeit für die Leute wesentlich interessanter machen wird. Ich glaube, daß die Leute weit mehr hinter einer Entscheidung stehen werden, wenn es eine Gruppenentscheidung ist, als wenn es meine ist. Ein anderer drückte ebenfalls Zuversicht und Optimismus aus: „Beinahe jede Woche scheinen wir ein Problem klären zu können, sowie wir uns mehr und mehr damit befassen. Dann kommt der Aha-Effekt. Das ist toll. Wir kommen jede Woche besser damit klar." Dieser Optimismus kam zum Teil aus Beobachtungen des Pilotteams. Einer der leitenden Angestellten stellte fest: „Das Pilotteam funktioniert. Sie erzielen Ergebnisse. Niemand hat aufgegeben. Sie schlagen sich nicht gegenseitig die Köpfe ein. Es läuft gut. Die Mitglieder des Teams äußern sich sehr positiv. Außerdem haben wir umfangreiche Schulungen erhalten."

Ein interessantes Phänomen war schließlich zu beobachten: All die Aufmerksamkeit, die dem Wandel zukam, schien sich auf die leitenden Angestellten auszuwirken. Einige von ihnen fingen bereits an, ihr Verhalten zu ändern, bevor sie einzelnen Teams zugeteilt waren.

Die höheren Sachbearbeiter

Eine Gruppe sah sich vielleicht mehr als alle anderen als Verlierer in diesem Wechsel zu Teams – die höheren Sachbearbeiter. Diese sind Spezialisten für Problemfälle mit besonderem Wissen, sie besitzen Prestige und beziehen ein höheres Gehalt. Einer dieser Spezialisten beschrieb seine Arbeit so: „Ich stelle Nachforschungen an, gehe den Dingen auf den Grund, bearbeite Problemfälle, arbeite mit den leitenden Angestellten an administrativen Dingen und nehme an verschiedenen Versammlungen teil, und ich tue diese Arbeit gern."

Diese Position würde in dem neuen System nicht mehr existieren. Alle Angestellten wären Teammitglieder, und es würde von jedem Teammitglied erwartet, daß es einen etwa gleichen Anteil der Arbeit ausführte. Ein leitender Angestellter meinte: „Das ist nun das Problem der betroffenen Mitarbeiter. Zur Zeit bearbeiten sie nur Probleme. Sie schreiben keine Briefe, beantworten keine Anrufe, bearbeiten keine Anträge. Einige von ihnen haben daher ihr Unbehagen darüber geäußert, daß sie jetzt wieder mehr als Sachbearbeiter tätig sein sollen denn als Berater oder Problemspezialist. Ich bin mir nicht sicher, ob wir dieses Problem lösen können."

Ein Betroffener sprach das Thema direkt an: „Ich werde wieder Basisarbeit tun, und das ist für mich ein Schritt zurück. Ich habe die Ausbildung zum höheren Sachbearbeiter. Man lernt und arbeitet auf bestimmte Ziele hin, und wenn man sie erreicht hat, wird man in ein Team gesteckt, und die Ziele und Titel, die man sich erarbeitet hat, sind nicht mehr vorhanden. Man ist wie jeder andere. Es wird härter sein im Team." Die Ungewißheit und Besorgnis unter den höheren Sachbearbeitern waren groß: „Vieles ist ungewiß, und sie können uns nicht viel sagen, weil sie es selbst nicht wissen."

Die Angst der Spezialisten äußerte sich deutlich in der Skepsis bezüglich der Fähigkeit des Teams, fehlerfreie Arbeit zu leisten: „Wer soll die Fehler bemerken? Es ist wirklich beängstigend, weil so viele verschiedene Prozeduren damit verbunden sind, wenn man es mit Rechtsanwälten und Dokumenten zu tun hat. Da sind so viele Dinge zu beachten. Ich befürchte, daß mehr Fehler auftreten werden, weil ich nicht weiß, wer sie bemerken soll." Ein anderer äußerte Zweifel über die Kompetenz gewöhnlicher Angestellter: „Sie überfliegen Dinge, sie prüfen nicht alles nach. Also geht die Fehlerrate hoch. Die wollen nichts lernen. Einige von ihnen sind besorgt darüber, in ein Team zu gehen, weil sie einfach nur die Arbeit tun wollen, die sie jetzt tun. Sie brauchen unseren Input."

Vorläufige Ergebnisse

Da das Pilotteam zur Zeit unserer Interviews erst seit einem Monat bestand, waren quantitative Informationen über die Leistungen noch nicht verfügbar. In mehreren Bereichen fanden jedoch klar einige Veränderungen statt:

- Vertrauen in Verbesserungen: „Wir haben das Gefühl, daß wir das durchschnittliche Tempo unserer Antworten erhöhen und die Zahl der unbeantworteten Anrufe entsprechend senken können."
- Der Gedanke der Teameignerschaft: „Wir sehen, daß das, was wir für unser Team tun, tatsächlich Geld hereinbringt. Wir sind unser eigenes kleines Unternehmen. Jedesmal, wenn wir uns an jemanden ausleihen, berechnen wir der anderen Einheit 35 Dollar pro Stunde. Es gibt uns ein gutes Gefühl."
- Die Frage der Qualität: „Man arbeitet sorgfältiger. Man will sicherstellen, daß keine Fehler die Einheit verlassen. Man sieht auch, wo die Arbeit hingeht. Man fühlt sich besser, wenn man weiß, daß die Arbeit getan wird."
- Flexibilität der Operationen: „Eine Sache sehe ich als großen Vorteil, selbst auf kurze Sicht, nämlich daß wir flexibler sein werden und auf große Volumen schneller reagieren können als vorher. Aufgrund von Launen unserer Kunden und Marktfluktuationen schwanken unsere Volumen sehr stark. Ich habe eine Menge Zeit mit Herumsitzen verbraucht, wartete darauf, etwas zu tun. Jetzt haben wir es so arrangiert, daß ich Arbeit von anderen Bereichen bekomme und ihnen helfe, während ich darauf warte, meine Kunden zu bedienen." Ein anderes Teammitglied unterstützte diesen Gedanken: „Es gibt jetzt einen hohen Grad an Flexibilität, der vorher nicht da war. Für einige Posten, wie beispielsweise meinen, ist es wesentlich, daß ich zur Stelle bin, wenn die Telefonleitungen offen sind, weil das ein Kundendienstelement ist. Ich versprach dem Kunden, um sieben Uhr morgens verfügbar zu sein, und ich habe dazusein, ich habe keine Wahl."

Als ein Ergebnis der Teameinführung entwickelten die Pilotteammitglieder eine persönlichere Beziehung mit den Finanzplanern im Außendienst. Ihr Kontakt mit diesen Planern fand nur auf dem Postweg oder über das Telefon statt: „Ich bin ihnen noch nie begegnet. Ich spreche täglich mit Kunden und Planern. Jetzt, da ich meinen eigenen Bereich habe, spreche ich öfter mit denselben Leuten. Wir kennen uns mit Namen. Obwohl man eine Person noch nie getroffen hat, etabliert man im Laufe der Zeit aufgrund der wiederholten Kontakte eine Beziehung mit jemandem. Trotz der Tatsache, daß unsere Planer unabhängige Geschäftsleute sind, sind sie auch ein Teil unseres Teams. Wir haben bereits ein paar Briefe bekommen, das gibt einem das Gefühl, daß man wirklich etwas für die Leute da draußen tut. Die Leute erkennen unsere Arbeit an."

Manchmal nehmen Pilotteammitglieder die Rolle von informellen Ausbildern für die Finanzplaner an: „Ich finde es einfacher, die Planer zu instruieren, wenn sie uns vertrauen. Es gibt einige Dinge, die die Planer nicht unbedingt wissen, die die Beziehungen zwischen ihnen und Kunden erleichtern würden. Ich sage nicht: ‚He, du machst das falsch!‘ Das ist nicht mein Verständnis von Feedback. Wenn aber jemand beharrlich bestimmte Fehler macht, kann ein bißchen Feedback weiteres Unheil verhindern. Wenn ich sehe, wie derselbe Planer wiederholt denselben Fehler macht, weise ich ihn vorsichtig darauf hin. Und er weiß, daß er einen Ansprechpartner hat, den er fragen kann. Das läßt mich denken: Vielleicht kann ich ja doch etwas bewirken." Diese Haltung erstreckt sich auf die Kunden: „Wir schlugen vor, daß wir auch die Reaktionen der Kunden, nicht nur der Planer erfahren. Wir wollen, daß die Kunden uns sagen, ob sie jetzt, wo sie uns direkt anrufen können, ein besseres Resultat erhalten."

Die Fehlerrate im Pilotteam ging bereits zurück, und die Teammitglieder wußten über den Output genau Bescheid. „Vorher hatten wir etwa siebzig Prozent richtig. Jetzt sind es jeden Tag immer wenigstens 99 bis 100 Prozent. Jetzt haben wir an einem Tag der Woche einen Fehler." Mit dem Teamkonzept war das Feedback für die Teammitglieder wesentlich besser: „Wenn wir in einem Antrag einen Fehler hatten, konnten wir nichts damit anfangen, wir schickten das zu einem der Spezialisten. Von da an sahen wir diesen Antrag nie wieder. Aber jetzt halten wir ihn fest. Wir rufen einen Planer an. Es kommt sofort zu einem zurück, man führt zu Ende, was man angefangen hat. Man hat mehr das Gefühl, etwas zu vollenden."

Schlußfolgerungen

Die Umformung einer existierenden Organisation in ein Teamsystem ist am Anfang ein recht steiniger Weg. Viele Mitarbeiter und Manager erreichen den Gipfel der Frustration aufgrund der Unsicherheit über die richtige Vorbereitung oder Reaktion auf den Wandel. Doch die Umformung zu einem Teamsystem hat offensichtliche Vorteile. Zunächst scheinen alle Mitarbeiter an Status und Machtgefühl zu gewinnen. Trotz einiger anfänglicher Schwierigkeiten, die Vorteile zu sehen, gewinnen auch die Manager durch höhere Produktivität, bessere Qualität und allgemein weniger Konflikte bei der Arbeit. Manager und Mitarbeiter können daher erheblich profitieren und einen Anstieg ihrer eigenen Fähigkeit erfahren, das System und die Leistungen zu beeinflussen. Es ergeben sich auch viele Herausforderungen, und keine ist zentraler als die Frage des Wandels in der Rolle der leitenden Angestellten und mittleren Manager. Unklarheiten und der drohende Verlust an Status und Kontrolle können den Übergang schwierig gestalten. Es ist sehr wichtig, diese Frage als eine potentiell kritische zu erkennen und Schritte zu prüfen, wie man damit umgeht. Leitende Angestellte empfinden häufig, daß sie an Macht und Prestige einbüßen. Dies scheint besonders hervorzutreten, wenn ein existierendes System mit leitenden Angestellten in ein Teamsystem umgeformt wird. Die leitenden Angestellten werden oft von einem traditionellen System der Autorität in ein System verpflanzt, in dem sie Förderer, Coach oder Koordinator genannt werden. Einer von ihnen drückte seine Verachtung für den Begriff „Förderer" dadurch aus, daß er ihn „schlapp" nannte. Diese Führenden/Förderer sehen sich selbst im selben Maße oder vielleicht stärker verantwortlich als vorher, aber mit weniger Macht. Sie wissen nicht, wie sie sich verhalten sollen, um sich im neuen System anzupassen und zu entfalten.

Schulung ist notwendig, wenn leitende Angestellte die Rolle von Förderern übernehmen sollen, aber das ist keine komplette Lösung. Eine Strategie, die zu funktionieren scheint, ist, daß neue Förderer einen Standortbesuch mit erfahrenen Förderern durchführen, die erfolgreich mit dem Teamsystem gearbeitet haben. Der neue Förderer lernt mehr durch das Beobachten eines erfolgreichen Modells, als irgendeine Schulung ihm geben kann.

Unsere eigene Beobachtung schließlich ist, daß viele Führende in diesem Übergang zum Förderer erfolgreich sein können, aber nicht jeder diese emotionale Reise vollenden kann. Am Ende müssen einige ausgewechselt werden, weil sie unfähig sind, ihre vorher gelernten Verhaltensweisen aufzugeben. Es ist wichtig, diese Auswechslung auf eine humane, sensible Weise durchzuführen. Einige leitende Angestellte können zum Beispiel als technische Spezialisten eingesetzt werden.

Die Teammitglieder werden ebenfalls mit Anpassungen und Herausforderungen konfrontiert. Eine klare Botschaft des Teamkonzeptes ist die Erwartung an die Angestellten, daß sie sowohl ihre Köpfe als auch ihre Hände benutzten. Sie haben die Verantwortung, ihre Arbeit einfacher und besser zu machen. In jedem Wechsel zu einem Teamsystem sehen einige Beteiligte sich als Sieger und einige als Verlierer. Oft ist Wissen die Basis der Macht. Manchmal wird das existierende Wissen in die leitenden Angestellten oder in technische Spezialisten investiert, wie bei IDS. Menschen, die gegenwärtig Wissen besitzen – die Wissenselite – könnten sich sträuben, es zu teilen oder dabei zu helfen, es weiter zu verteilen. Doch in der Erweiterung des Wissens von gewöhnlichen Angestellten liegt der Kern des Teamkonzeptes. Wissen auf eine breitere Ebene verteilt ist notwendig für den Teamerfolg.

Trotz der gewaltigen Herausforderungen ist der Teamsansatz die Mühe wert. Die Mitarbeiter sind sowohl begeistert als auch begeisternd. Wenn man ihren

Worten zuhört, wird man verstehen, wieso der Schritt zu einem Teamkonzept sehr konstruktiv sein kann. Obwohl sie einen Punkt höchster Unsicherheit erreicht hatten, waren die Mitarbeiter von IDS begeistert von Teams. Sie schätzten die Stärkung ihrer Kundenverbindungen und erkannten, daß sie Kunden besser bedienen konnten. Am meisten gefiel ihnen, daß sie im Team Spaß hatten, und sie sahen, daß sie am Ende eine Wirkung erzielten.

Wird dasselbe Streben nach Wettbewerbsfähigkeit Dienstleistungssysteme gleichermaßen vorwärtstreiben wie Produktionssysteme in den letzten Jahren? Wir erwarten dies. Wir glauben, daß Teamsysteme wie das bei IDS riesige Möglichkeiten zur Verbesserung der Wettbewerbsfähigkeit im Dienstleistungssektor bereithalten und die Arbeitsbedingungen für die Angestellten positiv beeinflussen.

Wie funktionierte der Übergang bei IDS tatsächlich?

Hat der große Knall tatsächlich stattgefunden? War es ein Erfolg? Hat die IDS noch Teams? Da die ursprünglichen Informationen vor der Umstrukturierung gesammelt wurden, hatten wir die Gelegenheit, aktuellere Daten von IDS zu erhalten.

An einem einzigen Wochenende konvertierte IDS zum Teamsystem. Dieser „große Knall" wurde in Verbindung mit dem Umzug zu einem neuen Standort durchgeführt. Viele erwarteten einen kurzfristigen Rückgang der Qualität und Produktivität unmittelbar nach dem Umzug. Andere stimmten in den alten Refrain ein: „Das funktioniert sowieso nicht." Tatsächlich trat das Gegenteil ein. Viele der Qualitätsindikatoren zeigten sofort Wirkung. Rückstände schienen zu verschwinden. Es war beinahe so, als ob die Teams entschlossen waren zu zeigen, daß diese neue Organisation von vornherein besser war.

Einer der interessanteren Indikatoren war der Unterschied in der Weise, wie die Organisation einen Mini-Börsenkrach nach Teameinführung und einen Mini-Börsenkrach vor Teameinführung behandelte. Ein Mini-Börsenkrach beeinflußt Aktienfondstransaktionen, indem er eine gewaltige Woge von Kundenanrufen auslöst – im wesentlichen Einlösungsersuchen: Kunden wollen ihre Einlagen abheben, bevor die Aktien weiter fallen. Die Dichte eingehender Anrufe erhöht sich plötzlich um ein Vielfaches, und es ist eine Herausforderung für die Organisation, mit dieser Woge fertigzuwerden.

Während des ersten Börsenkrachs hatte sich das Volumen der Anrufe innerhalb eines Tages vervierfacht und damit das Transaktionssystem enorm belastet.

Das Ergebnis war Chaos. Nach dem Übergang zum Teamsystem fand ein weiterer Börsenkrach von ähnlichem Ausmaß statt. Dieser Krach ereignete sich an einem Montag, aber Marktbewegungen hatten bereits am Freitag davor Anzeichen des bevorstehenden Krachs angedeutet. An jenem Freitag war das gesamte Management (jetzt strategische Direktoren genannt) nicht im Betrieb anwesend gewesen, sondern hatte eine außerhalb stattfindende strategische Konferenz abgehalten. Sie waren daher nicht verfügbar, um bei der Vorbereitung auf den erwarteten Ansturm zu helfen.

Ein Manager, der gegen fünf Uhr nachmittags an diesem Freitag ins Büro zurückkam, erkannte die mögliche Situation für den folgenden Montag. Er sah auch, daß die Teams die Möglichkeit eines Ansturms vorhergesehen hatten. Jedes Team hatte für sich einen Plan zur Handhabung des Ansturms entwickelt. Die meisten Teams hatten zum Beispiel entschieden, daß mehrere ihrer Mitglieder früher zur Arbeit kommen würden, sie hatten vereinbart, daß sie die Mittagspause durchmachen würden, und sie hatten Vereinbarungen mit anderen Bereichen von IDS dahingehend getroffen, daß Ersatzleute für den Telefondienst sofort bereitstehen würden. Als der Börsenkrach am Montag eintrat, arbeiteten die Mitarbeiter von IDS hart, aber es sah beinahe aus, als ob nichts Besonderes geschehen wäre – keine Panik, keine Hysterie, keine Verwirrung.

Als am folgenden Tag Zahlen zur Verfügung standen, waren viele erstaunt, daß IDS an diesem Montag mehr Anrufe beantwortet hatte als im vorhergehenden Börsenkrach. Dies schien für viele unglaublich. Der vielleicht stärkste Indikator ihrer Stärke war das durchschnittliche Tempo, bis ein Anruf bedient wurde. Die Reaktionsgeschwindigkeit hatte sich von siebeneinhalb Minuten auf 13 Sekunden erhöht! Ein Manager sagte: „Dieses Teamkonzept funktioniert wirklich!" Wir könnten es auch anders sagen: Die Abwesenheit der Manager an jenem kritischen Freitag, als die Planung zur Behandlung der Woge von Einlösungsersuchen von den Teams selbst durchgeführt wurde, ist ein klassisches Beispiel für ein Unternehmen ohne Bosse. Das Teamsystem bei IDS ist heute lebendig und funktionstüchtig. Mehr noch ist die Erfahrung bei IDS eines der frühen Beispiele dafür, daß Teams nicht nur in Herstellungsbetrieben angebracht sind, sondern genauso gut mit Informationsbearbeitern funktionieren.

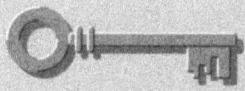

Schlüssellektionen für Unternehmen ohne Bosse

1. Die Teamimplementierung erfordert, daß gut durchdachte Strukturen für die Leitung und den Entwurf des Übergangs zur Stelle sind, zum Beispiel ein Lenkungsausschuß oder Designteam.

2. Als Leitfaden bei der Implementierung können eine soziotechnische Systemanalyse (STS) und Designprinzipien benutzt werden. Ein STS-Ansatz bietet wichtige Vorteile, ist aber mit erheblichen Kosten verbunden und recht zeitraubend.

3. Sie sollten besondere Aufmerksamkeit darauf verwenden, leitende Angestellte und Manager so auszustatten, daß sie den Übergang zu ihrer neuen Rolle als Leiter autonomer Teams erfolgreich bestehen.

4. Die Teamimplementierung resultiert normalerweise in Siegern und Verlierern. Sie sollten sorgfältig überlegen, wie Teams für möglichst viele Beteiligte eine siegreiche Erfahrung darstellen können.

5. Der Weg zur Implementierung von Teams ist lang und schwierig. Es ist wichtig, daß Sie eine realistische Vorstellung von der benötigten Zeit und Energie haben und geduldig auf die Ergebnisse warten.

6. Teams eignen sich nicht nur für Herstellungsbetriebe. Die Einführung von Teams in Dienstleistungsunternehmen verspricht einiges.

5. Die Illusion von Selbstmanagement: Teams als Instrument der Entmachtung

Selbstmanagement und autonome Teams werden gewöhnlich als das Gegenteil von Chefkontrolle gesehen; sie sind mit dem Unternehmen ohne Bosse verknüpft. Diese Sicht des Selbstmanagements ist nicht unumstritten. Einige Autoren sind zum Beispiel der Meinung, daß enge externe Anleitung nicht immer mit dem Selbstmanagement unvereinbar ist. Wenn die Anforderungen an eine Position und die benötigten Informationen zu ihrer Erfüllung unklar sind, kann ein Management, das die Grenzen des Jobs absteckt, dem Mitarbeiter helfen. Die Definition der Grenzen der Entscheidungsfreiheit von Angestellten kann sogar die vorrangige Managementaufgabe sein. Diese Grenzen können trotzdem autonome Mitarbeiter erheblich einschränken. Im Ergebnis kann das scheinbare Selbstmanagement mehr Illusion als Realität sein.

Solche Herausforderungen an die konventionelle Sichtweise des Selbstmanagements können unser Verständnis der verschiedenen Grade von Mitarbeiterselbstbeeinflussung bereichern. Vielleicht ist es unrealistisch, Selbstmanagement jemals als das völlige Fehlen von externer Kontrolle zu sehen. Im Gegenteil beeinflussen Menschen, Verhalten und das äußere Umfeld sich gegenseitig. Ferner erfordert Selbstmanagementverhalten selbst einige Unterstützung und Verstärkung; es kann sehr schwierig für die Mitarbeiter sein, sich selbst ohne Ermutigung und Anreize vom Unternehmen zu managen.

Worauf es ankommt ist, daß das Selbstmanagement nicht in einem Vakuum operiert. Viele äußere Faktoren fördern den Prozeß oder grenzen ihn ein. Eine wichtige Reihe von externen Einflußfaktoren schließt die Dynamik von Arbeitsgruppen ein, in denen autonome Mitarbeiter sich oft zusammenfinden.

Die Versicherungsfirma, von der dieses Kapitel handelt, ist auf Industrieschadenersatz spezialisiert und hatte erst vor kurzem Selbstmanagementteams eingeführt. Dieser Fall ist besonders interessant, weil die Teams in einer Branche eingeführt wurden, die schon aus Tradition zur Betonung von individuellem Selbstmanagement tendierte. In diesem Fall limitierte die Einführung der Teams jedoch die individuelle Freiheit und Kontrolle. Das Kapitel wirft die Frage auf, ob das Teamselbstmanagement in einer Industrie mit einer tiefeingewurzelten kulturellen Norm des Individualismus einen Verlust an persönlicher Kontrolle bedeuten kann.

Das Unternehmen und das Teamsystem

Die Versicherungsfirma beschäftigte zur Zeit unserer Studie 32 Mitarbeiter. Die Firma war 1941 gegründet worden – eine Zeit, als der eigene Betrieb mit einem oder zwei Vertretern und einer Sekretärin der Industriestandard war. Selbst Organisationen mit vielen Vertretern waren mehr lose Assoziationen von Einzelgängern, von denen jeder ein Netz sehr persönlicher Kundenbeziehungen hatte. Es gab wenig Koordination, jeder operierte innerhalb gewisser Regeln als relativ unabhängiger Vertreter.

Mitte der siebziger Jahre führten Änderungen in der Gesetzgebung zu starkem Konkurrenzdruck in der Versicherungsbranche. Effizienz (zum Beispiel durch die Entwicklung von Kundenversicherungsprogrammen und Inkassorichtlinien) und Synergie (Optimierung kombinierter Anstrengungen) innerhalb einer Agentur wurden sehr wichtig. Viele der Einmannagenturen wurden entweder vom Markt verdrängt oder mußten fusionieren. Trotz der ökonomischen Notwendigkeit war dieser Zug für die an Autonomie gewöhnten Vertreter oft ein schwieriger Übergang.

Weniger als ein Jahr vor unseren Recherchen war ein kurz vorher eingestellter Vizepräsident und Betriebsleiter zum Generaldirektor (CEO) ernannt worden. Zu seinen ersten Aktionen zählte die Umstrukturierung der Firma in eine Reihe von Selbstmanagementteams. Die Teamphilosophie wurde den Angestellten bei der Teameinführung erläutert, und die Teams wurden dazu ermuntert, Entscheidungen zu treffen und ihre Probleme gemeinsam zu lösen. Das System war scheinbar mit Teamentwürfen in anderen Industrien vergleichbar. Die Teams sollten als autonome Einheiten innerhalb etablierter Unternehmensrichtlinien kooperativ Aktivitäten zur Akquisition und Bedienung von Kundenkonten austragen. Die Absicht des CEO schien zu sein, ehemalige Managementverantwortung mit dem beabsichtigten Ergebnis effizienterer Arbeitsleistungen an die Teams abzugeben. Gleichzeitig wurde die Ansicht des CEO offenbar, daß die Firma ihre organisatorischen und kooperativen Anstrengungen verstärken müsse. Er hoffte, daß mit Hilfe der Teams die Leistungsfähigkeit der Firma erhöht und die Profitabilität angekurbelt werden könnte. Obwohl die Teams äußerlich mit autonomen Teams in anderen Organisationen vergleichbar waren (in denen Teammitglieder ihre Anstrengungen koordinieren und zur Lösung von Teamproblemen und Entscheidungsfindung zusammenarbeiten) waren die Teams anscheinend mit dem Ziel eingeführt worden, die Kontrolle von oben zu verstärken.

Drei Teams wurden im neuen System gebildet. Das ranghöchste Team bestand aus den erfahreneren Vertretern mit Spitzenergebnissen, den „Produzenten", sowie administrativen Assistenten und anderem Hilfspersonal. Das Juniorteam war ähnlich zusammengesetzt, nur waren die Mitglieder weniger erfahren. Das „Team der kleinen Beträge" bestand ausschließlich aus administrativem Personal und bearbeitete alle Aufträge, die weniger als 500 Dollar Prämie pro Jahr einbrachten. Wir konzentrieren uns auf die Dynamik des Geschehens im Seniorteam und im Juniorteam nach Einführung des neuen Systems.

Durch eine Reihe von Interviews, zwei Gruppenmeetings mit Teammitgliedern, einen Fragebogen und Beobachtungen im Unternehmen deckten wir mehrere Themen auf, die offenbarten, wie Teams für die Entmachtung von Mitarbeitern benutzt wurden.

Bei den beiden Gruppenmeetings, je einem des Senior- und des Juniorteams, stellten wir folgende Frage: Wie hat der kürzliche Übergang zum Teamsystem die Mitglieder in dem, was sie in ihrer Arbeit erreichen wollen, unterstützt oder behindert? Zuerst erstellten die Teammitglieder unabhängig und still Antwortlisten. Nach einer Diskussion der vereinten Ideen von allen Listen bewertete jeder einzelne vertraulich jeden Punkt der Liste auf einer Skala von 1 (sehr wichtig) bis 5 (unbedeutend).

Die Interviews wurden mit Angestellten aller Ebenen der Firma durchgeführt. Als erstes fand eine Reihe von Interviews mit dem CEO über einen Zeitraum von etwa vier Monaten statt. Der CEO war sehr artikuliert, schien offen und ehrlich zu sein und hochmotiviert, in den Interviews vollständige Informationen bereitzustellen. Jede Sitzung mit ihm dauerte etwa zwei Stunden, und der CEO war sehr flexibel bezüglich Fragen, die sich während der Diskussionen ergaben. Außerdem fanden Interviews mit sieben Mitgliedern des Senior- und des Juniorteams statt.

Unsere Beobachtungen des Arbeitssystems während jedes unserer Besuche der Firma gaben uns ein besseres allgemeines Verständnis des Teamsystems und lieferte wertvolle Einsichten zur Interpretation der anderen gesammelten Informationen. Wir erstellten schließlich einen Fragebogen, der teilweise auf den Informationen aus unseren anderen Studienmethoden aufbaute. Der Fragebogen konzentrierte sich auf Themen wie Zufriedenheit der Mitarbeiter, Gefühle von Autonomie, Grad der Kooperation, Leistung und Qualität des Kundendienstes. Auf diesen Quellen basierend deckten wir vier Hauptthemen auf.

Thema 1: Team-Grundprinzipien – Selbstmanagement oder Koordination, Effizienz und Kontrolle?

Dies war das wichtigste Thema; das Teamkonzept lieferte bestimmte Koordinations- und Effizienzvorteile. Ein Juniorteammitglied merkte an, daß das Teamsystem „hilft, besser organisiert zu sein, insbesondere Produzenten, die sich nicht an die Richtlinien halten". Jedes Team sollte sich etwa einmal pro Woche treffen. Die ersten Treffen konzentrierten sich oft auf Unternehmensrichtlinien und -prozeduren. Besonders Juniorteammitglieder sagten uns, daß diese ersten Versammlungen dringend nötig gewesen und sehr produktiv waren. Angesichts der Verschiedenheit der Funktionen in jedem Team (Produzenten, Assistenten, Marketingpersonal und andere) stellten diese Treffen außerdem ein Forum für die Diskussion und Koordination von Fragen des Arbeitsflusses bereit.

Das Juniorteam sah mehrere Organisations- und Effizienzvorteile: Klären individueller Verantwortung, Entwickeln eines einheitlichen Ansatzes für die Auftragsbearbeitung, Erleichtern der Systementwicklung sowie der Definition und des Verständnisses von Verantwortlichkeiten und die Bestimmung besonderer Verantwortlichkeiten für bestimmte Probleme. Das Seniorteam identifizierte ähnliche Punkte, ferner Bereitstellung eines besseren Kundendienstes und Entwicklung eines höheren Wissensstandes in einer kleineren Auftragszahl. Der Fragebogen zeigte auch, daß der Teamansatz die Verantwortungsbereiche klar bezeichnete.

Die Effizienz war offenbar eine hohe Priorität des CEO. Seniorteammitglieder beschrieben ihn als einen „Effizienzmann" und „den organisiertesten Mann, den ich kenne, vielleicht zu organisiert". Juniorteammitglieder sagten: „Er hat mir geholfen, besser organisiert zu sein" und: „Bevor er kam, waren sowohl die Firma als auch die Leute sehr wenig organisiert". Mit der Zeit erwuchsen jedoch Spannungen aus dieser Betonung von Effizienz und Organisation. Auf der Tagesordnung der Teamversammlungen standen weiterhin Verfahrensfragen im Vordergrund, anscheinend eine Tendenz der Teamleiter (die beide administrative Positionen hatten – ein Produktionsassistent im Juniorteam und der Marketingspezialist im Seniorteam), deren Jobs einfacher waren, wenn die Vertreter sich eng an Verfahren hielten. (Die Teamleiter waren von den Teams gewählt worden, aber der CEO beeinflußte diesen Prozeß erheblich.)

Viele Mitarbeiter drückten im Fragebogen ihre Frustration über die so empfundene Überbetonung von Verfahren aus; sie meinten, daß das neue System zu „unnötigem Papierkram" führte. Eine offensichtliche Abneigung wurde für das Verfahrenshandbuch empfunden, das einige Teammitglieder als höchst detailliert beschrieben („unsere Bibel"). Als wir jedoch dieses Handbuch untersuchten, stellten wir fest, daß es eher knapp war – beinahe wie ein ausgearbeitete Flugblatt – und auf eine geringe Anzahl von scheinbar entscheidenden Verfahrensfragen beschränkt war. Wir zogen daraus den Schluß, daß die Überstrukturierung im Auge des Betrachters bestand. Vielleicht war die Empfindung der Teammitglieder für das Ausmaß der ihnen auferlegten Strukturen durch die Frustration gestört, die sie empfanden, als ihre Erwartungen individueller Autonomie verletzt wurden.

Die starke Betonung von Regeln und Verfahren im Teamsystem schienen die Autonomie und Ermessensfreiheit der Vertreter zu bedrohen. Teammitglieder wurden zu einer Reihe von Aktivitäten gedrängt, die vom Organisationsansatz diktiert wurden und nicht mit ihrem persönlichen Stil harmonierten. Zum Beispiel wurde die Freiheit, kleine, aber treue Kunden zu halten – im alten System eine hohe Priorität – völlig aufgegeben. Die Vertreter, insbesondere im Seniorteam, meinten, daß sie keine ausreichende Autonomie hätten. Die Gruppenversammlungen, Interviews und der Fragebogen zeigten, daß die individuelle Autonomie der Vertreter bei rigoroser Anwendung der Unternehmensverfahren sehr gering wäre. Die Grenzen des Selbstmanagements wären so restriktiv, daß der verbleibende Freiraum als inkonsequent empfunden würde.

Die Selbstmanagementteams in diesem Unternehmen dienten als Werkzeug für die Eingrenzung von Autonomie. Eine mögliche Schlußfolgerung ist, daß es sich hier überhaupt nicht um Selbstmanagementteams handelte, sondern nur um traditionelle Arbeitsgruppen, die fälschlicherweise mit dem Etikett „selbstmanagend" versehen worden waren. Andererseits schien das äußere Drumherum dem von Selbstmanagementteams in anderen Umgebungen zu gleichen. Selbst wenn dem so war, war der Prozeß, der sich hier abspielte, in vieler Hinsicht limitierend, statt den Mitarbeitern mehr Freiheit zu geben, sich selbst zu managen. Eine Ursache dieses Ergebnisses könnte neben dem Mißbrauch des Teamkonzepts der Vergleichsstandard sein, den die Mitglieder in die Teams einbrachten. Die Auffassung eines Individuums von Autonomie basiert überwiegend auf einem relativen anstatt einem absoluten Vergleichsstandard. Die Vertreter, die diesen Teams angehörten, waren im alten System relativ autonom gewesen, obwohl die Agentur selbst recht bürokratisch war. Jeder Vertreter hatte ohne Zustimmung anderer seine eigenen Prioritäten, seinen Arbeitsplan und ähnliches selbst bestimmen können, obwohl ihm nicht ausdrücklich gesagt wurde, daß er selbstmanagend sei.

Interessanterweise schienen die beiden Teams die externe Kontrolle unterschiedlich aufzufassen. Das Seniorteam schien es als Hauptbedrohung anzusehen, daß sie mit anderen Teammitgliedern kooperieren mußten. Der Teamleiter beschrieb die Situation so: „Die Seniorvertreter befinden sich auf einem ständigen Egotrip. Im Teamsystem haben wir ein demokratisches Ideal. Dies ist harte Arbeit. Wir haben mehrere verschiedene Persönlichkeiten. Diese Personen wissen nicht, wie man kooperiert." Ein Seniorvertreter erzählte uns in einem Interview, daß er zu einem System unabhängiger Vertreter mit ihm zugeteiltem Hilfspersonal zurückgehen würde, wenn er das Arbeitssystem ändern könnte. Er meinte: „Das alte System war wie ein Profit Center. Man konnte etwas tun."

Das Juniorteam schien über die Betonung von Regeln und Verfahren besonders frustriert zu sein. Sie neigten dazu, die Drangsal der Kontrolle mehr mit der Organisation (dem Arbeitssystem) und der persönlichen Agenda ihres Leiters zu verbinden als mit dem Team selbst. Das Team wurde sogar mehr als eine Quelle der Unterstützung gesehen denn als Einengung. Einer der Juniorvertreter beschrieb sein Team als einen Ort, an dem man „Notizen mit anderen vergleichen konnte" (Wissen mitteilen) und einen Mechanismus für das „Zusammenbringen verschiedener Arten von Mitarbeitern" (Vertreter, Assistenten und Marketingleute).

Der Fragebogen (und unsere anderen Informationsquellen) lieferten Hinweise für dieses unterschiedliche Muster in den beiden Teams. Das Juniorteam berichtete einen größeren Druck, Ergebnisse zu zeigen, und zur Konformität als das Seniorteam. Es berichtete auch einen geringfügig niedrigeren „Druck zur Teamkonformität" als das Seniorteam. Obwohl diese Unterschiede in den Auffassungen beider Teams interessant sind, bleibt der scheinbare Austausch zwischen dem System des Selbstmanagements und persönlicher Kontrolle das Hauptthema. Die meisten Veröffentlichungen über autonome Teams handeln von Berufen und Situationen, in denen die Arbeit vor der Teameinführung höchst strukturiert gewesen war, so daß ein Wechsel zu Teams einen Anstieg der Autonomie bedeutete. In vielen traditionellen Herstellungs- und Dienstleistungsbetrieben hat die Einführung autonomer Teams zu einer im Vergleich zur Branchennorm erheblichen Autonomie der Arbeiter geführt. In dieser Firma dagegen könnte der Wandel in umgekehrter Richtung stattgefunden haben. Wenn man sich ein Kontinuum vorstellt, dessen beide Pole völlige Anarchie und totale Kontrolle repräsentieren, ist die Autonomieinterdependenz eigenständiger Teams irgendwo im mittleren Bereich. Ob Teams für die Teilnehmer Autonomie bedeuten, hängt von deren früherer Position im Kontinuum ab. Im hier geschilderten Fall bedeutete die Teameinführung in einem hohen Grad den Verlust von Selbstmanagement – der gegenteilige Effekt von Unternehmen ohne Bosse.

Thema 2: Weniger Kundendienst und Identitätsverlust

Die Hervorhebung von Arbeitsteams in der Firma hatte zwei weitere nennenswerte Auswirkungen: den Verlust von Identität in der Agentur und weniger Service für kleine Kunden. Beides war besonders für das Seniorteam bedauerlich.

Die Angehörigen des Seniorteams meinten überwiegend, daß das System die Teamzusammengehörigkeit förderte, aber die Einheit der Agentur verloren war. Andere Vertreter außerhalb der Teams hatten nicht das nötige Wissen, Kunden mit zu bedienen, wenn ein Vertreter abwesend war. Teammitglieder berichteten, daß Mitarbeiter aufgrund der Trennung zwischen den Einheiten die Übersicht über das Ganze verloren hatten; das System führte zu einem Verlust an Loyalität zur Agentur; es wurden keine „jungen Ersatzleute" für die Kunden der älteren Vertreter gebildet und so weiter.

Außerdem störte es das Seniorteam, daß kleine Verträge separat von einem dritten Team bearbeitet wurden – einem, das keine Vertreter hatte. Ein Mitglied sagte: „Wir haben die Kontrolle und Kommunikation mit den kleinen Kunden verloren ... haben unsere Absicht aufgegeben, Kunden besser zu bedienen." Dies ärgerte einige Vertreter besonders, weil einige der kleinen Versicherungspolicen Repräsentanten großer Unternehmenspolicen gehörten. Ein Vertreter erinnerte sich an einen Fall, in dem einem solchen Kunden wegen einer verspäteten Zahlung einer Prämie seine persönliche Police gekündigt wurde. Dieser Kunde war gleichzeitig der Repräsentant einer großen Unternehmenspolice (Hunderttausende von Dollars wert). Da die persönliche Police von administrativem Personal im Kleinkundenteam bearbeitet wurde, wurde keine besondere Anstrengung unternommen, um mit diesem Problem in geeigneter Weise umzugehen.

Die Teammitglieder beschrieben das Problem gemeinsam in ihrer nächsten Versammlung: „Das System geht nicht weit genug. Es sollte die Kunden eines Vertreters nicht aufteilen. Kunden sollten nicht nach Größe, sondern nach Vertretern eingeteilt werden. Im neuen System managen wir persönliche Policen nicht mehr als Nebengeschäft von Großkunden; wir verlieren die Koordination. Wir verlieren Bruder, Schwester, Tante und Onkel, die aus persönlichen Kontakten kamen." Es war klar (besonders im Seniorteam), daß das Teamsystem eine Reihe von Vertretern davon abhielt, kleine Aufträge in der Weise zu bedienen, wie sie es auf individueller Basis tun würden. Auch hier limitierte der Versuch, Effizienz und Organisation innerhalb des Teamsystems zu erzielen, die Freiheit und das Selbstmanagement der Vertreter.

Thema 3: Ausbildung und Schulungen wirken sich auf das Niveau des Selbstmanagements aus

Ein weiteres Hauptthema betraf die Ausbildung und Schulung der Vertreter. Sowohl das Senior- als auch das Juniorteam waren sich darin einig, daß Wechselbeziehungen mit anderen Teammitgliedern es ermöglichten, voneinander zu lernen, besonders wichtig für jüngere, weniger erfahrene Vertreter. Ein Nachteil des Teamsystems war jedoch, daß es zwischen den Junior- und Seniorvertretern Barrieren erzeugte. Es bestand die Tendenz zur Isolation der Mitglieder eines Teams von den Aktivitäten anderer Teams. Auf der Versammlung des Seniorteams wurde zum Beispiel Besorgnis darüber geäußert, daß man jüngere Vertreter nicht mehr in Großkundenverträge einführen könnte, ohne Teamgrenzen zu überschreiten. Umgekehrt gingen die Juniorvertreter ungern zum Seniorteam, wenn sie Rat brauchten. Ein Seniorvertreter betonte, daß die jüngeren Mitarbeiter „Ausbildung, Anleitung und Motivation" benötigten. Seiner Ansicht nach schreckte das Teamsystem die erfahrenen Vertreter davon ab, diesen Beistand zu leisten.

Diese Sorge um die Ausbildung der Vertreter paßt zur Hauptaussage dieses Kapitels. Die Frage der persönlichen Freiheit betrifft Selbsteinschränkungen als auch externe Beschränkungen. Die Entwicklung und der Lernprozeß der jungen, unerfahrenen Vertreter ist wichtig, um sie mit den Kenntnissen und dem Selbstvertrauen zu versehen, die für gute Leistung nötig sind. Das Teilen von Ideen und Sorgen mit anderen unerfahrenen Vertretern wurde in dieser Hinsicht als hilfreich angesehen. Die Abtrennung der erfahreneren Vertreter, die das Wissen haben, das die jüngeren brauchen, wurde von vielen Angestellten als nachteilig gesehen.

Thema 4: Führungspraktiken

Der vierte Themenbereich konzentrierte sich auf Führungspraktiken. Die Frage der Teamleiterernennung war ein besonderes Anliegen des Juniorteams. Der CEO hatte die von ihm gewünschte Person genannt, und diese Person wurde anschließend auch gewählt. Die Teamleiterin war im allgemeinen in ihrer Arbeit respektiert, aber ihre Anliegen deckten sich nicht mit denen der Mehrheit der Teammitglieder. Zwei Vertreter sagten in getrennten Interviews, daß die Teamleiterin sich in den Versammlungen auf die Anliegen der Assistenten konzentrierte. Die Assistenten dagegen meinten, daß das System individuelle Freiheit gewähre, aber etablierten Verfahren zuwenig Aufmerksamkeit widmete.

In dieser Hinsicht bestand ein Interessenkonflikt zwischen den Vertretern und den Assistenten. Die Vertreter wollten von Verfahren befreit sein, während die

Assistenten zur Vermeidung von Auseinandersetzungen es vorzogen, daß die Verfahren sorgfältig befolgt wurden. Die Juniorteamleiterin konzentrierte sich offenbar in den Versammlungen auf diesen Punkt, zur Bestürzung der Vertreter. Einer von ihnen sagte in Anwesenheit der Teamleiterin, daß die Amtsperiode des Teamleiters zu lang sei und auf drei Monate verkürzt werden sollte. Negativer hätte er sich nicht ausdrücken können. Ein Vertreter machte seine Verwirrung und offensichtliche Verärgerung darüber kund, wie die Teamleiterin überhaupt zu dieser Position gekommen sei. Mit der Zeit wurden die Versammlungen immer kürzer und in den Augen der meisten Teilnehmer unproduktiv. Sie fanden auch seltener statt, da die Anreize für die Teilnahme offenbar nicht stark genug waren.

Der CEO reagierte darauf, indem er Druck auf die Teams ausübte, produktiv zu sein, selbst an den Versammlungen teilnahm und Mitglieder zur Teilnahme anstachelte – völlig unvereinbar mit dem Prinzip des Selbstmanagements in Unternehmen ohne Bosse. Er war stolz auf seine Fähigkeit, Angestellte dazu bringen zu können zu tun, was er von ihnen verlangte. Er äußerte zum Beispiel mit Befriedigung, daß er seine Angestellten anweisen könnte, an unserer Studie teilzunehmen, obwohl er meinte, daß die Teilnahme freiwillig sein sollte. Sein Angebot, dies obligatorisch zu machen, bot einen interessanten Kontrast. Unsere Interviews deckten auch auf, daß das „Selbstmanagement-Arbeitssystem" ohne die Beteiligung oder Zustimmung der Angestellten eingeführt worden war. Unsere ausführlichen Interviews mit dem CEO führten uns zu der Schlußfolgerung, daß er sich sehr für die Philosophie der Mitarbeiterbeteiligung einsetzte, aber die Theorie nicht mit der Praxis übereinstimmte. Dieser Widerspruch bestätigte unseren Eindruck des Systems: Die Einführung der Teams führte zu einem Verlust individuellen Selbstmanagements für Mitarbeiter.

Im Endeffekt waren die Seniorvertreter, die keine besondere moralische Unterstützung von ihren Kollegen brauchten (um Selbstvertrauen und Kenntnisse zu entwickeln), nicht motiviert, das neue System zu unterstützen, und die Juniorvertreter, die dies brauchten, waren frustriert durch ihre nicht-repräsentative, auf Verfahren konzentrierte Teamleitung. Die Skeptik der Mitarbeiter und Apathie gegenüber dem Teamansatz nahmen zu, und die Effizienz und Koordination nahmen ab.

Der letzte Beweis für die Auffassung der Angestellten, daß ihre Autonomie abgenommen hatte, kam aus Antworten auf die Frage: „Wie wird die Direktive der Aktivitäten des Unternehmens etabliert?" Die Antworten reichten von „demokratisch" bis zu „autokratisch". Der Durchschnitt lag deutlich oberhalb der Mitte im Bereich „autokratisch".

Folgerungen für Unternehmen ohne Bosse

Der Fall in diesem Kapitel ist von besonderem Interesse, weil er eine Branche untersucht, in der Autonomie und Selbstmanagement Tradition sind. Unsere Untersuchung deutete auf ein Paradoxon hin: Teamselbstmanagement kann den Verlust individueller Kontrolle bedeuten. Führungspraxis, Druck von Kollegen, die Betonung rigider Verfahren und weniger Gelegenheit für die Juniorvertreter, mit erfahrenen Vorbildern zusammenzuarbeiten, kamen hier zusammen und unterminierten die individuelle Freiheit und das Selbstmanagement.

Es ist wichtig, dieses Kapitel im Licht der Einzigartigkeit des organisatorischen Umfeldes zu sehen. Wir wollen keineswegs aus der Erfahrung eines Dienstleistungsunternehmens den Schluß ziehen, daß autonome Teams eine Bedrohung für persönliches Selbstmanagement darstellen. Diese besondere Situation wies eine Reihe von Merkmalen auf, die spezifisch für diese Firma und diese Branche sind – in der individuelle Autonomie die Norm ist. Da die Versicherungsbranche gezwungen war, neue Wege der Organisation zu untersuchen, um ihre Effizienz angesichts der Deregulierung, des strafferen Marktes und steigenden Wettbewerbs zu verbessern, sind selbständige Versicherungsagenten mit neuen Restriktionen ihrer Freiheit und Autonomie konfrontiert worden. Vor diesem Hintergrund dienten Selbstmanagementteams anscheinend als bequemes Mittel zur Steigerung der Kontrolle über Angestellte und zur Erzielung von Effizienzvorteilen – eine beachtenswerte Herausforderung an die universale Anwendbarkeit konventioneller Weisheit bezüglich der Auswirkungen autonomer Teams. In einigen Fällen kann ein eigenverantwortliches Teamsystem als Kontrollmechanismus dienen, der zwingender ist als das System, das es ersetzt.

Dieser Fall zeigt die Notwendigkeit, Selbstmanagementteams in Arbeitsumgebungen jenseits von Produktionsstätten, die zuvor auf externer Kontrolle basierten, zu verstehen. Sowie Teams sich weiter in Dienstleistungs- und Angestelltenumfeldern ausbreiten, sind Antworten auf die folgenden wichtigen Fragen nötig:

1. Unter welchen Bedingungen erhöht die Einführung autonomer Teams die Autonomie der Arbeiter, und unter welchen Bedingungen reduziert sie Autonomie?
2. Wie erleichtern autonome Teams die Entwicklung und das Lernen von Mitarbeitern, und unter welchen Bedingungen limitieren sie das Lernen?
3. Welche Verhaltensweisen sind für Teamleiter angemessen, und wie sollte ihr Verhalten sich je nach Arbeitsumfeld davon unterscheiden?

4. Welche Resultate können erwartet werden, wenn man autonome Teams in Dienstleistungsunternehmen einführt? Wie unterscheiden sich diese Ergebnisse von denen in Produktionsbetrieben?
5. Welchen Effekt hat die technologische Wechselbeziehung auf die Effektivität von Teams? Läßt die Abwesenheit einer Wechselbeziehung annehmen, daß Teams in bestimmten Umfeldern weniger nützlich sind?
6. Wie beeinflußt das Belohnungssystem die Teameffektivität? Sind individuelle Anreize mit der Teamphilosophie unvereinbar?
7. Welche Alternativen zum Selbstmanagement fangen einige der Vorteile von Mitarbeitervollmachten ein, ohne zum Teamsystem überzugehen? Ist zum Beispiel individuelles Selbstmanagement in einigen Umfeldern angebrachter?
8. Wie können wir sicherstellen, daß die Einführung autonomer Teams das Ziel des Unternehmens ohne Bosse fördert? Welche Hauptwarnsignale gibt es dafür, daß ein Teamsystem mehr Chef-Kontrolle und weniger Selbstmanagement erzeugt?

Unerwartete Ergebnisse können sich ereignen, wenn autonome Teams unter nichttraditionellen Umständen eingeführt werden. Wenn die Teammitglieder bei der Etablierung von Teamverantwortungen nicht einbezogen werden, kann der Entwurf eines Arbeitssystems, das auf Regeln und Verfahren beruht, zu einer bedrückenden Kontrolle der Teammitglieder durch den Chef führen, insbesondere in Situationen, in denen Angestellte bereits erhebliche Autonomie besaßen.

Unser abschließendes Treffen mit dem CEO (der Präsident des Unternehmens geworden war) lieferte eine passende Schlußfolgerung. Wir fragten, ob es wirklich seine Absicht gewesen war, die „autonomen" Teams zur Erweiterung und Verstärkung seines persönlichen Einflusses zu benutzen. Er bejahte dies: „Jeder Grund für das Teamsystem war Kontrolle." Wenigstens in den Augen dieses Topmanagers war es nicht unvereinbar, diese Gruppen „selbstmanagend" zu nennen!

Die Folgerungen dieses Falls sind zwingend. Je nachdem, welche Pläne von den Teams verfolgt werden, in welchem Umfeld sie eingesetzt werden und wie sie eingeführt und instandgehalten werden, hat das auf Teams basierende Selbstmanagement das Potential, individuelle Freiräume, Autonomie und Initiative zu untergraben. Business mit mehr Chefkontrolle, nicht weniger, kann dabei herauskommen.

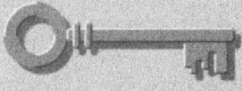 **Schlüssellektionen für Unternehmen ohne Bosse**

1. Der Grund für die Einführung autonomer Teams ist eine wichtige Überlegung. Wenn die Teams als Hilfsmittel zur Erzwingung der Unternehmenspolitik dienen sollen, sind individuelle Freiräume und Selbstmanagement in Gefahr.

2. Die Auswirkungen von Führungspraktiken sowohl auf höheren Managementebenen als auch auf Teamebene werden stark von Führungsagenden beeinflußt – zum Beispiel, ob sie darauf ausgerichtet sind, Anliegen des Managements, der Mitglieder oder des Teamleiters selbst zu verfolgen.

3. Das Entfernen von Selbstzwängen (wie Mangel an Kenntnissen, wenig Selbstbewußtsein) und äußeren Zwängen ist entscheidend für das Selbstmanagement. Vorbilder, Schulungen und Lernmöglichkeiten sind zum Beispiel wichtig, um Mitarbeiter mit dem nötigen Handwerkszeug auszustatten, sich effizient selbst managen zu können.

4. Anreize für Teammitglieder durch das Arbeitssystem, durch die sie sich zum Team gehörig fühlen und einen konstruktiven Beitrag leisten, sind für die Teameffektivität wichtig.

5. Das Erkennen der unterschiedlichen Bedürfnisse von Mitarbeitern in verschiedenen Jobkategorien (wie Vertreter und Assistenten) ist ein wichtiges Element des Teamsystemdesigns.

6. Selbstmanagement ohne formale Teams: Die Organisation als Superteam

Geld machen und Spaß haben.

W. L. Gore

W. L. Gore & Associates trägt die Idee des Business ohne Bosse auf eine andere Ebene: Dies bietet die Möglichkeit, viele der Vorteile von formal errichteten ermächtigten Mitarbeiterteams ohne die Formalität designierter Teams zu erringen. Die ganze Organisation wird vielmehr zu einem großen, mächtigen Superteam, in dem jede Person sich selbst managt und direkt mit jedem anderen im System in Kontakt treten kann. Gore verläßt sich auf sich selbst entwickelnde Teams ohne Manager oder Chefs, aber mit vielen Führern.

Die Wilbert L. Gore-Geschichte

W. L. Gore & Associates entwickelte sich aus den persönlichen, organisatorischen und technischen Erfahrungen des verstorbenen Wilbert L. Gore. Während er bei E. I. DuPont de Nemours arbeitete, gehörte er zu einem Team, das Anwendungsmöglichkeiten für Polytetrafluoroethylene (PTFE), besser unter dem Namen Teflon bekannt, untersuchte. Nach einigen Experimenten erkannte er, daß dieses Material ideale Isolierungscharakteristika für Computer und Transistoren besaß. Er versuchte auf verschiedene Weise, PTFE-beschichtete Kabel herzustellen, aber ohne Erfolg. Den Durchbruch erzielte er in seinem Heimlabor. Er erklärte seinem Sohn Bob, wo das Problem lag. Bobs Blick fiel auf PTFE-Dichtungsklebeband von 3M, und er fragte seinen Vater, „Warum versuchst du es nicht mit diesem Klebeband?" Sein Vater erklärte ihm daraufhin, daß jeder wisse, daß man PTFE nicht mit sich selbst verbinden könne. Bob ging zu Bett. Bill Gore blieb in seinem Kellerlabor und stellte Versuche mit der Idee seines Sohnes an, wovon jeder wußte, daß es nicht funktioniert. Etwa um vier Uhr morgens weckte er seinen Sohn, wedelte mit einem kleinen Stück Kabel und sagte aufgeregt: „Es funktioniert, es funktioniert." In der folgenden Nacht arbeiteten Vater und Sohn an der Herstellung von PTFE-beschichtetem Kabel. In den nächsten vier Monaten versuchte Bill Gore, DuPont zur Herstellung dieses neuen Produktes zu überreden. Aber sein Arbeitgeber war nicht an der Herstellung interessiert – DuPont wollte Lieferant von Rohmaterialien bleiben –, und so schlug Gore allein zu.

Am 1. Januar 1958, ihrem 23. Hochzeitstag, gründeten Bill und seine Frau Genevieve die Firma W. L. Gore & Associates im Keller ihres Heims. Nachdem sie ihr Festessen beendet hatten, sagte Genevieve: „Nun, laß uns das Geschirr abräumen und nach unten und an die Arbeit gehen." Sie betrachteten dies als eine Fortsetzung ihrer Partnerschaft. Bill Gore war 45 Jahre alt und hatte fünf Kinder zu versorgen, als er DuPont verließ. Er ließ eine 17jährige Karriere und ein gutes und sicheres Einkommen hinter sich. Um das erste Geschäftsjahr zu finanzieren, nahmen sie eine Hypothek auf ihr Haus auf und hoben 4 000 Dollar ihrer Ersparnisse von der Bank ab. Alle ihre Freunde rieten ihnen von ihrem Plan ab.

Die ersten paar Jahre waren hart. Einige ihrer Angestellten akzeptierten Unterkunft und Verpflegung im Goreschen Haus anstelle eines Gehalts. Zu einem Zeitpunkt lebten und arbeiteten elf Mitarbeiter unter einem Dach. Einige Jahre später sicherten die Gores sich einen 100 000-Dollar-Auftrag, der die Firma über den Berg brachte, und das Geschäft begann zu blühen.

W. L. Gore & Associates ist weiter gewachsen und hat neue Produkte entwickelt, in erster Linie Abzweigungen von PTFE, darunter das bekannteste Produkt, Gore-Tex. W. L. Gore stellt heute eine weite Spannbreite von Produkten in vier Kategorien her: elektronische, medizinische und industrielle Produkte sowie Gewebe. Bill Gore starb 1986, während er in Wyoming mit dem Rucksack unterwegs war. Vor seinem Tod war er Vorsitzender geworden und sein Sohn Bob Präsident, was er weiterhin ist. Genevieve ist daneben als Finanzleiterin die einzige leitende Angestellte.

Die Organisation ohne Bosse

W. L. Gore & Associates ist eine Firma ohne Titel, Hierarchie oder irgendwelche anderen konventionellen Strukturen, die man gewöhnlich mit Firmen dieser Größe verbindet. Die Titel Präsident und Finanzleiter werden nur aufgrund gesetzlicher Bestimmungen benutzt. Der Managementstil bei Gore wurde mit „Un-Management" beschrieben. Die Entwicklung des Unternehmens wurde durch Bills Erfahrungen mit Teams bei DuPont angeleitet und paßte sich mit der Zeit den jeweiligen Bedingungen an.

1965 war W. L. Gore & Associates ein blühendes und wachsendes Unternehmen mit einem Zweigwerk in Newark, Delaware, und rund 200 Mitarbeitern. Eines Morgens während seines üblichen Gangs durch das Werk stellte Bill fest,

Die Organisation als Superteam 115

daß er nicht mehr jeden kannte. Das Team, beschloß er, war zu groß geworden. Als Folge erarbeitete das Unternehmen eine Politik, nach der kein Werk mehr als 150 bis 200 Mitarbeiter haben sollte. Daraus wurde die Expansionspolitik „Werde groß, indem du klein bleibst" geboren. Mit kleinen Werken sollte eine engverbundene, persönliche Atmosphäre betont werden. Heute besteht die Firma aus 44 Werken in der ganzen Welt (einige am selben Standort) mit über 5300 Mitarbeitern. In Flagstaff, Arizona, hat Gore zum Beispiel vier Werke an einem Standort. 27 Werke befinden sich in den Vereinigten Staaten und 17 in Schottland, Deutschland, Frankreich, Japan und Indien.

Die Vergütung bei Gore geschieht auf dreierlei Art: Gehalt, Gewinnbeteiligung und ein Aktienoptionsprogramm. Anfangsgehälter liegen in der Mitte externer vergleichbarer Positionen. Sally Gore, die Schwiegertochter des Gründers, meint: „Wir glauben, daß wir nicht die höchsten Gehälter zu zahlen brauchen. Wir versuchen nie, mit Hilfe von hohen Gehältern Leute von anderen Firmen abzuwerben. Wir wollen, daß sie wegen der Wachstumschancen und wegen des einzigartigen Arbeitsklimas hierher kommen." Die Gehälter der Mitarbeiter werden wenigstens einmal im Jahr revidiert, eher zweimal. Die Revisionen werden für die meisten Mitarbeiter von einem Vergütungsteam ihres Arbeitsbereiches durchgeführt. Alle Mitarbeiter haben Sponsoren, die während dieser Revision als ihre Fürsprecher agieren. Vor dem Treffen mit dem Revisionskomitee spricht der Sponsor mit Kunden oder anderen Personen, die Leistungen des betreffenden Mitarbeiters in Anspruch nehmen, um herauszufinden, welchen Beitrag er oder sie geleistet hat. Das Bewertungsteam bewertet zusätzlich die Führungsqualitäten und Hilfsbereitschaft des Mitarbeiters.

Neben dem Gehalt hat Gore einen Gewinnbeteiligungs- und einen Aktienoptionsplan für alle Mitarbeiter. Die Gewinnverteilung findet gewöhnlich zweimal im Jahr statt (abhängig von der Gewinnlage), wobei der Betrag von der Dauer der Mitarbeit im Unternehmen und vom Jahresgehalt abhängt. Außerdem kauft die Firma Aktien im Wert von 15 Prozent des Jahreseinkommens jedes Mitarbeiters und investiert es in einen Pensionsfonds. Ein Mitarbeiter wird bereits nach einem Jahr Firmenzugehörigkeit zum Aktienbesitzer. Bill wollte, daß jeder Mitarbeiter sich als Eigentümer fühlt.

Das Prinzip des Engagements funktioniert nach beiden Seiten. Gore versucht, Entlassungen und Gehaltskürzungen, die sich verheerend auf die Moral auswirken, zu vermeiden. Die Firma wendet statt dessen ein System temporärer Versetzungen innerhalb eines Werks oder einer Werksansammlung sowie freiwillige Kündigungen an, um mit Geschäftsrückgängen fertigzuwerden.

Gore ist in vieler Hinsicht ein ungewöhnliches Unternehmen, und dazu seit 31 Jahren ein höchst erfolgreiches und profitables. Die Verkaufszahlen machten einen Sprung von sechs Millionen Dollar im Jahr 1969 auf 660 Millionen in 1990. Dieses ungeheure Wachstum wurde fast völlig ohne Schulden finanziert. Eine Reihe der Besonderheiten, die Gore von anderen Unternehmen abheben, dienen anderen Unternehmen, die in den Genuß einiger von Gores Errungenschaften kommen wollen, als Lektionen. Diese Errungenschaften kommen überwiegend aus dem einzigartigen Ansatz der Bevollmächtigung von Mitarbeitern, ein Unternehmen zu managen.

Kultur und Normen, die Erfolg fördern

Bill Gore wollte vermeiden, das Unternehmen unter dicken Schichten formalen Managements zu ersticken, die seiner Meinung nach die individuelle Kreativität einschnürten. Doch er brauchte ein System, das neuen Mitarbeitern zur Seite stand, ihre Fortschritte verfolgte und einen Weg bereitete, Vergütungen festzusetzen. So entstand das Sponsorprogramm der Firma.

Bewerbungen werden zuerst wie in den meisten anderen Unternehmen von Personalspezialisten sortiert. Kandidaten, die die minimalen Kriterien erfüllen, werden dann von Mitarbeitern interviewt. Bevor eine Person eingestellt wird, muß ein Mitarbeiter sich bereiterklären, Sponsor des neuen Mitarbeiters zu sein. Der Sponsor entwickelt ein persönliches Interesse an dem Beitrag, den Problemen und Zielen des neuen Mitarbeiters und dient als Coach, Fürsprecher und Freund. Er verfolgt die Fortschritte des Neuen, bietet Hilfe und Ermutigung, arbeitet an Schwächen und baut Stärken auf. Sponsoring ist kein Kurzzeitengagement. Alle Mitarbeiter haben Sponsoren, und viele haben mehr als einen. Wenn jemand eingestellt wird, hat sie oder er einen Sponsor in ihrem/seinem unmittelbaren Arbeitsbereich. Wenn sie in einen anderen Bereich wechseln, haben sie dort einen neuen Sponsor. Sowie Verantwortlichkeiten von Mitarbeitern wachsen, können sie zusätzliche Sponsoren erhalten.

Da das Sponsorprogramm sich bei der Beurteilung von Bewerbern nicht auf konventionelle Sichtweisen verläßt, kommen im Einstellungsprozeß manchmal Anomalien vor. Bill Gore erzählte uns von einem 84Jährigen, der sich um einen Job bewarb und fünf Jahre für die Firma arbeitete. Er hatte 30 Jahre Erfahrung in der Branche, bevor er zu Gore kam. Seine Kollegen hatten keine Probleme mit ihm, aber der Personalcomputer. Er bestand darauf, daß das Alter dieses Mannes 48 war. Wie an diesem Beispiel zu sehen ist, zieht das Gore-System des „Un-Managements" Menschen verschiedener Hintergründe an und erzeugt ungewöhnliche Erfolgsgeschichten.

Die Organisation als Superteam 117

Bill Gore beschrieb drei Arten von Sponsoren:

1. Der Start-Sponsor hilft einem neuen Mitarbeiter über Anfangsschwierigkeiten hinweg oder berät einen Mitarbeiter bei neuen Aufgaben.
2. Der Fürsprecher-Sponsor achtet darauf, daß dem Mitarbeiter seine Beiträge und Leistungen angerechnet und anerkannt werden.
3. Der Vergütungs-Sponsor achtet darauf, daß der Mitarbeiter für seinen Beitrag zum Erfolg des Unternehmens gerecht entlohnt wird.

Ein einzelner Sponsor kann eine oder alle drei Arten des Sponsoring leisten. Außer dem Sponsorprogramm wird von Gores Mitarbeitern erwartet, daß sie vier Leitlinien befolgen:

1. Versuche, fair zu sein.
2. Nutze deine Freiheit zum Wachsen.
3. Mache Zusagen und halte sie.
4. Besprich dich mit Kollegen vor jeder Handlung, die den Ruf oder die finanzielle Stabilität der Firma beeinträchtigen könnte.

Diese vier Prinzipien werden oft Fairneß, Freiheit, Engagement und Wasserlinie genannt. Der Ausdruck Wasserlinie stammt aus einer Analogie zu Schiffen. Ein Loch in einem Boot oberhalb der Wasserlinie bedeutet wenig Gefahr für das Boot. Mit anderen Worten können Mitarbeiter, und werden dazu ermutigt, selbst Entscheidungen treffen, solange das Risiko keine Bedrohung für das Überleben der Firma darstellt.

Die betrieblichen Prinzipien wurden 1978 einem Test unterzogen. Zu diesem Zeitpunkt hatten sich die Qualitäten von Gore-Tex im gesamten Freizeitmarkt herumgesprochen, und Massenproduktion und -versand hatten eingesetzt. Am Anfang gab es einige Beschwerden, dann kamen Bekleidungsteile zurück, und schließlich nahm der Anteil der Reklamationen überhand. Gore-Tex war undicht. Hochqualitative, wasserdichte Produkte waren ein Markenzeichen der Firma und mitverantwortlich für den Erfolg von Gore-Tex. Der Ruf und die Glaubwürdigkeit des Unternehmens standen auf dem Spiel.

Peter W. Gilson, der die Stoffherstellung leitete, kommentiert die Situation: „Es war damals eine unglaubliche Krise. Wir fingen gerade an, Aufmerksamkeit zu erringen, hatten Erfolg ... und dann das." Er und einige seiner Kollegen trafen in den nächsten Monaten eine Reihe von Unter-der-Wasserlinie-Entscheidungen. Zunächst stellte die Entwicklung fest, daß bestimmte Öle im menschlichen Schweiß die Verstopfung der Poren im Gore-Tex-Gewebe verursachten und die Oberflächenspannung der Membrane veränderten. Daher wurde das Gewebe wasserdurchlässig. Sie fanden auch heraus, daß gründliches

Waschen die Wasserdichtigkeit wieder herstellte. Anfangs wurde diese Lösung, bekannt unter dem Namen „Ivory Snow Solution", akzeptiert.

Ein einziger Brief von „Butch", einem Bergführer in den Sierras, änderte die Einstellung der Firma. Butch beschrieb, wie er eine Gruppe geführt hatte und sein Parka leckte und sein Leben in Gefahr war. Gilson sagte: „Das hat uns einen gehörigen Schrecken versetzt. Unsere Lösung war zweifellos keine Lösung für jemanden auf einer Bergspitze." Alle Produkte wurden zurückgerufen. „Wir kauften auf unsere Kosten ein Vermögen an Ware zurück, alles, was in Geschäften, bei Herstellern oder sonstwo in der ‚Pipeline' war", sagte Gilson. Bob Gore und andere Kollegen machten sich daran, eine Dauerlösung zu entwickeln. Einen Monat später war die zweite Generation Gore-Tex da. Jeder Kunde, der einen undichten Parka zurückbrachte, erhielt einen Ersatz. Das Ersatzprogramm allein kostete Gore ungefähr vier Millionen Dollar.

Die Gitterorganisationsstruktur

Gore ist nicht nur als ungemanagt, sondern auch als unstrukturiert bezeichnet worden. Bill Gore selbst sprach von der Struktur als einer Gitterorganisation (Abbildung 3) mit folgenden Hauptmerkmalen:

1. Die Kommunikation findet direkt von Person zu Person statt, ohne einen Vermittler.
2. Es gibt keine festgelegte oder zugeteilte Autorität.
3. Es gibt keine Chefs, nur Sponsoren.
4. Natürliche Führerschaft definiert sich durch Gefolgsleute.
5. Ziele werden von denen gesetzt, die sie erreichen müssen.
6. Aufgaben und Funktionen werden durch Engagements organisiert.

Die Struktur innerhalb des Gitters ist komplex und entwickelt sich aus zwischenmenschlichen Beziehungen, Verantwortungsbewußtsein, natürlicher Führung und gruppenauferlegter Disziplin heraus. Bill Gore erklärte diese Struktur so: „Jede erfolgreiche Unternehmung hat ein zurundeliegendes Gitter. Es ist da, wo Neuigkeiten sich wie der Blitz herumsprechen, wo Leute die Organisation umgehen können, um Dinge zu erledigen." Die Gitterstruktur ist auch dadurch charakterisiert, daß sich ständig temporäre Gruppen über Bereichsgrenzen hinweg bilden; es gibt zwar Gruppen ähnlich Quality Circles, die permanent bestehen, aber sie sind nicht formal ernannt. Die persönliche Zugänglichkeit quer durch Funktionen und Ebenen, die von dieser Struktur erzeugt wird, ermöglicht die Bildung von Teams als Reaktion auf bestimmte Erfordernisse. Mitarbeiter können sich mit anderen Kollegen von beliebigen Bereichen zusammentun, um eine Arbeit auszuführen.

Die Organisation als Superteam 119

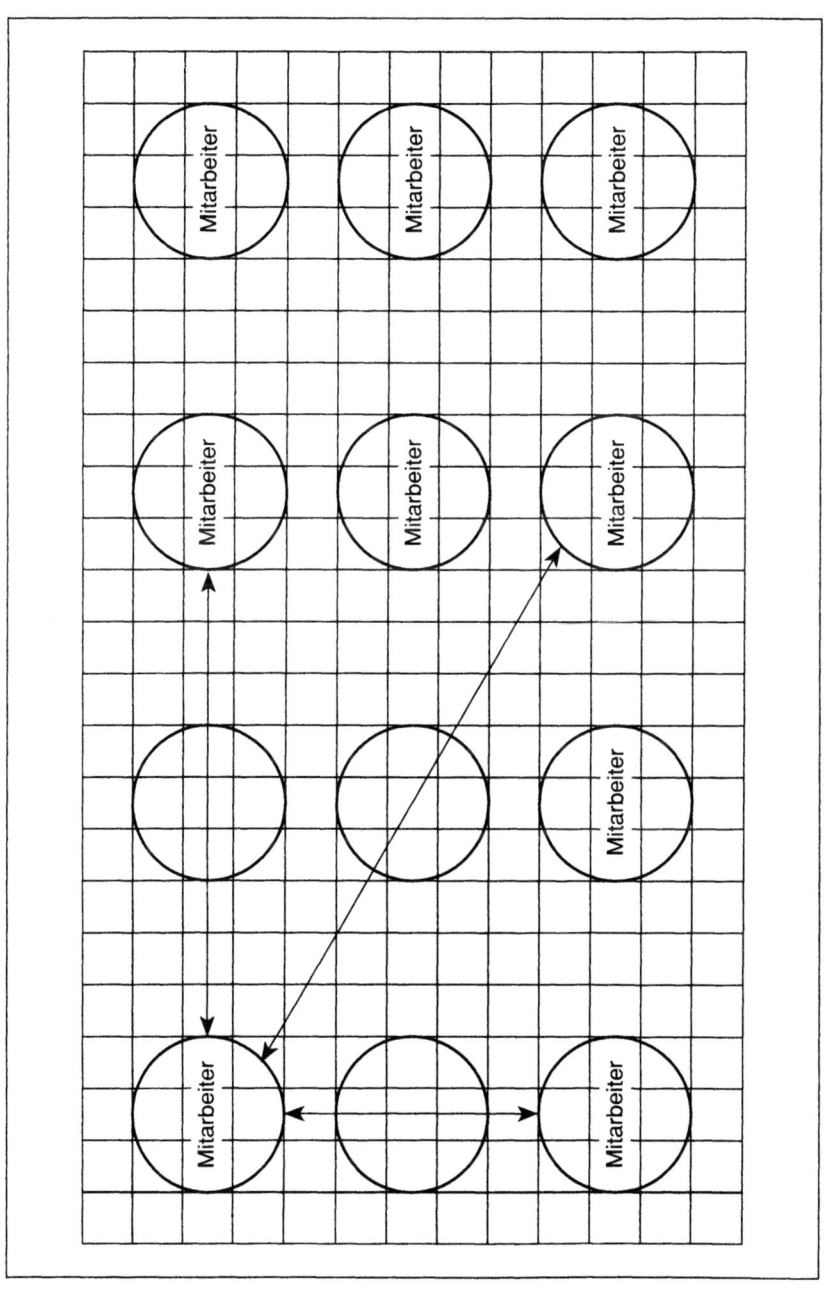

Abbildung 3: Die Gitterstruktur bei W. L. Gore

Die Gitterstruktur hat einige Ähnlichkeit mit traditionellen Managementstrukturen. Eine Gruppe von dreißig bis vierzig Mitarbeitern, die eine Beratergruppe bilden, trifft sich zum Beispiel jedes halbe Jahr, um einen kritischen Rückblick auf Marketing, Verkaufszahlen und Produktionspläne zu werfen. Bill Gore hat eingeräumt: „Die Loslösung von Titeln und Rängen kann nie hundertprozentig sein." Ein Außenseiter, der die Versammlungen und anderen Aktivitäten beobachtet, wird zweifellos die informelle Art und den Humor dieser Gruppen bemerken, aber Worte wie Verantwortungen und Verpflichtungen werden häufig benutzt. Die Mitarbeiter dieses Unternehmens nehmen ihre Arbeit ernst, aber nicht sich selbst.

Für ein Unternehmen seiner Größe hat Gore die flachste Organisationspyramide weit und breit. Sie besteht aus Bob Gore, Bill Gores Sohn als Präsident und Vieve, Bills Witwe, als Finanzleiterin. Alle anderen Mitglieder der Organisation werden Associates genannt. Worte wie Angestellte, Untergebene und Manager sind in der Gorekultur tabu.

Führende

Gore hat keine Manager, aber viele Führende. In einem internen Memo hat Bill Gore einmal die Art von Führungsperson beschrieben, die benötigt wird, und die Rolle, die sie spielt:
1. Die Person, die in den Augen des Teams spezielles Wissen oder Erfahrung besitzt (dies könnte zum Beispiel ein Chemiker, Computerexperte, Maschinenoperateur, Verkäufer, Ingenieur oder Rechtsanwalt sein). Er oder sie gibt dem Team Anleitung in einem speziellen Bereich.
2. Die Person, von der das Team die Koordination von Einzelaktivitäten erwartet, so daß die Ziele des Teams erreicht werden. Sie hat Teammitglieder davon zu überzeugen, daß sie den für den Erfolg nötigen Einsatz bringen (Engagementsucher).
3. Die Person, die notwendige Operationsziele und -aktivitäten vorschlägt und einen Team-Konsensus herbeizuführen versucht. Dieser Führer hat in den Augen der Teammitglieder eine gute Vorstellung davon, wie die Ziele des Teams in den größeren Zusammenhang der Unternehmung hineinpassen. Diese Art von Führer ist oft auch der „Engagementsucher".
4. Der Führer, der den relativen Beitrag von Teammitgliedern bewertet (in Konsultation mit anderen Sponsoren) und diese Ergebnisse an ein Vergütungskomitee berichtet. Dieser Führer kann auch im Vergütungskomitee sitzen, wenn es um den relativen Beitrag und Lohn geht, und Änderungen der Vergütung an einzelne Mitarbeiter berichten. Dieser Führer ist dann außerdem ein Vergütungssponsor.

5. Der Führer, der die Forschung, Herstellung und das Marketing eines Produkttyps innerhalb eines Zweigs koordiniert, wobei er mit Teamleitern und individuellen Mitarbeitern, die einen Beitrag zu diesem Produkttyp leisten, zusammenarbeitet. Diese Führer werden gewöhnlich Produktspezialisten genannt. Sie werden wegen ihres Wissens und ihrer Hingabe für ihre Produkte respektiert.
6. Werksleiter, die die Aktivitäten der Mitarbeiter eines Werks koordinieren helfen.
7. Geschäfts-Führer, die die Aktivitäten der Mitarbeiter eines Geschäftszweigs koordinieren helfen.
8. Funktionale Leiter, die für die Koordination der Mitarbeiter in einem Funktionsbereich zuständig sind.
9. Unternehmensleiter, die die Koordination der Aktivitäten von Mitarbeitern in verschiedenen Geschäftszweigen koordinieren helfen und für die Kommunikation und Kooperation aller Mitarbeiter werben.
10. Unternehmerische Mitarbeiter, die neue Teams für neue Geschäfte, neue Produkte, neue Prozesse, neue Vorrichtungen, neue Marketinganstrengungen und neue oder bessere Methoden aller Art organisieren. Diese Führer laden andere Mitarbeiter ein, bei ihrem Projekt mitzumachen.

Führung ist in dieser Gitterorganisation natürlich weit verstreut und einem ständigen Veränderungs- und Entwicklungsprozeß unterworfen. Die Tatsache, daß Führer oft gleichzeitig Sponsoren sind, sollte nicht darüber hinwegtäuschen, daß dies verschiedene Aktivitäten und Verantwortungen sind. Führende sind keine Autoritäten, Manager von Menschen oder Vorgesetzte, die uns sagen, was wir tun oder lassen sollen: sie sind auch keine „Eltern", an die wir unsere Eigenverantwortlichkeit abtreten. Sie machen uns jedoch auf Konsequenzen unserer Handlungen aufmerksam. Unsere Handlungen münden in Beiträge oder Nicht-Beiträge zum Erfolg unseres Unternehmens. Unser Gehalt hängt von der Wichtigkeit unserer Beiträge ab. Dies ist das grundlegende Prinzip unserer Gitterorganisation.

Viele andere Aspekte werden ähnlich geregelt. Auf dem Parkplatz gibt es keine reservierten Plätze außer für Kunden und Behinderte. Es gibt nur einen Bereich zum Einnehmen der Mahlzeiten. Die Kantine in jedem neuen Werk soll ein zentraler Ort der Mitarbeiterbegegnung sein. Dave McCarter aus Phoenix erklärt: „Das Design ist kein Zufall. Die Kantine in Flagstaff hat einen Kamin in der Mitte. Wir wollen, daß die Mitarbeiter gern hier sind." Auch der Standort des Werks ist kein Zufall. Die Standorte werden nach Verkehrsanschluß, Nähe einer Universität, Schönheit der Umgebung und Klima ausgesucht. Grundstückspreise sind nie eine primäre Überlegung. McCarter rechtfertigt die Auswahlkriterien so: „Expansion ist langfristig nicht teuer. Geld wird da verloren, wo man Menschen in einen Kasten steckt."

Gores Führungsansatz setzt darauf, anderen die Macht und Kenntnis zu geben, selbständig und nach bestem Vermögen zu arbeiten. In gewissem Sinne sind die einzigen Chefs der Gore-Mitarbeiter sie selbst. Gore fördert die Entwicklung kreativer, innovativer Selbst-Leiter durch Spitzenführung (andere anleiten, sich selbst zu leiten) in einer totalen Superteamorganisation.

Arbeiten ohne Struktur und Management

Nicht jeder kommt mit einem solchen System gut zurecht, insbesondere Neulinge. Wer in seiner Arbeit an eine strukturierte Umgebung gewöhnt ist, kann Anpassungsprobleme haben. Wie Bill Gore sagte: „Die meisten von uns haben ihr ganzes Leben lang in ihrer Arbeit gesagt bekommen, was sie tun sollen, und sind verunsichert, wenn sie die Option haben, nein zu sagen. Es ist die Verantwortung des neuen Mitarbeiters, herauszufinden, was er oder sie zum Erfolg des Betriebs beitragen kann."

Die meisten neuen Mitarbeiter haben vielleicht anfangs Mühe, passen sich dann aber schnell an. Für solche, die strukturiertere Arbeitsbedingungen brauchen, ist Gores flexibles System nicht geeignet. Laut Bill ist es für sie „eine unglückliche Situation, für sie und ihren Sponsor. Wenn es keinen Beitrag gibt, gibt es auch keinen Lohn."

Ron Hill, ein Mitarbeiter in Newark, betonte, daß das Unternehmen für solche Personen geeignet ist, „die vorwärtskommen wollen". Mitarbeitern werden viele Weiterbildungsmöglichkeiten im Werk geboten. Sie sind aufgrund des Unternehmenstyps technisch und maschinell orientiert, aber es werden auch Führungsentwicklungsprogramme im Werk angeboten. Das Unternehmen unterhält außerdem Kooperationsprogramme für Mitarbeiter zum Besuch von Universitäten und anderen externen Bildungsinstituten. Gore kommt für den größten Teil der Kosten auf, aber die Mitarbeiter müssen die Initiative ergreifen.

Anita McBride, eine Mitarbeiterin in Phoenix, ist sich darüber im klaren, daß Gore „nichts für jeden ist. Leute fragen mich, ob wir Kündigungen haben, und die Antwort ist: Ja. Was Sie sehen, sieht aus wie Utopia, aber es sieht auch extrem aus. Wenn man das System endlich durchschaut, kann es sehr aufregend sein. Wer damit nicht klarkommt, der muß gehen – wahrscheinlich auf eigenen Wunsch, weil man so frustriert ist."

Nur in wenigen Fällen versuchte ein Mitarbeiter, „unfair zu sein", wie Bill es ausdrückte. Solche Unfairneß kann chronische Abwesenheit oder Stehlen einbeziehen. „Wenn das passiert, geht die Hölle los", sagte Bill Gore. „Wir können verdammt autoritär sein, wenn es sein muß."

Mit den Jahren wurde Gore mehrmals mit Bestrebungen zur gewerkschaftlichen Organisation konfrontiert. Die Firma riet Mitarbeitern weder ab, Gewerkschaftsversammlungen zu besuchen, noch rächte sie sich für die Verteilung von Flugblättern. Jeder Versuch war erfolglos. Bill glaubte, daß in der Gitterstruktur kein Bedarf für eine Repräsentation durch eine dritte Partei existierte. Er fragte: „Warum sollten Mitarbeiter sich gewerkschaftlich organisieren, wenn das Unternehmen ihnen gehört? Das ist ziemlich absurd."

Mitarbeiter bei Gore sein kann eine einzigartige und herausfordernde Erfahrung sein, wie das Beispiel von Jack Dougherty zeigt. Dougherty, ein frischgebackener M.B.A., meldete sich zu seinem ersten Arbeitstag bei Gore, vor Entschlossenheit platzend, in einen dunkelblauen Anzug gekleidet. Er stellte sich Bill Gore mit einem festen Händedruck vor, sah ihm in die Augen und sagte, daß er für alles bereit sei. Bill Gore antwortete: „Das ist prima, Jack. Warum siehst du dich nicht um und suchst dir etwas, das du gern machen würdest." Drei frustrierende Wochen später fand er etwas. Mit Jeans bekleidet lud er Stoff in den Rachen einer Maschine, die Gore-Tex, das patentierte Gewebe der Firma, auf andere Stoffe laminiert. Sechzehn Jahre später war Jack für die gesamte Werbung und das Marketing der Stoffgruppe verantwortlich.

Diese Geschichte gehört zur Folklore bei Gore. Heute ist der Prozeß etwas strukturierter. Neue Mitarbeiter durchlaufen zuerst andere Abteilungen, bevor sie in ihrer Position seßhaft werden, ohne Rücksicht auf die jeweilige Position. Ein neuer Verkäufer für die Stoffabteilung könnte sechs Wochen durch verschiedene Abteilungen rotieren, bevor er sich um den Verkauf und das Marketing kümmert. Unter anderem könnte er lernen, wie Gore-Tex hergestellt wird, was es leistet und was nicht, wie Gore auf Kundenbeschwerden reagiert und wie es seine Investitionsentscheidungen trifft. Anita McBride hatte dies über ihre frühen Erfahrungen bei W. L. Gore zu sagen:

> Bevor ich bei Gore anfing, hatte ich für eine strukturierte Organisation gearbeitet. Als ich hierher kam, war mein erster Monat gut strukturiert, da ich ein Trainingsprogramm durchlief. Dies ist, was wir machen, und dies ist, worum es bei Gore geht. Ich hatte dieses Training in Flagstaff. Nach einem Monat kam ich nach Phoenix, und mein Sponsor zeigte mir mein Büro, ein wunderschönes Büro, und ging weg. Und ich dachte, was mache ich nun? Ich wartete auf ein Memo oder sonstwas oder eine Stellenbeschreibung. Nach einem Monat war ich schließlich so frustriert, daß ich dachte, wo bin ich da bloß hineingeraten? Ich ging zu meinem Sponsor und sagte: „Was zum Teufel willst du von mir? Ich brauche etwas von dir!" Und er sagte:

„Wenn du nicht weißt, was von dir erwartet wird, analysiere deine Verpflichtungen und Chancen."

Anita fand etwas; sie steht heute an der Spitze des Personalbereiches in Phoenix.

Unstrukturierte Forschung und Entwicklung

Die Forschung und Entwicklung ist wie alles andere bei Gore ohne Struktur. Es gibt keine formale F&E-Abteilung, und doch hält das Unternehmen über 150 Patente. Die meisten Erfindungen werden als patentrechtlich geschützte oder Handelsgeheimnisse gehalten. Jeder Mitarbeiter kann sich ein Stück rohes PTFE besorgen, „dummer Wurm" genannt, und damit experimentieren. Bill Gore glaubte, daß jeder Mensch Kreativität in sich habe.

Die Arbeitsweise der F&E-Abteilung läßt sich am besten durch ein Beispiel beschreiben. Gores Draht- und Kabeldivision sah sich 1969 mit verstärkter Konkurrenz konfrontiert, und Bill Gore suchte daher nach einem Weg, die PTFE-Moleküle zu entwirren, so daß eine ganz neue Art von Material entstünde. Wenn PTFE gedehnt werden könnte, könnte Luft in seine Molekularstruktur eindringen. Ergebnis wäre ein größeres Volumen pro Pfund rohen Materials, ohne die Materialvorteile zu beeinträchtigen. Die Herstellungskosten könnten so reduziert werden – und die Profitmargen erhöht. Er machte sich in wissenschaftlicher Manier mit seinem Sohn an die Arbeit. Die beiden Gores erhitzten PTFE-Stangen auf verschiedene Temperaturen und dehnten sie dann vorsichtig aus. Egal, welche Temperatur oder wie vorsichtig sie vorgingen, die Stangen brachen. Als Bob eines Abends nach unzähligen Fehlversuchen allein noch arbeitete, riß Bob brutal an einer der Stangen. Zu seiner Überraschung zerbrach sie nicht. Er versuchte es wieder und wieder, mit gleichem Ergebnis. Am nächsten Morgen demonstrierte Bob seinem Vater den Durchbruch, aber nicht ohne eine gewisse Dramatik. Bill Gore erinnerte sich so daran: „Bob wollte mich überraschen, also nahm er eine Stange und dehnte sie vorsichtig. Natürlich brach sie entzwei. Dann tat er, als ob er wütend würde, ergriff eine andere Stange, sagte: ‚Zum Teufel damit' und riß mit einem Ruck daran. Sie brach nicht entzwei ... er hatte es geschafft." Die neue Anordnung der Moleküle veränderte nicht nur die Draht- und Kabeldivision, sondern führte zu der Entwicklung von Gore-Tex und eine Menge anderer Produkte.

Erste Feldversuche von Gore-Tex wurden von Bill und seiner Frau Vieve im Sommer 1970 durchgeführt. Vieve nähte per Hand ein Zelt aus Flicken von Gore-Tex. Sie nahmen es mit auf ihren jährlichen Campingtrip in die Wind River Mountains in Wyoming. In der ersten Nacht verursachte Hagel Löcher in

Die Organisation als Superteam 125

der Zeltspitze, aber der Boden füllte sich mit Wasser wie eine Badewanne. Wie Bill feststellte: „Wenigstens wußten wir durch all das Wasser, daß das Zelt wasserdicht war. Wir mußten das Material lediglich etwas verstärken, so daß es Hagel widerstünde."

Die zweitgrößte Division nahm ihren Anfang auf einem Skihang. Bill war dort mit einem Freund, Ben Eiseman, einem Chirurg am Denver General Hospital. Als sie gerade eine Abfahrt starten wollten, erinnerte sich Bill, „zog ich geistesabwesend einen kleinen Röhrenabschnitt Gore-Tex aus der Tasche und betrachtete es. ‚Was ist das?' fragte Ben, und ich erklärte ihm die Eigenheiten des Materials. ‚Fühlt sich gut an', sagte er. ‚Wofür benutzt man es?' ‚Keine Ahnung', sagte ich. ‚Gib es mir', sagte er, ‚und ich wende es bei einer Gefäßverpflanzung an einem Schwein an.' Zwei Wochen später rief er mich aufgeregt an und sagte: ‚Bill, ich habe es in ein Schwein verpflanzt, und es funktioniert. Was mache ich jetzt?' Ich riet ihm, sich an Pete Cooper in unserem Flagstaffwerk zu wenden und ihn darüber nachdenken zu lassen." Heute laufen Hunderttausende von Menschen überall auf der Welt mit Gore-Tex-Gefäßverpflanzungen herum.

Jeder Mitarbeiter ist aufgefordert zu denken, experimentieren und einer möglicherweise profitablen Idee bis zur Lösung nachzugehen. An einem Werk in Newark, Delaware, entwickelte ein Mitarbeiter mit nur minimaler Schulbildung an einem Wochenende eine Maschine, die Tausende von Metern Draht pro Tag aufwickelt. Viele andere Mitarbeiter haben durch ihre Ideen zu Produkt- und Prozeßdurchbrüchen beigetragen.

Innovationen und Kreativität sind selbst ohne eine Abteilung Forschung und Entwicklung bei Gore gut entwickelt. Im Jahr vor seinem Tod behauptete Bill, daß „die Kreativität und die Zahl der Patente und Innovationen das Dreifache" von DuPont sei. Im allgemeinen scheinen die Mitarbeiter auf das Gore-System des Un-Management und der Un-Struktur positiv reagiert zu haben. Bill Gore schätzte, daß der Profit pro Mitarbeiter doppelt so hoch war wie bei DuPont.

Mit Vorsicht anzuwenden: Un-Management und Un-Struktur haben Grenzen

Obwohl die Gitterstruktur und der unstrukturierte Managementansatz bei Gore eine bemerkenswerte und vielversprechende organisatorische Neuerung zu sein scheint, sollte sie mit einiger Vorsicht betrachtet werden. Sie sollte wie jedes andere neue System in bezug darauf bewertet werden, wie sie zur Organisation, der Kultur und den Zielen eines Unternehmens paßt.

126 Selbstmanagement ohne formale Teams

Bill Gore sagte: „Von Zeit zu Zeit bekomme ich zu hören, daß eine Gitterstruktur nicht gut mit einer Krise fertigwerden kann, weil es zu lange dauert, einen Beschluß zu fassen, wenn es keine Chefs gibt. Das ist aber nicht wahr. Ein Gitter funktioniert aufgrund seiner Merkmale in einer Krise besonders gut. Weil es keine starre Managementhierarchie zu überwinden gibt, werden eine Menge nutzloser Anstrengungen vermieden."

Das Gitter ist bei vielen Gelegenheiten auf die Probe gestellt worden. 1975 zum Beispiel berichtete Charles Campbell von der Universität Pittsburgh, daß eine künstliche Arterie aus Gore-Tex ein Aneurysma, einen blasenähnlichen, lebensbedrohenden Propfen, gebildet habe, der explodieren werde, wenn er sich weiter ausdehne. Diese Art von Problem mußte offensichtlich schnell und dauerhaft gelöst werden.

Wenige Tage nach seinem Bericht flog Dr. Campbell nach Newark, um Bill und Bob Gore und einigen der Mitarbeiter seine Ergebnisse zu präsentieren. Bill Hubis, ein ehemaliger Polizist, der zu Gore gekommen war, um neue Produktionsmethoden zu entwickeln, hatte noch vor Ende des Treffens eine Idee. Er ging zu seinem Arbeitsplatz und probierte verschiedene Techniken aus. Nach nur drei Stunden und zwölf Versuchen hatte er eine Dauerlösung gefunden. In drei Stunden wurde ein potentiell zerstörerisches Problem für die Patienten und die Firma gelöst. Überdies erhielt Hubis geänderte künstliche Ader weitgehende Anerkennung in der medizinischen Welt.

Andere Kritiker waren Außenseiter, die Probleme damit hatten, daß es bei Gore keine Titel gibt. Sarah Clifton, Mitarbeiterin des Flagstaffwerks, wurde von einigen Außenstehenden bedrängt, was ihr Titel sei. Sie erfand einen und ließ einige Visitenkarten damit drucken: „Supreme Commander". Als Bill davon hörte, war er sehr angetan und erzählte die Anekdote weiter.

Eric Reynolds, ein Kritiker und Hauptkunde von Gore, meinte: „Das Gitter hat seine Probleme damit, die alltäglichen Probleme zu bewältigen und aus der Welt zu schaffen. Ich glaube, daß Bill nicht wahrnimmt, wie das Gittersystem auf Kunden wirkt. Ich meine, wenn man mit jemandem eine Beziehung aufgebaut hat und eines Tages anruft, findet man heraus, daß jetzt jemand für die Angelegenheit zuständig ist, den man nicht kennt. Dieses Fehlen von Kontinuität ist frustrierend." Jedoch: „Ich muß zugeben, daß ich persönlich bei Gore bemerkenswerte Beispiele dafür gesehen habe, wie Leute aus dem Nichts sich auszeichnen."

Bill Gore, dachte, daß es etablierten Firmen sehr schwerfallen würde, das Gitter anzuwenden. Zu viele Hierarchien würden zerstört. „Wenn man Titel und Positionen entfernt und Mitarbeitern erlaubt zu folgen, wem sie wollen, so kann dies sehr leicht jemand anders sein als die Person, die vorher verantwortlich gewesen war. Das Gitter funktioniert hier, aber es entwickelt sich ständig. Man muß mit Problemen rechnen." Er behauptete, daß das Gittersystem am besten in Neugründungen dynamischer Entrepreneure funktionierte.

Zusammenfassung und Schlußfolgerungen

Auf der Suche nach Antworten auf eine Vielzahl erheblicher Herausforderungen – unter anderem internationaler Wettbewerb, ein schnell wechselndes Arbeitsheer und das geschäftliche Umfeld – haben heutige Unternehmen mit einer Auswahl organisatorischer Ansätze experimentiert. Der Ansatz, den wir in diesem Kapitel vorgestellt haben, hat keine dauerhaften Teams und keine Manager. Die Gitterstruktur und das Un-Management bei Gore könnte man sich als einen sich selbständig entwickelnden Teamansatz ohne Chefs vorstellen. In der Gitterstruktur haben es alle Gore-Mitarbeiter direkt mit allen anderen Mitgliedern der Organisation zu tun. In gewissem Sinne wird die gesamte Unternehmung zum leistungsstarken Superteam. Zusätzlich bilden sich viele temporäre und fließende Teams, die sich besonderer Projekte und Fragen annehmen. Der Gore-Ansatz ist eine bemerkenswerte Alternative zum formalen Teamansatz.

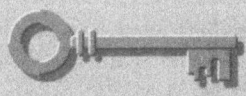
Schlüssellektionen für Unternehmen ohne Bosse

1. Die Rolle des Managements und der Führungsstil müssen neu definiert werden. Kern dieses Machtdelegations-Ansatzes ist eine Perspektive, die die Rolle der Selbstführung für jeden Mitarbeiter erkannt hat. Bei Gore spricht man vom Un-Management, wo es keine Chefs oder Manager gibt, aber jede Menge Führende. Führende tauchen auf, wenn sie benötigt werden, und Mitarbeiter entwickeln sich zu dynamischen Selbstführern.

2. Organisation und Struktur müssen ebenfalls neu definiert werden. Eine konkrete Befehlskette und definierte Hierarchie sind keine Charakteristika, die W. L. Gore beschreiben würden. Gore hat nur zwei Führungspositionen (Präsident und Finanzleiter), und diese auch nur aufgrund von Vorschriften des Körperschaftsrechts. Jeder andere ist ein Mitarbeiter ohne einen zugeordneten Titel. Man spricht bei Gore von Un-Struktur, nicht von Struktur. Das Gitter ermöglicht es allen Mitarbeitern, mit jedem anderen im System direkt zu kommunizieren, ohne durch eine Befehlskette zu gehen.

3. Die Lücke, die durch das Fehlen von Struktur und Management entsteht, kann zum Teil durch eine Unternehmenskultur und Normen wieder aufgefüllt werden. Gore verläßt sich auf Sponsoren und nicht auf Manager, die weniger erfahrenen Mitarbeitern Anleitung geben und als ihre Fürsprecher dienen. Worauf es ankommt, sind Innovation, Teamarbeit und selbständige Bemühung, und die Mitarbeiter sind sich darüber völlig im klaren. Die Gore-Kultur fördert Fairneß, Freiheit und Engagement in einem Gesamtsystem, das Beiträge zum ganzen Unternehmensteam betont.

4. Während formale, relativ dauerhafte Teams vielleicht nicht benötigt werden, so ist doch eine Menge Teamarbeit nötig. Gore stützt sich stark auf fließende, sich von allein bildende temporäre Teams und ein allgemeines Engagement dafür, etwas zum gesamten Unternehmen beizutragen.

5. Ein unstrukturiertes System, das individuelle Freiheit betont und individuelle Initiative verlangt, kann für einige Mitarbeiter ein schwieriger Übergang sein. Vielen Gore-Mitarbeitern gefällt das System

sehr gut. Die anderen gehen weg. Realistische Jobausblicke für Bewerber sowie Orientierung und Schulung, die neue Mitarbeiter darauf vorbereiten, mit einem hohen Grad an Autonomie klarzukommen, sind wichtige Zutaten für Unternehmen, die ein ähnliches System erwägen.

6. Forschung und Entwicklung unstrukturiert zu belassen und gleichzeitig jeden zu ermutigen, sich daran zu beteiligen, kann Innovationen zuträglich sein. Bei Gore ist jeder aufgefordert, mit neuen Ideen zu experimentieren. Einige der wichtigsten Produkte sind aus Ideen „normaler" Arbeiter entstanden, die eine Idee hatten und den Mut und die Freiheit, diese weiterzuverfolgen.

7. Das Gore-System ist mit Vorsicht zu betrachten. Während W. L. Gore einige beeindruckende Ergebnisse erzielt hat, haben Kritiker auf mögliche Defekte des Systems hingewiesen. Bill Gore hat argumentiert, daß das Gittersystem am besten in einer Neugründung mit einem dynamischen Unternehmer funktionieren würde. Wir meinen, daß viele der Prinzipien, die dem Gore-System zugrunde liegen, von den meisten Unternehmen angenommen werden könnten, allerdings nicht blindlings. Sich auf autonome Teams ohne Manager zu verlassen, ist vielleicht nicht für alle der richtige organisatorische Ansatz, aber es ist eine Überlegung wert.

8. Betrachtet man die gesamte Organisation als ein Team, so ist die Gittermetapher die Struktur, die diese radikale Idee ausführbar macht.

7. Teams und Total Quality Management: Ein internationales Konzept

Kuala Lumpur, Ort der Handlung dieses Kapitels, ist eine geschäftige Stadt von 1,2 Millionen Einwohnern, die eine Vielzahl von Sprachen sprechen, die gebräuchlichsten Chinesisch, Tamilisch, Bahasa-Malaiisch und Englisch. (Viele Menschen in Kuala Lumpur sprechen sehr gut Englisch.) Es geht in diesem Kapitel um ein Unternehmen, das sich mit der Zeit von einer traditionellen Managementstruktur zu Total Quality Management mit autonomen Teams entwickelt hat. Dieser Fall zeigt, wie Teams und TQM zusammen angewandt werden können. Kuala Lumpur ist auch Ort eines Wunders, das sich nicht auf vielen Touristenreiserouten findet, für das aber manche, darunter die Autoren, eine 23stündige Flugreise auf sich nehmen, um es zu sehen. Das Halbleiterwerk von Texas Instruments Malaysia befindet sich im Industriepark Ampang/Ulu Klang, nahe dem Zoo. Das Werk ist eines der besten Beispiele weltweit für die geplante Integration autonomer Teams in eine TQM-Umwelt. TQM ist in diesem Werk das Hauptwerkzeug für den Übergang in das Unternehmen ohne Bosse.

Das Unternehmen: Texas Instruments Malaysia

Texas Instruments errichtete Texas Instruments Malaysia (TIM), eine hundertprozentige Tochter, im November 1972 auf einem 60 702 Quadratmeter großen Gelände in der Nähe von Kuala Lumpur. Die 23 225 Quadratmeter große Anlage wurde zur Produktion integrierter Schaltkreise für den Gebrauch in Computern und verwandten Produkten gebaut. Zwanzig Jahre später produziert sie etwa drei Millionen Megachips pro Tag, von denen viele zu Unternehmen in Japan verschifft werden. TIM beschäftigt 2 600 Mitarbeiter, die bis auf eine Handvoll alle Malaien sind.

Malaysia ist ein guter Standort für internationale Unternehmen. Das Geschäftsklima ist günstig, und die Malaien sind gut ausgebildete und hart arbeitende Menschen mit Hingabe zur Qualität. Die Anziehung ist offenbar gegenseitig. Ergebnisse von TIMs jährlicher Mitarbeiterumfrage ergaben positive Beurteilungen zwischen 85 und 90 Prozent. Dies stellt die höchste Zustimmung aller Texas-Instruments-Werke in Südostasien und eine der höchsten weltweit dar.

Die positive Atmosphäre und der gegenseitige Respekt sind im Werk evident. Die Mitarbeiter lächeln und grüßen Besucher, selbst auf der Produktionsebene. Die Cafeteria, in der Verkaufsstände der drei großen ethnischen Kulturen (Malaiisch, Chinesisch und Tamilisch) Speisen verkaufen, ist oft anläßlich von Feiertagen mit Fahnen geschmückt. Oft finden nach Feierabend Feierlichkeiten statt, wie Abendessen mit Familien zur Anerkennung von Firmenzugehörigkeitsjahrestagen, der jährliche Ball des Freizeitkomitees und der jährliche Tag des Sports. Mitarbeiterqualitätspreise werden öfters vergeben, und ein hervorragendes Firmenmagazin, Gema TIM, erscheint alle zwei Monate. Das Unternehmen tritt außerdem aktiv als Stadtbürger auf, vom Sponsoring des Malaysian Young Enterprise Program bis zu Blutspendeaktionen.

Die Entwicklung der Organisationsstruktur bei TIM

Die Belegschaft von TIM ist relativ erfahren, 60 Prozent haben mehr als zehn Jahre Berufserfahrung. Durch Kostensenkungen und weniger Hierarchieebenen wird die Organisation sich weiter in Richtung einer flacheren Struktur verändern. Daher gibt es in der Zukunft weniger Chancen für das traditionelle Erklettern der Karriereleiter. Malaysias boomende Wirtschaft und Industrialisierung lassen außerdem einen Mangel an gut ausgebildetem Fachpersonal auf dem Arbeitsmarkt erwarten.

TIM hat daher nach einem Weg gesucht, wie man Mitarbeitern intern Gelegenheiten bieten könnte, ihre Leistung und gleichzeitig ihre Fertigkeiten und Qualifikation zu verbessern. Die Antwort war, Verantwortung auf die unterste Ebene auszuweiten. Wie sie dies bewerkstelligt haben, ist Gegenstand dieses Kapitels. Jerry Lee nennt dies „Bildung der flexiblen Organisation".

Die Entwicklung dieser Form der organisatorischen Struktur bei Tim begann 1972. Die Grundform oder ursprüngliche Struktur des Werks war die traditionelle funktional-vertikale Hierarchie, charakterisiert durch getrennte und spezialisierte Abteilungen und Verhaltensweisen, die man als protektionistisch und „den Rücken deckend" bezeichnen könnte. Das Werk war bis 1980, dem Beginn der „elfjährigen Forschung", in dieser Weise organisiert. Abbildung 4 erläutert die Entwicklung von TIMs Organisationsstruktur.

1989 las Mohd Azmi Abdullah über Peter Druckers Konzept des Arbeiterselbstmanagements und diskutierte ihn mit anderen. Von besonderem Interesse für die TIM-Manager waren die drei Voraussetzungen für Selbstmanagement: produktives Arbeiten, ständiges Rückmelden zum Ermöglichen der Selbstführung und eine ständig lernende Umgebung. Mohd Azmi Abdullah erinnert sich: „Wir dachten, das Konzept sieht sehr gut aus, aber wie wendet man es an? Wir fanden keine Methode, daher konnten wir es nicht ausprobieren." Aber der Same war gesät.

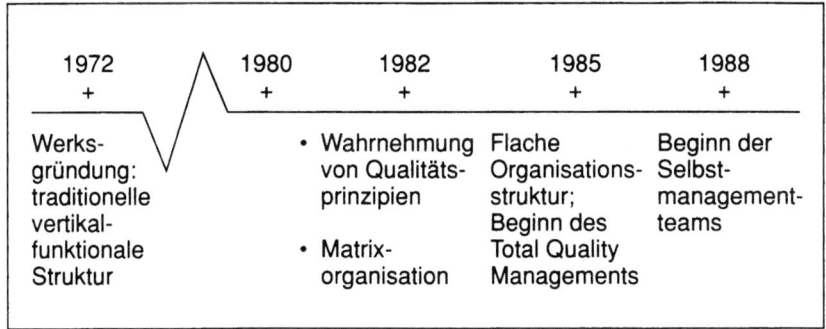

Abbildung 4: *Organisatorische Veränderungen bei Texas Instruments Malaysia*

Bis 1982 hatte TIMs Struktur sich in eine Matrixform entwickelt, die durch eine Verflechtung der traditionellen vertikalen Organisation mit Projektmanagement gekennzeichnet ist. Diese Matrixstruktur zeichnete sich durch den typischen Konflikt zwischen Projektmanagementbedürfnissen und der vertikalen Hierarchie aus. Drei Jahre später wurde TIM von einem Phänomen mitgerissen, das weltweiten Einfluß erlangte: das Konzept des Total Quality Management. Zu jener Zeit waren die Sichtweisen von Deming und Juran besonders einflußreich. Die Geschichte dieser beiden Pioniere, ihre anfängliche Ablehnung in den Vereinigten Staaten und die „Umarmung" in Japan, ist wohlbekannt und soll hier nicht wieder aufgewärmt werden. Es ist jedoch interessant zu beobachten, daß Sichtweisen und Beiträge sowohl US-amerikanischen als auch japanischen Managements bei TI Malaysia immer mit einigem Interesse betrachtet und bewertet worden sind – vielleicht aufgrund Japans geographischer und kultureller Nähe.

Seit 1980 ist Total Quality weltweit ein Schwerpunkt von Texas Instruments. In einer Broschüre des Unternehmens, „Management Perspective: Customer Satisfaction Through Total Quality", schreibt Chairman, President und CEO Jerry R. Junkins: „In den letzten paar Jahren haben wir unsere Kultur bei TI verändert, um uns auf Total Quality zu konzentrieren. Dieses Konzept ist heute gut eingeführt, und die Grundsätze garantierter Kundenzufriedenheit in Anwendung, aber man muß Total Quality als einen kontinuierlichen Prozeß sehen, und unsere Reise entlang dieses Pfads ist ohne Ende." Die drei Elemente von Kundenzufriedenheit durch Total Quality sind:

- der Kunde ist Mittelpunkt
- kontinuierliche Verbesserung
- Einbeziehung der Mitarbeiter

Junkins schreibt: „Hingebungsvolle Mitarbeiter, die ihre Ideen durch Teamarbeit beitragen, sind mehr als alles andere für unseren fortlaufenden Erfolg lebensnotwendig." Dieses Engagement des Elternunternehmens für Total Quality war für den Wandel bei TIM ein wichtiger Hintergrund.

Qualitätsverbesserungsteams und Effektivitätsteams

Von den Ideen Jurans errangen besonders diejenigen, die sich mit der Selbstkontrolle des Maschinenbedienungspersonals befaßten, die Aufmerksamkeit von Mohd Azmi Abdullah. Wie Drucker betonte auch Juran die Voraussetzungen für eine erhöhte Mitarbeiterbeteiligung: Kenntnis darüber, was von einem erwartet wird, Fähigkeit, die eigene Leistung zu überwachen, und die Fähigkeit, die eigenen Handlungen durch einen Entscheidungsprozeß zu regulieren. Juran schlug auch ein Modell vor, wie Selbstkontrolle in Operationen eingebaut werden könnte. Bei TIM nahmen seine Ideen in Quality Circles und ihren nahen Verwandten, den Qualitätsverbesserungsteams, Gestalt an, beide dazu geschaffen, Mitarbeiter in Wege zur Qualitätsverbesserung und Kostensenkung mit einzubeziehen.

Qualitätsverbesserungsteams, die zur Lösung bestimmter Probleme oder Fragen gebildet werden, nahmen ihren Anfang in den Management- und Ingenieursbüroetagen. Den Grund dafür erklärt Mohd Azmi: „Nach Dr. Juran sind 80 Prozent oder mehr der Probleme vom Management kontrollierbare Probleme. Viele System-, Design- und andere Probleme sind vom Maschinenoperateur nicht kontrollierbar." Die ersten Qualitätsverbesserungsteams bestanden aus Managern und Spezialisten aus verschiedenen Abteilungen und mit verschiedenen Funktionen. Ein solches Team könnte zum Beispiel gebildet werden, um die Dauer eines Zyklusses zu verkürzen. Der Herstellungsleiter würde mit der Bildung des Teams beauftragt werden und Teammitglieder aus anderen Abteilungen rekrutieren – Rechnungswesen, Planung, Produktion, Anlagen und so weiter. Durch die Bildung dieser Teams auf diese Weise würden Barrieren zwischen Abteilungen abgerissen werden. Das Einbrechen der Barrieren zwischen Abteilungen würde zum Entfernen physischer Barrieren führen. Bei TIM sitzen heute Mitarbeiter aus allen Funktionen – Monteure, Ingenieure, Planer – in einem Gemeinschaftsraum zusammen.

Nach dem Erfolg der Qualitätsverbesserungsteams auf der Management- und der Akademikerebene wurden Effektivitätsteams (Quality Circles) der Arbeiter gebildet. Sie bestanden aus Mitarbeitern desselben Arbeitsbereiches und trafen sich regelmäßig, um bestimmte Qualitäts-, Produktivitäts- oder Kundendienstprobleme zu lösen. Quality Circles werden mitunter als Vorläufer autonomer Teams gesehen und haben zu mehreren beispielhaften Umschichtungen in Unternehmen beigetragen, die sie erfolgreich eingesetzt haben. Zu diesen Beiträgen zählen unter anderem der Wert des Inputs von Mitarbeitern in die Lösung von Problemen, der Wert von überkreuz-funktionaler (zwischen Abteilungen oder Positionen) Problemlösung und eine klare Demonstration davon, wie beteiligt und engagiert die meisten Mitarbeiter werden, wenn sie in den Entscheidungsfindungsprozeß mit einbezogen werden.

TIM-Mitarbeiter sind wie in andern Unternehmen mit Quality Circles aufgefordert, untereinander effektvolle Teams zu bilden. Ein Teamleiter wird gewählt und speziell ausgebildet. Dann wählt jedes Team ein arbeitsbezogenes Problem als Projekt aus und trifft sich regelmäßig, um es zu diskutieren, wobei es nach einer Problemlösungsmethode vorgeht. Das Team gibt schließlich eine Empfehlung zur Lösung des Problems ab und stellt diese in einer formalen Präsentation dem Werksmanagement vor.

Ein Effektivitätsteam von TIMs Tauchlötstation (ein Arbeitsschritt zur Herstellung von Halbleiterplatten) hat neun Mitglieder – Techniker und Terminüberwacher. Obwohl sie in verschiedenen Schichten arbeiten, schaffen sie es doch, sich wöchentlich zu treffen und an ihrem Projekt zu arbeiten. Ihr erstes Projekt, das ein schwieriges Produktionsproblem löste, gewann einen Preis. Als ihr zweites Projekt entschieden sie sich, nach Verbesserungsmöglichkeiten bei dem sogenannten Lötbad-Kurbelsystem (Eintauchverfahren mittels Kurbeltrieb) zu suchen. Ihre Empfehlungen wurden wiederum verwirklicht, lösten ein anderes Produktionsproblem und sparten dem Unternehmen Zeit und Geld. Die Teammitglieder bekamen wieder einen Anreizpreis (ein Alles-Inklusive-Wochenendtrip), es wurde in Gema TIM über sie berichtet, und sie hielten eine Präsentation. Teamleiter Lien S. S.:

> ET (das Effektivitätsteam) hat uns die Gelegenheit gegeben, unser Problem zu lösen, und hat unsere Arbeit einfacher gemacht. Außerdem haben wir gelernt, Probleme systematisch zu lösen, was uns in der Schule nie gelehrt wurde. Es bringt uns wie eine Familie zusammen, die für ein gemeinsames Ziel arbeitet. Unsere Kommunikation ist besser geworden. Wir verstehen einander, die Kooperation ist besser und, das Beste, wir werden anerkannt.

Eine der Hauptmethoden zum Erlernen der systematischen Lösung von Problemen ist das Quality-Circle-Verfahren, ein Problemlösungsverfahren, das in Japan verbreitet angewandt wird. Dies sind die Schritte:

1. Ein Thema (Problem) wählen; schließt die Begründung, warum der Quality Circle das Problem wählte, ein Pareto-Diagramm (das die Hauptfaktoren des Problems zeigt) und bestimmte Ziele für die Teamaktivitäten ein.

2. Die Situation verstehen. Die Teammitglieder wenden statistische Prozeßkontrollverfahren wie Histogramme und Ursache-und-Wirkung-Diagramme an, um das Problem zu analysieren und die Bandbreite der Qualitätsabweichungen zu identifizieren.
3. Das Ziel bestimmen. Anhand verfügbarer Daten werden bestimmte Verbesserungsziele und Zieldaten festgesetzt.
4. Faktoren, die zu dem Problem beitragen, analysieren und Gegenmaßnahmen ergreifen, die zum Erreichen des Ziels führen.
5. Ergebnisse messen. Greifbare Ergebnisse wie verringerte oder eliminierte Qualitätsabweichungen sowie nicht greifbare Ergebnisse wie eine wachsende Erkenntnis der Bedeutung täglicher Qualitätskontrollen oder verbesserter Qualitätsverfahren unter den Arbeitern werden berichtet.
6. Maßnahmen zur Verhinderung von Rückfällen entwickeln. Teammitglieder entwickeln Gegenmaßnahmen, die jegliches erneute Auftreten des Problems verhindern sollen. Oft werden Verfahrenshandbücher erstellt oder aktualisiert, um die Verbesserungen zu standardisieren.
7. Einsichten entwickeln und über zukünftige Richtungen nachdenken, ein unter dem Begriff Kaizen zusammengefaßtes Konzept.

Aufgrund der positiven Reaktion auf Effektivitätsteams wurde im Dezember 1989 ein Rat zur Koordination von Teamaktivitäten und Werbung für eine Erweiterung des Programms gegründet. Der Rat ist für die Unterstützung und Förderung der Teams, Koordination von Schulungsmaßnahmen für Teamleiter und Mitglieder und Hilfestellung bei der Vollendung von Projekten, soweit notwendig, verantwortlich. Der Rat plant, ein Ressourcencenter mit audiovisueller Ausstattung und Lesematerial einzurichten, Preise für vollendete Teamprojekte zu fördern und jährliche Veranstaltungen zu organisieren. Teams, die ihre Projekte abgeschlossen haben, werden im TIM-Magazin anerkannt und können ihr Projekt bei der jährlichen TI Malaysia/TI Singapore ET Präsentation vorstellen.

Qualität an der Quelle

Das Quality-Circle-Verfahren ist nur eines der Instrumente von TIM-Mitarbeitern. Seit 1985 haben TIM-Manager die Selbstkontrolle der Operateure in die Praxis umgesetzt. Zunächst lehrten sie die Operateure, Probleme zu erkennen und Lösungen zu finden; dann gaben sie ihnen Verantwortung, Entscheidungsspielraum und die Autorität, die Lösungen zu verwirklichen.

Die Operateure erhielten ein umfassendes Training, das ihnen das Wissen und die Fertigkeiten vermittelte, die sie zur Überwachung ihrer eigenen Arbeit, zum Suchen nach und Erkennen von Qualitätsabweichungen und zur Beurteilung einer Problemsituation brauchten. In vielen Fällen polierte oder standardisierte es lediglich bestehende Kenntnisse. TIM war wie die meisten anderen Unternehmen als Fließbandsystem organisiert worden, in dem jeder Arbeiter einen bestimmten Job ausführt. Am Ende des Fließbands waren Qualitätskontrollinspektoren in separater Funktion dafür verantwortlich, Qualitätsprobleme zu entdecken. Die Arbeiter am Band wurden nicht aufgefordert, oder es wurde ihnen gar nicht erlaubt, auf Probleme aufmerksam zu machen. Das war Aufgabe gut ausgebildeter Quality-Circle-Inspektoren. Überall auf der Welt kursieren Witze über Fließbandarbeiter, die nicht „für's Denken bezahlt" werden und schweigend zusehen, wie defektes Material das Band verläßt. Manchmal wurde es zum Spiel: „Werden die Inspektoren jenes Stück Abfall ausmachen? Ha! Sie haben es übersehen!" Im Endergebnis litten die Qualität und der Kunde.

Juran hatte erklärt, daß für das Funktionieren einer Selbstkontrolle der Operateure drei Anforderungen erfüllt sein müßten. Die erste, Kenntnis dessen, was von einem erwartet wird, wurde bei TIM dadurch erreicht, daß die Operateure nun für die Überwachung der Qualität ihrer Arbeit verantwortlich waren. Es wurden Qualitätsschulungen abgehalten und Job Descriptions geändert, um Qualität an der Quelle zu fördern.

Jurans zweite Voraussetzung, die Fähigkeit, die eigene Leistung zu überwachen, wurde durch Schulungen erzielt, die das Wissen und die Fertigkeiten für die Qualitätsprüfung und -kontrolle vermittelten. Die Operateure lernten statistische Prozeßkontrolltechniken, die in den fünfziger Jahren in Japan entwickelt wurden, und Instrumente wie Paretodiagramme, Kontroll-Charts, Ursache-und-Wirkung-Diagramme wurden eingeführt.

Die dritte Anforderung, die Fähigkeit, die eigenen Aktivitäten durch einen Entscheidungsfindungsprozeß zu regeln, wurde durch die Anwendung von Demings PDCA-(Plan-Do-Check-Act-)Kreislauf, das Quality-Circle-Verfahren und andere Systeme für die Problemlösung und Entscheidungsfindung gelehrt. Die Schulungen wurden von den Qualitätsinspektoren durchgeführt. Eine größere Zahl dieser Kontrollposten wurde anschließend eliminiert, da diese Funktion nun zum Aufgabenbereich der Operateure gehörte. Den ehemaligen Inspektoren wurden andere Verantwortungen übertragen.

Nachdem die Operateure die Prinzipien und Werkzeuge für Qualität an der Quelle erlernt hatten, wurden sie ermächtigt, sie anzuwenden. Die Autorität zu handeln ist ein Hauptaspekt dieser Ermächtigung. Die Operateure bei TIM hatten die Befugnis, das Band anzuhalten, wenn sie einen Fehler entdeckten. Vorher hatten nur die Qualitätsinspektoren diese Befugnis, wobei sie ein Formular für die Abschaltung von Maschinen ausfüllen mußten.

Autonome Arbeitsteams als Instrument für Total Quality

TIM wendet autonome Arbeitsteams heute als integralen Bestandteil seiner Entwicklung in eine TQM-Kultur an. Mohd Azmi sagt: „Alle Qualitätsaktivitäten hier verfolgen den Zweck, die Kunden zufriedenzustellen. Kunden achten auf Qualität, Kosten, Service und so weiter. Aber bei TIM genießen Personalentwicklung und Kundenzufriedenheit gleiche Priorität. Warum? Man kann keine Kundenzufriedenheit erreichen, wenn die Mitarbeiter nicht entsprechend ausgebildet sind. Personalentwicklung ist die Ursache, und Kundenzufriedenheit ist die Wirkung oder das Ergebnis." Die Mitarbeiter sind sehr stolz auf ihre Fähigkeit, die strengen Qualitätsanforderungen ihrer japanischen Kunden zu erfüllen. Mohd Aszmi: „Es ist nicht leicht, in den japanischen Markt einzudringen. Sie kommen und prüfen monatelang. Sie inspizieren die Zugangsstraße zum Werk, und wenn sie einen Zigarettenstummel finden, putzen sie einen runter und sagen: ‚Ihr meint, Eure Leute könnten Qualität produzieren, und sie haben nicht einmal Disziplin?' Aber wir hören ihnen zu und führen eine Menge Verbesserungen durch." Überall im TIM-Werk sieht man Messingschilder mit dem Wort KAIZEN. Man versucht hier jedoch, in der ständigen Verbesserung nicht nur einen Slogan zu sehen.

Ein weiteres eindrucksvolles Symbol für das Engagement zur Total Quality befindet sich in der Nähe eines der Haupteingänge zum Werk. Es ist der Qualitätsgarten, ein üppiger und sehenswerter Garten, der um ein Marmormonument herum angelegt ist, auf dem als Inschrift TIMs Engagement zum TQM zu sehen ist (siehe Kasten). Japanische Besucher sollen von dieser schönen und dauerhaften Mahnung sehr beeindruckt gewesen sein.

Nach der Umstrukturierung des Werks zur Integration von Qualität an der Quelle gingen TIM-Manager 1989 einen Schritt weiter und begannen, die sogenannte flexible Organisation zu verwirklichen. Die Struktur der flexiblen Organisation hat drei Teile: ein Qualitätssteuerungsteam (der Werksleiter und sein Stab), ein Verfahrensmanagementteam (mittlere Manager und Ingenieure, die ihren Expertenrat und Anleitung bereitstellen) und autonome Arbeitsteams. Diese drei Gruppen haben zwei gemeinsame Grundfunktionen: Erhaltung und Verbesserung, die zwei Pfeiler ständiger Verbesserung. Nach Jurans Modell garantiert die Erhaltungsfunktion die Funktionstüchtigkeit von Prozessen, sucht aktiv nach Problemsituationen, überwacht die Qualität und fördert totale Beteiligung. Die Verbesserungsfunktion verkörpert KAIZEN; die ständige Verbesserung von Arbeitsstandards und Qualität. „Halte das Gewonnene – verbessere – halte das Gewonnene – verbessere."

> **Der Qualitätsgarten**
>
> Das malaiische Werk von Texas Instruments ist in einer exotischen Umgebung gelegen. Kuala Lumpur gibt mit seinen üppigen tropischen Pflanzen und seiner reichhaltigen kulturellen Vielfältigkeit einen faszinierenden Hintergrund für autonome Teams ab. Der riesige Industriekomplex selbst gleicht jedoch auf den ersten Blick unzähligen anderen Produktionsbetrieben. Da sind mehrere Gebäude mit fabrikartigem Aussehen, die sich mit gepflasterten Parkplätzen, gefüllt mit Reihen von Autos der Angestellten, abwechseln. Im Innern sind Arbeitsräume wie in einer Bienenwabe, die von Produktivität wimmeln. Entlang den langen Fluren befinden sich Konferenzräume, Pausenräume, Trinkbrunnen und viele Schauobjekte des Unternehmens, all dies trägt zum bekannten Eindruck einer Fabrik bei, wenn auch einer sehr sauberen, ordentlichen.
>
> Ein Besucher, der das Werk durch einen bestimmten Haupteingang betritt, kann leicht einen kleinen Garten unmittelbar zur Rechten der Eingangstür übersehen. Dieser gepflegte Garten enthält eine wunderschöne Ausstellung sorgfältig arrangierter tropischer Pflanzen, die ein natürliches, für das Auge wohltuendes Bild erzeugen. In der Mitte des Gartens ist ein kleines steinartiges Gebilde, das ein Monument zu sein scheint. Es ist der Qualitätsschrein des Werks – eine ständige Mahnung und ein Symbol für TIMs Engagement für Qualität. Der Garten ist ein besonders passendes Symbol der Betonung auf Total Quality bei TIM. Garten und Stein formen eine natürliche Mischung unzähliger Lebewesen zu einem Produkt vollständiger Qualität. Es stellt auf kreative und eindrucksvolle Weise die Hingabe zu Total Quality dar.

Zur Einleitung der Bewegung in Richtung autonomer Teams führte TIM zuerst die totale produktive Instandhaltung ein, ein weiteres Konzept aus Japan, das die Effektivität der Ausrüstung mittels eines totalen Systems vorsorglicher Instandhaltung über die gesamte Nutzungsdauer der Ausrüstung hinweg zu maximieren sucht. Die Mitarbeiter werden motiviert, dieses Ziel durch Kleingruppen und freiwilliges Handeln zu erreichen. Wie bei der Qualität an der Quelle, ist dieses Konzept dazu angelegt, Arbeitern mehr Verantwortung zu geben als bloßen Bedienern von Maschinen; sie sind mit der Erhaltung der Funktionstüchtigkeit ihrer Ausrüstung beauftragt. Dieses Konzept verlagert die Verantwortung für Routineinstandhaltung von der Instandhaltungsabteilung auf die Maschinenoperateure.

Es bedarf mehrerer Schritte, dieses Konzept einzuführen. Zunächst lernen die Operateure, ihre Maschinen nach Standardverfahren zu reinigen. Dann lernen sie, die Maschine einzustellen, wenn etwas falsch läuft. Vorher hatten sie die Maschine anhalten müssen und den Vorarbeiter zu informieren, selbst bei nur kleinen Fehleinstellungen. Der Vorarbeiter füllte dann einen Antrag für die Instandhaltung aus, der vielleicht am nächsten Tag (oder später!) beantwortet wurde. Obwohl viele erfahrene Operateure diese kleineren Einstellungen selbst ausführen konnten, war es ihnen nicht gestattet. Im nächsten Schritt übernehmen die Arbeiter die Verantwortung für die gesamte Inspektion der Maschine anhand eines Handbuches mit anschließender vorsorgender Erhaltung. Sie lernen im Detail, wie jede Operation der Maschine sich auf die Qualität ihres Produkts auswirkt. Am Ende ist jeder Operateur für die gesamte vorsorgliche Erhaltung seiner Maschine verantwortlich. Der Prozeß dauert im allgemeinen drei Jahre.

TIMs Vizepräsident Murugan erklärt: „Am Anfang wurden Maschinen nur repariert, wenn ein Schaden aufgetreten war. Dann wurde die zeitbezogene vorsorgliche Erhaltung eingeführt. Dies wurde durch das Hinzufügen der Zustandsüberwachung und weiter verbessert. Totale produktive Instandhaltung bezieht Teilnahme ein. Ihr Erfolg hängt von der Kooperation und Teilnahme jedes einzelnen ab." Nach Murugan sind die Vorteile totaler produktiver Instandhaltung eine erhöhte Produktivität durch die Eliminierung von Ausrüstungsverlusten, bessere Qualität, ein minimaler Lagerbedarf von Ersatzteilen, keine Verschmutzung, eine sichere Arbeitsumgebung durch die Eliminierung von Unfällen und eine angenehme Arbeitsumgebung. Eine spezielle Methode bei TIM sind die Fünf S. Jedes S steht für ein japanisches Wort und einen Aspekt der Beteiligung: Seiri (Reinigen), Seiton (Ordnung), Seiso (Fegen und Waschen), Seiketsu (gute Haushaltung) und Shitsuke (Disziplin). Murugan nennt die Fünf S „einfache Regeln, jeden Ort sauber und ordentlich zu erhalten, sei es das Heim oder der Arbeitsplatz".

Autonome Teams bei TIM

Das Ziel war, alle Mitarbeiter in der Produktion bis zum Jahr 1993 in autonome Teams einzubeziehen. Im Juni 1992 waren etwa 85 Prozent Mitglieder autonomer Teams. Nach Quality Circles, Qualität an der Quelle und totaler produktiver Instandhaltung/autonomer Instandhaltung waren die tägliche Verwaltung und das tägliche Management durch Teams die nächsten wichtigen Bausteine zur flexiblen Organisation. Die tägliche Verwaltung bedeutet, daß Teams Routinetätigkeiten von Führenden übernehmen: die Anwesenheit notieren,

Kontrolle des Materialverbrauchs, Qualitätskontrolle, Überwachung der Zykluszeiten, Sicherheit und Fließbandprüfungen. TIM orientierte sich an verschiedenen amerikanischen Unternehmen als Maßstab für die tägliche Verwaltung für die Teams. Milliken & Company, Textilhersteller, hat zum Beispiel sehr gute Programmablaufpläne und behauptet, daß ein Team mit einem guten Programmablaufplan Probleme um fünfzig Prozent verringern kann. Florida Power & Light sagt, daß sie bei allem, was sie tun, die Kundenzufriedenheit im Auge behalten, so daß jeder herausgefordert ist, die Wirkung auf den Kunden in den Mittelpunkt zu stellen. Auch japanische Unternehmen wurden als Maßstab benutzt. Toyota Motor zum Beispiel behauptet, daß Mitarbeiter wissen müssen, warum bestimmte Dinge auf bestimmte Weise getan werden, und regte TIM dazu an aufzuschreiben, warum bestimmte Dinge auf eine bestimmte Weise getan wurden. Es gibt sogar schriftliche Erklärungen für das Notieren der Anwesenheit und die Wirtschaftsführung.

Tägliches Management kommt voller Autonomie, wie TIM sie definiert, am nächsten: „Ein Team, das zusammenarbeitet und seinen Prozeß ohne jegliche Führung von außen managt." Mohd Azmi merkt an, daß tägliches Management „eine Kontrollhandlung beinhaltet, die Qualität, Kosten, Lieferung und Kundendienst in sich vereint und alle kritischen Problemquellen verbindet, vom Management bis zur untersten Organisationsebene. Es beinhaltet ein standardisiertes Verfahren für das Erkennen und Lösen von Problemen und kann auf jeder Organisationsebene angewandt werden." Low Say Sun, Personalentwicklungsleiter, fügt hinzu: „Im täglichen Management wird von ihnen erwartet, daß sie Abnormalitäten entdecken und Korrekturmaßnahmen ergreifen sowie Verbesserungen in ihrem Arbeitsbereich vornehmen, indem sie Problemlösungstechniken und Qualitätskontrollinstrumente anwenden. Es ist genau wie die Führung eines Geschäfts. Natürlich werden Manager oder Förderer für Hilfe zur Verfügung stehen. Jemand wird sich um das Team kümmern. Schulungen werden ihnen die nötigen Kenntnisse für das Managen ihres Prozesses beibringen." Als erstes erhalten Teammitglieder etwa fünfzig Stunden Training in den Bereichen Quality-Circle-Verfahren, Qualitätskontrollwerkzeug zur Problemlösung, Teambildung, tägliches Management, Analyse, Kapazität, Kommunikation und anderen Bereichen. Die Schulungsabteilung wurde um acht Mitarbeiter erweitert, deren einzige Aufgabe es ist zu lehren, coachen und Mitglieder in Richtung auf die Reife als voll funktionierende autonome Teams zu unterstützen. Viele der Ausbilder sind ehemalige Produktionsvorarbeiter, deren Aufgaben nun von autonomen Teams ausgeführt werden.

Schwierigkeiten entlang des Weges

War jeder gleichermaßen dabei, als klar wurde, daß TIM in Richtung auf autonome Teams marschierte? Ein Mitarbeiter erinnerte sich:

> Es gab die Sorge, daß einige der höheren Techniker nicht mit dem Selbstmanagement einverstanden wären und weggehen würden. Wie sich herausstellte, macht ihnen der Ausbilderjob aber Spaß, und sie finden mehr Erfüllung darin als in ihrem alten Job.
>
> Das wichtigste in diesem oder jedem anderen Programm ist gute Kommunikation von Anfang an. Verbirg nie etwas vor den Arbeitern. Sage ihnen gleich, worum es geht, wie lange es dauern wird, welche Rolle sie dabei spielen, in welcher Weise sie betroffen werden. Alles muß am Anfang gesagt werden. Unser Werksmanager hält einmal im Monat eine Betriebsversammlung ab. In diesen Versammlungen erklärt er die Grundlagen, und ich schließe daran an mit Gruppen von 30 Leuten und gehe mehr ins Detail oder beantworte ihre Fragen.

Nicht alle Manager und Führenden haben den Übergang geschafft. Ein Manager dominierte sein Team mit seiner Egozentrik. Er konnte sich dem Teamsystem nicht anpassen. Er wollte alle Entscheidungen selbst treffen. Am Ende wechselte er zu einem Elektronikunternehmen mit traditionellem Managementstil.

Ein anderes Problem ist die Frage, was mit den ehemaligen Vorarbeitern geschehen soll. Diese Gruppe ist nicht ohne Grund sehr besorgt um die Sicherheit ihrer Arbeitsplätze. Viele ehemalige Vorarbeiter sind Ausbilder, Förderer oder technische Spezialisten geworden. Einige haben TIM verlassen. Aber keiner ist entlassen worden.

Haben die Arbeiter mehr Lohn verlangt, als ihnen klar wurde, daß Selbstmanagement mehr Verantwortung in ihren Jobs bedeutete? Da den Arbeitern von vornherein gesagt wurde, daß der Gang zum Selbstmanagement nicht mit finanziellen Anreizen verbunden sein würde, war dies kein Thema. Selbst wenn die Firma das Gehalt der Vorarbeiter, deren Posten eliminiert wurden, auf die 1600 Arbeiter in der Produktion aufteilte, käme dies auf nur zehn Dollar pro Arbeiter. Es ging mehr um die Freiheit und Entwicklung der Arbeiter. TIM erwägt jedoch ein Gewinnbeteiligungsprogramm, sobald die ehrgeizigen Verbesserungsziele übertroffen werden.

Leistungsergebnis

Ein Ergebnis von TIMs Qualitätsverbesserungsaktionen sind begeisterte Mitarbeiter. Ein Techniker erzählte Mohd Azmi: „Bevor wir die autonomen Teams hatten, beschriftete ich einen Posten, bei dem ich Probleme hatte, mit einem Schildchen „Auf Ingenieur warten". Am nächsten Tag kam dann der Ingenieur und reparierte den Schaden. Aber jetzt, nachdem wir durch diese Schulungen für autonome Teams gegangen sind und ich weiß, warum mein Job in der Beziehung zum Kunden so wichtig ist, habe ich ein sehr schlechtes Gewissen. Jetzt verstehe ich. Jetzt weiß ich, daß ich den Zyklus um einen Tag verlängere, wenn ich einen Posten anhalte und auf den Ingenieur warte, und das ist schlecht für den Kunden. Jetzt weiß ich, daß Kundenzufriedenheit unsere oberste Priorität ist."

Ein Manager erklärt: „Autonome Teams sind der Weg, den die meisten Unternehmen in Zukunft gehen werden. Arbeiter sind heute besser ausgebildet, motiviert, verantwortungsvoll und besser in der Lage, ihre Arbeit ohne ständige Anleitung auszuführen. Wir können stolz darauf sein, daß TI Malaysia weltweit zu den ersten bei TI zählt, die dieses System eingeführt haben. Es ist ein kreativer Weg, Talente zu nutzen, und es gibt die Gelegenheit, zu lernen und sich weiterzuentwickeln. Gleichzeitig macht es das Leben interessanter und lohnender." Mohd Azmi fügt hinzu:

> In der Vergangenheit parkten einige Techniker ihr Hirn außerhalb des Fabrikzauns. Sie kamen mit einem Körper und Händen zur Arbeit und gingen wieder nach Hause. Heute haben wir Techniker, die ihr Hirn bei der Arbeit benutzen und auch Arbeit mit nach Hause nehmen. Ist das nicht unglaublich? Und sie sind glücklich! Ich glaube, daß dies etwas ist, das die Leute wirklich wollen. Jetzt, durch den Einstieg in das Selbstmanagementteamkonzept, schaffen wir eine Umgebung, in der sie einen gewissen Spielraum haben zu wählen, was sie tun wollen. Ich glaube, daß einige, die ihren Job in der Vergangenheit nie gern getan haben, jetzt die Gelegenheit haben, sich auszusprechen. Da gibt es mitunter Überraschungen. Manche Arbeiter, die wir bisher nicht für sehr intelligent hielten und von denen wir dachten, daß sie nicht viel beizutragen hätten, kommen heute mit Paretodiagrammen und fragen, warum bei einem bestimmten Posten die Zykluszeit gestiegen ist oder warum andere Probleme bestehen. Jetzt kommen sie zu uns und zeigen uns Analysen! Wir sind sehr aufgeregt, weil da eine Menge Potential ist, das wir anzapfen können, wenn wir die nötige Ausbildung und Coaching und Unterstützung bereitstellen. Ich glaube, daß da eine Menge herauszuholen ist.

Abschließend einige Zahlen:

- TIM schreibt allein den Qualitätsverbesserungen Ersparnisse von fünfzig Millionen Dollar innerhalb von zehn Jahren zu.
- Es ist ein deutlich positiver Haltungswandel zu verzeichnen, demonstriert durch die Tatsache, daß die jährlichen Haltungsumfrageergebnisse jedes Jahr steigen und in den letzten beiden Jahren zu den höchsten bei TI weltweit zählten.
- 35 Prozent von TIMs Produktion wird an japanischen Kunden verkauft, vor 1985 war dies null. Alle großen japanischen Elektronikunternehmen kaufen Produkte von TIM, und einige haben erklärt, daß die Qualität bei TIM der von Deming-Preis-Gewinnern in Japan gleichkommt.
- Als Ergebnis der Selbstkontrolle der Maschinenoperateure wurden anhaltende Anstiege in der Ausbeute und Qualität verzeichnet. Die durchschnittliche Fehlerquote wurde zwischen 1982 und 1990 um das Zehnfache reduziert.
- 1989 errang TIM Malaysias Preis für Herstellungsexzellenz.
- Im Dezember 1991 gewann TIM den Exzellenzpreis für Qualitätsmanagement des Internationalen Handels- und Industrieministeriums.
- Die Zahl der verschifften Einheiten stieg zwischen 1980 und 1991 von 400 Millionen auf eine Milliarde pro Jahr, während die Zahl der Halbleitermitarbeiter von 2500 auf 2000 zurückging, ein dramatischer Anstieg des Outputs pro Person.
- Die Relation Operateur-zu-Vorarbeiter verringerte sich von 60:1 auf 200:1, während die Zahl der Vorarbeiterpositionen sich von 79 auf 18 verringerte. Der Plan lautet, diese Zahl noch weiter zu reduzieren.
- Es gab nachweisliche Zunahmen in der Sauberkeit und Betriebszeit der Maschinen; die Betriebsdauer zwischen Ausfällen hat sich um das Vierfache erhöht, und die Ausfallzeit beträgt nur noch 25 Prozent des früheren Wertes.
- 38 Prozent der Arbeiter verzeichneten 1990 eine 100prozentige Anwesenheit.
- Die Produktzykluszeit konnte auf die Hälfte reduziert werden.

Schlußfolgerungen

Als Teil seiner Prinzipien hat Texas Instruments sich zur Erzielung von Kundenzufriedenheit durch Total Quality verpflichtet. Ein Teil dieses Plans spiegelt sich in den Unternehmenswerten wider: „Wir werden eine Umgebung schaffen, in der Menschen als Individuen wertgeschätzt und mit Respekt und Würde, Fairneß und Gleichheit behandelt werden. Wir werden danach streben, ihre beruflichen Ziele zu definieren und zu erreichen." Diese Philosophie geht

TIM noch einen Schritt weiter mit der Erklärung: „Unsere Philosophie ist es, eine Atmosphäre zu pflegen, in der alle Mitarbeiter motiviert und in der Lage sind, ihre Talente und Fertigkeiten zur Förderung von Kundenzufriedenheit und Kundenerfolg zu nutzen." Oft hört man auch das Wort Familie als Metapher zur Beschreibung der Philosophie und Praxis bei TIM.

Abbildung 5 stellt die Attribute zusammen, die zum Erfolg von TIM beitragen. Kern dieser Attribute sind die Werte, die sich auf den Mitarbeiteraspekt der Gleichung beziehen. Total Quality Management und Teams sind bei TIM integriert, so daß die Organisation wirklich ohne Chefs funktionieren kann.

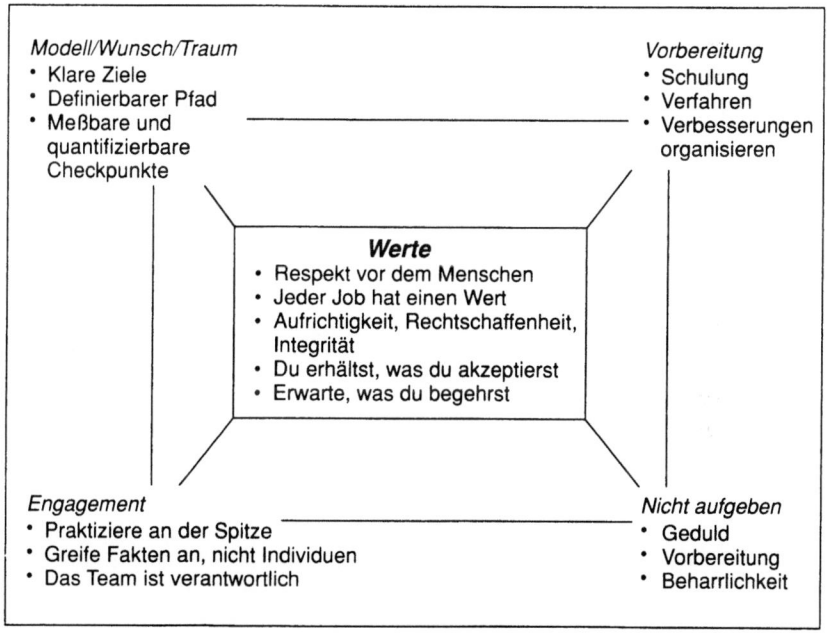

Abbildung 5: Erfolgsattribute bei Texas Instruments Malaysia

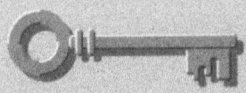

Schlüssellektionen für Unternehmen ohne Bosse

1. Der Wandel bei TIM wurde durch eine Gesamtphilosophie geleitet, die erstens von der Muttergesellschaft stammt und zweitens von der einzigartigen Interpretation durch TIM.

2. Der Wandel wurde von oben durch einen Topmanager, den Betriebsleiter, in die unteren Ebenen inspiriert, der eine klare Vision hatte, die die Personalentwicklung und das Selbstmanagement als Kernstücke auf dem Weg zur Exzellenz sah.

3. Eine Evolution der organisatorischen Struktur von einer vertikalen Hierarchie zu einer flachen, mit weniger Ebenen ging mit der Betonung auf Selbstmanagement einher.

4. Die Suche nach Exzellenz durch Total Quality diente als primärer Antrieb des Wandels.

5. Autonome Teams auf der Produktionsebene sind eine logische Erweiterung des Total Quality Management und werden erst möglich, wenn die Prinzipien der Qualitätsexzellenz erfüllt sind.

6. Die Organisation legt weiterhin großen Wert auf Schulung bis zu einem sehr hohen Grad; die Ausbildung schließt neben dem technischen Training auch soziale, organisatorische und Selbstmanagementfertigkeiten ein. Viele ehemalige Vorarbeiter sind jetzt als Ausbilder tätig.

7. Der Wandel war durch einen langsamen, aber stetigen Fortschritt über einen relativ langen Zeitraum von zwölf Jahren gekennzeichnet. Zu keiner Zeit war eine Transformation über Nacht erwartet worden.

8. Der Wandel ging nicht ohne einige Schwierigkeiten entlang des Weges vonstatten, da nicht jeder Mitarbeiter über die gleiche Bereitschaft und Fähigkeit zur Anpassung an die Anforderungen der flexiblen Organisation verfügte.

8. Das Strategieteam: Teams an der Spitze

Dieser Fall handelt von Teamarbeit als einem entscheidenden Element beim Entwerfen und Umsetzen von Geschäftsstrategien. Im Gegensatz zu früheren Kapiteln geht es hier um ein Netzwerk von Teams, die sich durch das Engagement des Teams an der Spitze, des Führungsteams, überall im Unternehmen bilden. Teams und Teamarbeit spielen in diesem Fallbeispiel eine wichtige Rolle, obwohl das Unternehmen die Bezeichnung Team normalerweise nicht im Zusammenhang mit dem Strategieentwurf benutzt. Nichtsdestoweniger sind Beziehungen und Kommunikation in und zwischen Teams wichtige Teile des Strategieentwurfs.

Dieses Unternehmen betont ausdrücklich die Bedeutung gemeinsamer Werte, die sowohl die Unternehmenskultur definieren als auch zur teamähnlichen Atmosphäre beitragen. Wir konnten auch beobachten, daß gemeinsame Werte zu den Hauptantriebsfaktoren der Strategiefindung in diesem Unternehmen zählen.

Zunächst wollen wir den Begriff Strategieteam klären. In Wirklichkeit gibt es keine einzelne Gruppe bei AES, der wir dieses Etikett anheften könnten. Das Strategieteam ist vielmehr ein Netz von Einzelpersonen und Teams, die zusammen eine Strategie definieren.

Das Unternehmen: AES Corporation

Die AES Corporation, vormals Applied Energy Services, Inc., ist ein unabhängiger Energieproduzent; sie entwickelt, besitzt und betreibt Elektrizitätskraftwerke und verkauft Strom an öffentliche Unternehmen. Alle bisherigen Anlagen sind Heizkraftwerke, eine Energieerzeugungstechnologie, bei der zwei oder mehr nutzbare Energieformen wie Elektrizität und Dampf aus einer Brennstoffquelle (Kohle oder Erdgas) erzeugt werden.

AES wurde 1981 partnerschaftlich von Roger W. Sant (Vorstandsvorsitzender und Generaldirektor) und Dennis W. Bakke (Präsident und Betriebsleiter) als eine Gesellschaft in privater Hand gegründet. Die Unternehmensgründung stellte eine Reaktion auf bestimmte gesetzliche und geschäftliche Änderungen in der regulierten Versorgungsindustrie dar. Der Kongreß verabschiedete als Erwiderung auf die Energiekrise der siebziger Jahre den Regulierungsakt der öffentlichen Versorgungsindustrie. Ergebnis war, daß sich in den Vereinigten Staaten ein bedeutender Markt für elektrische Energie, produziert von unab-

148   Das Strategieteam

hängigen Kraftwerksbetreibern, entwickelte. AES war einer der ersten in diesem Markt und ist heute einer der größten unabhängigen Energieproduzenten.

Es ist erklärtes Ziel der AES, den Strombedarf durch das Angebot einer sauberen, sicheren und verläßlichen Energiequelle decken zu helfen. Sie verfolgt dieses Ziel durch die Bildung einer Reihe unabhängiger Kraftwerke, die alle als Heizkraftwerke ausgeführt sind. Bevor AES die Finanzierung für ihr erstes Kraftwerk gesichert hatte, kamen die Einkünfte der Firma aus der Beratungstätigkeit im Bereich Energieplanung für Versorgungsunternehmen, Regierungsstellen und anderen an der Energieversorgung Interessierten. AES betreibt diese Dienste auch weiter, obwohl sie keinen bedeutenden Teil der Einkünfte mehr darstellen. Nach Ansicht von Roger Naill, dem Vizepräsidenten, sind Beratungsdienste ein Weg, um mit der wirtschaftlichen und technologischen Entwicklung auf dem laufenden zu bleiben.

Die Firma hat seit 1983 expandiert und betreibt nun fünf Werke, zwei weitere Anlagen sind im Bau, und zusätzliche Projekte für die Vereinigten Staaten und außerhalb sind im Gespräch. Die Gesamtkapazität der fünf Anlagen liegt bei einer Stromleistung von 860 Megawatt und etwa 182 Tonnen Prozeßdampf pro Stunde. Die Gesamtaktiva aller fünf Werke und angeschlossener Anlagen betrugen Ende 1991 rund 1,4 Milliarden Dollar. Die Gesamtkapazität der beiden im Bau befindlichen Anlagen liegt bei 430 Megawatt Stromleistung und etwa 127 Tonnen Prozeßdampf pro Stunde.

Durch seine Strategie der Betriebsexzellenz hat AES einen hohen Standard der Betriebsführung etabliert und ist in Umweltangelegenheiten im Zusammenhang mit unabhängiger Stromerzeugung führend. Alle von ihr betriebenen Festbrennstoffanlagen (Kohle) verwenden die bestverfügbaren „Saubere-Kohle"-Technologien wie Rostfeuerungen oder Zyklonfeuerungen, das heißt Schmelzfeuerungen mit Flüssigschlackeabfuhr. 1991 lagen die Emissionswerte der Anlagen deutlich unter den von Umweltauflagen erlaubten. AES hat sich außerdem bemüht, die Emission von Kohlendioxid durch die Finanzierung von Projekten wie dem Pflanzen von Bäumen in Guatemala und der Erhaltung von Waldgebiet in Paraguay auszugleichen. AES hat einen in der Stromerzeugungsindustrie überdurchschnittlichen Sicherheitsstandard. Auch die Zuverlässigkeit der Werke lag 1990 und 1991 über dem Durchschnitt.

Ende 1990 erwirtschaftete AES Erträge in Höhe von 190 Milliarden Dollar mit Aktiva in Höhe von 1,12 Milliarden Dollar. 430 Angestellte arbeiteten in seinen Werken und der Zentrale in Arlington, Virginia. Im Juli 1991 ging das Unternehmen an die Börse und verkaufte etwa zehn Prozent des Unternehmens in einem ersten öffentlichen Angebot. Im gleichen Jahr erwirtschaftete das Unternehmen Einnahmen in Höhe von 333 Millionen mit 1,44 Milliarden Dollar

Aktiva. Mitte 1992 erreichte sein Marktwert 1,7 Milliarden Dollar. Im Oktober nahm AES in Fortunes Liste der 100 am schnellsten wachsenden Unternehmen Platz 58 ein. Der Markt bewertet AES klar als einen großen Erfolg.

Kernwerte als strategischer Antrieb

Ein wichtiges, der Strategie von AES zugrundeliegendes Rahmenwerk sind seine vier Kernwerte:

- Integer handeln
- Fair sein
- Freude haben
- Sozial verantwortlich sein

Diese Werte wurden mit der Zeit entwickelt, überwiegend von den Gründern und Führungskräften, und sind als Teil des Emissionsprospekts veröffentlicht worden. „Die vier Werte sind das einzige, an dem wir bei allem, was wir tun, festhalten", sagt Bakke. „Diese Werte durchdringen das Unternehmen und dienen der vereinten Verfolgung seiner Pläne. Sie pflegen außerdem einen starken Teamgeist.

Bakke beschreibt Integrität so: „Es ergibt sich ein Gesamtbild ... Ganzheit, Vollständigkeit." Dies bedeutet in der Praxis, daß alles, was AES-Mitarbeiter irgendwo in der Firma sagen und tun, wirklich und konsequent zusammenpassen sollte. Der Seniorrepräsentant bei AES kann die Firma in jeder Sitzung verpflichten und sich darauf verlassen, daß das Team hinter ihm stehen wird.

Fairneß bedeutet, Mitarbeiter, Kunden, Zulieferer, Aktionäre, den Staat und die Gemeinde, in der die Firma operiert, gerecht und gleichwertig zu behandeln. Zu definieren, was fair ist, ist oft schwierig, aber bei AES glaubt man, daß es hilfreich ist, die Fairneß alternativer Aktionen routinemäßig in Frage zu stellen. Dies kann bedeuten, daß AES zum Nachteil anderer nicht notwendigerweise das beste aus jeder Verhandlung oder Transaktion herausholt. Bakke fragt sich: „Würde ich mich über das Ergebnis einer Sitzung oder über eine Entscheidung mit meinem Mitarbeiter oder Vorgesetzten oder Kunden auf der anderen Seite des Tisches genauso gut fühlen wie auf dieser Seite?" Er sagt auch: „Was uns keine Freude macht, wollen wir nicht. Wir geben auf oder ändern, was wir tun." Sant stimmt zu: „Was einem keine Freude macht, ist es nicht wert zu tun." Daher ist Freude der dritte Wert. AES will, daß seine Angestellten und alle, mit denen es in Kontakt steht, Freude an ihrer Arbeit haben. Bakke führt aus: „Mit Freude meinen wir nicht Partys feiern. Wir sprechen hier von einer

Umgebung, in der Menschen ihre Talente und Fähigkeiten produktiv anwenden können, um einen gesellschaftlichen Bedarf zu erfüllen, und damit die Zeit genießen, die sie bei AES verbringen."

Der vierte Wert ist soziale Verantwortung. „Wir sehen uns als Weltbürger", sagt Bakke. Dieser Wert setzt voraus, daß AES die Verantwortung hat, an Projekten mitzuwirken, die einen gesellschaftlichen Nutzen erfüllen, zum Beispiel niedrigere Kosten für die Kunden, ein hoher Grad an Sicherheit und Zuverlässigkeit, eine steigende Beschäftigtenzahl und eine saubere Umwelt.

Man könnte sich fragen, ob die Verpflichtung zu diesen Werten sich zum Nachteil des Profits oder des Werts für die Aktionäre auswirkt. „Wir haben ausdrücklich gesagt, daß Gewinnmaximierung nicht unser Ziel ist", sagt Bakke. Der Unternehmensprospekt sagt in der Tat: „Einen fairen Gewinn zu erzielen ist ein wichtiges Ergebnis der Lieferung eines Qualitätsprodukts an unsere Kunden. Wenn sich jedoch ein angenommener Konflikt zwischen diesen Werten und dem Gewinn erhebt, so versucht das Unternehmen, zu seinen Werten zu stehen, selbst wenn dies in einem niedrigeren Gewinn oder entgangenen Chancen resultiert. Das Unternehmen sieht das Festhalten an seinen Werten nicht als Mittel zu wirtschaftlichem Erfolg, sondern weil das Festhalten daran ein lohnendes Ziel ist."

Wo ist die Verbindung zwischen den Werten bei AES und Strategie? Diese Frage verdient sorgfältige Überlegung. Viele, wenn nicht die meisten Unternehmen definieren ihre Strategien in Form von Gewinnpotential, Marktanteilschancen oder Minimierung des finanziellen Risikos. Obwohl diese Elemente für AES wichtig sind, sieht das Unternehmen sie in einem größeren Rahmen, der durch die Frage: „Erweitert oder verringert diese Strategie unsere Leistungen, wenn wir sie im Kontext der vier Werte beurteilen?" definiert wird. Roger Naill führt aus: „Wir haben eine Geschäftsstrategie mit bestimmten Zielen, zum Beispiel die Unternehmensziele in unserem Strategieplan, und unsere Werte stellen die Regeln dar, nach denen wir das Geschäftsspiel spielen."

Nehmen wir zum Beispiel das Risikoelement. Die meisten Unternehmen versuchen, das finanzielle Risiko einer potentiellen Strategie einzugrenzen oder zu minimieren, und AES ist keine Ausnahme. Die Kapitalisierungs- und Legalisierungsseite für jedes neue Heizkraftwerksprojekt sind absichtlich von der Hauptunternehmung AES getrennt. Ein Projekt muß von allein bestehen können, ohne die finanzielle Integrität von AES als Ganzes zu bedrohen.

Dennoch scheint das finanzielle Risiko nicht die größten Debatten und sorgfältigsten Erwägungen im Unternehmen hervorzurufen. Die Frage, ob ein potentielles Projekt die gemeinsamen Werte bedroht, scheint wichtiger zu sein.

Bei einem Projekt ging es um einen Partner-Investor für ein vorgeschlagenes Heizkraftwerk-Venture. Dieser Partner besaß eine Tabak-Tochtergesellschaft. Das Risiko dieses Projekts wurde vom finanziellen Aspekt her nicht als vorherrschend angesehen, allerdings unter dem Aspekt der Übereinstimmung der Verbindung mit diesem Partner mit den Werten des Unternehmens. Dennis Bakke gab ein anderes Beispiel: „Als das Unternehmen darüber nachdachte, wie man die Kohlendioxidemissionen und ihre Wirkung auf die globale Erwärmung vermindern könnte, entschied man sich für eine Strategie des Pflanzens und/oder Erhaltens von Bäumen, darunter das Pflanzen von 52 Millionen Bäumen in Guatemala. Diese strategische Entscheidung hat mehr zur sozialen Glaubwürdigkeit des Unternehmens beigetragen als die Tatsache, daß die Kosten der Pflanzaktion den Nettoertrag der Firma in dem Jahr, in dem die Entscheidung getroffen wurde, übertraf."

Bakke beschreibt das Verhältnis zwischen Strategie und Werten so: „Es gibt sowohl eine starke Verbindung als auch gar keine Verbindung. Alle Strategien für die Deckung des Elektrizitätsbedarfs der Welt sind im Kontext der gemeinsamen Werte entwickelt worden. Ob unsere Strategie aber tatsächlich erfolgreich darin ist, die Nachfrage in der Welt nach sauberer, zuverlässiger Elektrizität zu decken, hat nahezu nichts mit den gemeinsamen Werten zu tun." Sant führt aus:

> Wir haben deutlich gemacht, daß die Werte sich nicht mit der Zeit ändern würden. Sie wurden als grundlegende Wahrheiten angesehen. Es gab keine Zweideutigkeiten. Es mag unklar sein, was fair ist und was nicht, aber es gab keine Zweifel darüber, daß wir wirklich fair sein wollten, und es war unwahrscheinlich, daß dies sich dahingehend ändern würde, daß wir unfair sein wollten, während Strategien sich ständig ändern. Wir können jetzt annehmen, daß Kohlekraftwerke wirklich eine gute Strategie sind, aber wir sollten wissen, daß solche Dinge sich ändern. Wir werden uns nicht darauf festlegen lassen, oder wir geraten in Schwierigkeiten. Wir sollten uns darüber im klaren sein, daß es einige Dinge gibt, zu denen wir fest stehen sollten. Bob Waterman nannte dies in seinem Buch „Auf der Suche nach Spitzenleistungen" festlocker. Wir stehen fest zu unseren Werten und sehr locker zu fast allem anderen. Es ist jedoch wichtig, daß die gewählte Strategie den Werten nicht widerspricht.

AESs gemeinsame Werte trugen zu dem Teamgeist bei, der die Firma durchdringt. Der Inhalt der Werte ermutigt AES-Mitarbeiter, sich selbst als Mitglieder des AES-Teams zu sehen statt als Individuen. Integrität betont das Bedürfnis einzelner, Verpflichtungen zu erfüllen – ihre eigenen als auch die des Unternehmens. Fairneß erzeugt Sensibilität gegenüber der Arbeit und den Perspektiven anderer, sowohl innerhalb als auch außerhalb des Unternehmens.

Freude, wie sie bei AES definiert wird, erwächst aus der Anwendung der eigenen Fähigkeiten als Beitrag zum Ganzen. Soziale Verantwortung handelt davon, die Bedürfnisse anderer zu erkennen und darauf einzugehen. Zusammen bilden diese Werte eine nach außen orientierte Denkweise der AES-Mitarbeiter und pflegen den Wunsch, mit anderen zu arbeiten.

Das Verfahren, mit dem die Werte verwirklicht und bewertet werden, trägt zur Teamorientierung bei AES bei. Zum Beispiel wird jeder Manager einmal jährlich danach beurteilt, wie er oder sie die vier Werte in der Arbeit beachtet. Bakke: „Wir beurteilen einander nach technischer Leistung und Leistung in bezug auf die Werte im Verhältnis 50:50." Auf breiterer Ebene sind alle Angestellten aufgefordert, jeden und alles dahingehend herauszufordern, wie strategische und taktische Entscheidungen die Kernwerte widerspiegeln. Dies fördert ein Klima gegenseitiger Verantwortung und dient als ständige Erinnerung daran, daß alle Mitglieder desselben Teams sind. Daher tragen die Kernwerte zu einer Unternehmenskultur bei, die durch eine teamähnliche Atmosphäre gekennzeichnet ist (siehe Kasten).

> **Werksbesuche des Topmanagements**
>
> Ein wichtiger Prozeß, durch den AES ein vereintes Team geworden ist, sind die jährlichen Werksbesuche des Topmanagements des Unternehmens. Dennis Bakke, Präsident:
>
> „Jeder leitende Angestellte muß einmal im Jahr eine Woche in einem der Werke verbringen, zum Teil als symbolischer Akt, aber auch, um einige der Mitarbeiter kennenzulernen. Es gibt ihnen die Chance, uns schlecht aussehen zu lassen. Sie haben ihren Spaß daran, uns dreckig zu sehen oder wenn wir einen Narren aus uns machen. Es gibt ihnen aber auch die Chance, uns zu sagen, was richtig oder falsch gemacht wird. Als ich da draußen war, habe ich erkannt, daß die Leute nicht anders sind. Sie haben die gleiche Motivation, die gleichen Sorgen, und sie machen sich Gedanken um Dinge, um Mitarbeiter und um das Unternehmen. Was ist anders an ihnen? Warum behandeln wir sie anders? Warum werden sie anders geführt als wir in Arlington? Ich stellte diesbezüglich eine Menge Fragen. Warum sind alle Instandthaltungsleute hier in ihrer eigenen Gruppe und Büropersonal in einer anderen? Und hier sind die Maschinenoperateure, und sie können keine dieser Arbeiten selber machen? Instandhaltungsleute müssen herkommen und das machen? Es ist das alte Problem mit den Gewerkschaften, wo du den Dübel hältst und ich ihn in die Wand dübele. Warum machen wir das alles, fragte ich.

Ein Arbeiter beschwerte sich: ‚Die Leute von der Instandhaltung tun nie ihren Job. Ich reiche den Auftrag ein, und es wird nichts erledigt. Aber sie lassen es uns nicht selber machen. Und sie ... .‘ Ich fragte: ‚Wer in aller Welt ist *sie*? Wen meinst du mit *sie*?‘ ‚Na ja, ... die Leute in Arlington oder die Leute im Verwaltungsgebäude oder die Werksmanager.‘ Sie konnten nur selten sagen, wer ‚Sie‘ waren, aber es war jemand da draußen. Jemand anders als sie selbst war für ihre Arbeit verantwortlich und machte sie hilflos. Wir bekamen eine Menge solcher Kommentare zu hören. Und das störte uns sehr."

Bob Hemphill hatte die Idee zu einer größeren Anti-„sie"-Kampagne. Jeder hatte seinen Spaß. Anti-sie. Das große internationale Symbol: „sie" durchgestrichen. „Jeder wird dabei erwischt, ‚Sie‘ zu sagen. Selbst ich. Jemand im Kontrollraum sagt zum Beispiel: ‚Es ist ihnen egal. Sie wollen dies nicht.‘ Wir sagen dann: ‚Wer sind *Sie*?‘ Jetzt machen sie das untereinander, versuchen, die Leute dazu zu bringen, *wir* zu sagen. Ein Reporter kam tatsächlich einmal hierher, um einen Bericht über eins unserer Werke zu schreiben, und das war seine Überschrift für den Artikel: ‚Jeder sagt wir‘."

Die Kampagne gegen „sie" ist nur ein Ableger der jährlichen Besuche der Führungsmanager in den Werken. Jede Führungskraft verbringt wenigstens eine Woche freiwillig in einem bestimmten Werk – nicht zur Erteilung von Anweisungen, sondern zur Teilnahme an der täglichen Arbeit im Werk durch die Übernahme einer Position und Erfüllung aller dort anfallenden Arbeiten. Einige dieser Jobs können ziemlich rauh oder dreckig sein. Bob Hemphill erinnert sich: „Da es meine tolle Idee war, mußte ich als erster gehen. Zufällig ging Dennis zur gleichen Zeit wie ich. Wir beide verbrachten eine Woche damit, alles zu tun, was sie uns auftrugen. Da wir keine Fachkenntnisse hatten, hieß dies, daß wie alle heißen, nassen, dreckigen Jobs oder alles kombiniert zu tun hatten. Obwohl dies hochautomatisierte Werke sind, gibt es noch eine Menge Schleppen, Ziehen, Heben und Schieben. Und es war sehr interessant."

Diese Besuche haben zwei positive Ergebnisse: Erstens sind sie eine Gelegenheit für die leitenden Manager, zuzuhören und aus der unmittelbaren Erfahrung an der Front zu lernen. Wichtiger noch, sie sind eine außerordentlich lebendige symbolische Botschaft an jeden Angestellten. Um bei den Kernwerten des Unternehmens zu bleiben, sie vermitteln die Überzeugung, daß jeder Job wichtig ist und niemand für irgendeine Arbeit zu gut ist – egal, wie schmutzig oder rauh sie ist. In jüngerer Zeit

> haben die Führenden ein Programm gegenseitiger Besuche begonnen; Gruppen von Mitarbeitern jedes Werks besuchen periodisch die Zentrale in Arlington. Die Austauschaktionen rufen überall im Unternehmen starke Loyalitätsgefühle, Engagement und ein Gefühl von Eigentum hervor. Neben der Zugehörigkeit zu ihrem unmittelbaren Arbeitsteam hat jeder Mitarbeiter ein Gefühl für das größere Unternehmensteam.

Das Operationskomitee: Kern des Strategieteams

Das Operationskomitee bei AES ist die Kernbetriebseinheit, von der die Strategie entwickelt wird. Man könnte sich das Komitee als eine Zwiebel mit drei Häuten vorstellen (Abbildung 6). Die innere Haut besteht aus den drei Gründern: Sant, Bakke und Bob Hemphill, dem Vizepräsidenten. Dies ist das Kernvisionsteam – die Gruppe, die zu Anfang die führende Vision hatte und immer noch sehr aktiv an der Verlängerung, Erweiterung und Kommunikation dieser Vision beteiligt ist. Dieses Kernvisionsteam ist ebenfalls „Primus inter pares". Das heißt, obwohl alle Mitglieder des Operationskomitees gleichen Zugang zu und Mitwirkung am Strategieprozeß haben, haben Sant, Bakke und Hemphill in der Praxis mehr Einfluß als die anderen, und sie sind normalerweise beim Managen der Kernwerte des Unternehmens engagierter.

Die mittlere Haut der Zwiebel besteht aus fünf stellvertretenden Vorsitzenden, die bereits mehrere Jahre für AES gearbeitet haben und wichtige unternehmenspolitische Funktionen erfüllen. Diese Schicht hat außerdem eine wichtige externe Verbindung in Roger Naill, der mit der Führung des Planungsteams beauftragt ist. Das Planungsteam ist für die Erforschung der Umwelt nach neuen Geschäftsvorhaben verantwortlich und dient auch als Technologiebewertungseinheit, die das Potential neuer und alternativer Techniken bewertet. Die äußere Haut der Zwiebel wird im allgemeinen von zwei Gruppen gebildet: den Werksleitern und den Leitern von Teams in neuen Geschäftsvorhaben. Die Werksleiter sind für den Betrieb bestehender Energieerzeugungsprojekte verantwortlich. Sie arbeiten an Betriebsstandorten, die geographisch von der Zentrale in Arlington entfernt sind.

Die Teamleiter sind für die Eröffnung und den Start neuer Projektstandorte zuständig. Diese Mitglieder der äußeren Haut dienen außerdem als wichtige Verbindung zu den anderen Unternehmensteilen. Die Werksleiter sind die Hauptverbindungen zu jedem Betriebsstandort, und die Teamleiter sind die Hauptverbindungen zu den Teams in neuen Geschäftsvorhaben.

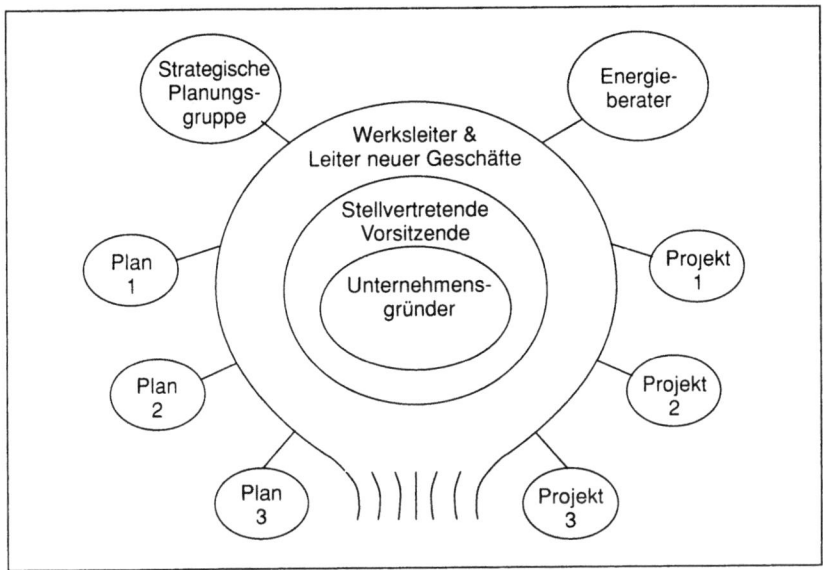

Abbildung 6: Das Operationskomitee bei AES

Obwohl in bezug auf die Funktion Unterschiede zwischen den drei Schichten zu beobachten sind, stellen sie keine strenge Trennung dar; die Grenzen zwischen den Schichten sind sehr durchlässig. Die Beteiligung und der Einfluß von einzelnen im Strategiebildungsprozeß sind weitgehend von Persönlichkeit und Interesse abhängig, weniger von der organisatorischen Struktur. Auf manche Entscheidung, so Naill, „kann ein Werks- oder Teamleiter mehr Einfluß nehmen als einer der oberen Manager, einfach aufgrund seiner Einsichten und Talente."

Das Operationskomitee dient als Kerninfrastruktur, durch die die Strategiebildung ausgeführt wird. Im wesentlichen ist das Komitee ein Netzwerk von Teams, unter denen das Kernvisionsteam im Mittelpunkt steht.

Der Strategiebildungsprozeß

Die Literatur über strategisches Management unterscheidet zwischen dem Prozeß der Strategieformulierung – Definieren einer Strategie – und der Strategieverwirklichung – Anwenden der Strategie. Während diese Unterscheidung in der Theorie sinnvoll erscheint, ist die Trennlinie zwischen den beiden Prozessen in der Praxis oft verschwommen. Dies ist ohne Frage bei AES der Fall, wo

156 Das Strategieteam

Fragen der Formulierung und Verwirklichung auf ganzheitliche und fortlaufende Weise angegangen werden. Wir vereinigen die beiden Prozesse in unserer Beschreibung und nennen den Prozeß Strategiebildung.

Roger Naill erklärt: „Wir ändern unsere Strategie ständig. Sie ändert sich wenigstens einmal pro Jahr und vielleicht zweimal im Jahr, seit ich hier bin. Wir haben nie dieselbe Strategie." Strategische Flexibilität war von Beginn an charakteristisch für AES. Roer Sant erinnert sich, während er die Gründung der Firma beschreibt: „Wir hatten eine Menge Meinungen, die sich als falsch erwiesen. Die Daten wiesen auf eine Gelegenheit der einen Art hin, und der Markt wies in die andere Richtung. Daher paßten wir uns mit der Zeit den Gegebenheiten an und entschieden schnell, daß die Heizkraftwerkseite des Geschäfts es als einzige wert war, verfolgt zu werden."

Ein jährlicher Prozeß

AES veranstaltet jedes Jahr einen von unten nach oben ausgerichteten strategischen Planungsprozeß (Abbildung 7). Die strategische Planungsgruppe erstellt und verteilt eine Broschüre mit Planungsdaten an die Teilnehmer. Die eintägigen strategischen Planungssitzungen werden in jedem Werk jedes Jahr im September abgehalten. Bei diesen Versammlungen kommen die Werksangestellten

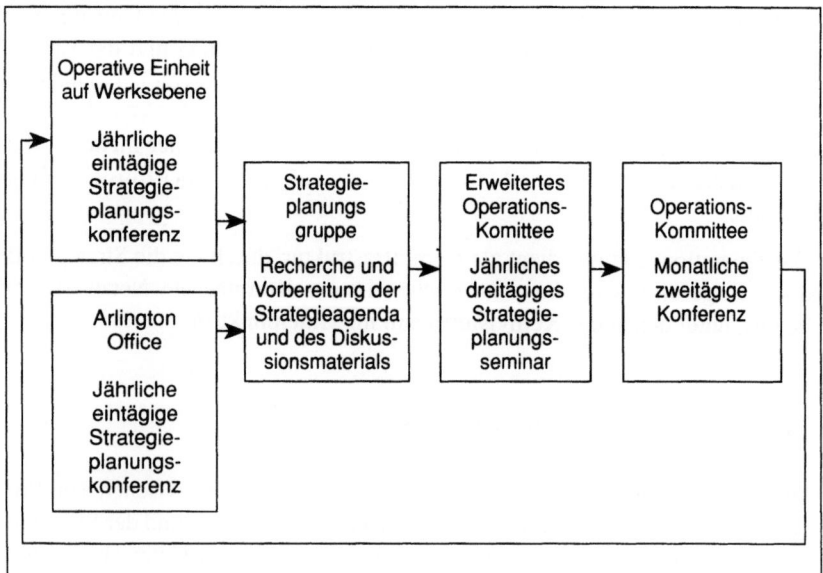

Abbildung 7: Strategischer Planungsprozeß bei AES

zusammen, um über die strategische Richtung ihres Werks und des Gesamtunternehmens in den bevorstehenden fünf Jahren zu sprechen. Ein höheres Mitglied der strategischen Planungsgruppe und in der Regel zwei weitere Topmanager – einer vom Kernvisionsteam und einer der Stellvertretenden Vorsitzenden – nehmen ebenfalls teil.

Die Sitzung wird vom Werksleiter geleitet. Die Agenda ist in etwa strukturiert, doch die Diskussion verläuft recht locker, da die Leute offen über ihre Ideen sprechen und ihre Meinung zum Diskussionsmaterial äußern sollen. Die höheren Manager dienen als Ressourcen, geben Informationen (manchmal durch Präsentationen zu Themen) und bringen die Ergebnisse der Versammlung zurück zur Zentrale. Zusammenfassungen der Versammlungen werden an die Mitglieder des Operationskomitees verteilt.

Für Zwecke der strategischen Planung wird die Unternehmenszentrale als ein Werk betrachtet. Zu den Teilnehmern dort zählen die höheren Führungskräfte und die Teamleiter der neuen Geschäfte. Die Sitzung ist ähnlich strukturiert wie die Werkssitzungen, bietet jedoch ein Forum zum Ansprechen der spezifischen Bedürfnisse und Sorgen der Teams für neue Geschäfte anstelle von Werksoperationen.

Die eintägigen Sitzungen sind genaugenommen Ministrategiesitzungen für die Werke. Es wird zwar über die Unternehmensstrategie diskutiert, doch die meisten Entscheidungen auf dieser Ebene konzentrieren sich auf werk- oder standortspezifische Angelegenheiten.

Später im September treffen sich alle höheren Manager, Werksleiter und Leiter der neuen Geschäftsvorhaben sowie eine Reihe zusätzlicher Repräsentanten des Unternehmens (manchmal nach Zufallsprinzip ausgewählt) in einem Seminarzentrum in der Nähe von Washington. Die Teilnehmer der dreitägigen Sitzung, des Hauptunternehmensstrategievehikels, erhalten ein etwa 200 Seiten umfassendes Informationsdokument, das die gegenwärtige Geschäftsstrategie enthält und die gegenwärtige Marktsituation, Konkurrenz, Technologien und potentielle Kunden kritisch untersucht. Dieses Einführungsdokument dient als Grundlage für das Brainstorming über wichtige Fragen und Entscheidungen, mit denen das Unternehmen konfrontiert ist – zum Beispiel: Sollen wir an die Börse gehen? Sollten Vorarbeiter gewählt werden? Können und sollten wir eine Partnerschaft mit unserem Bauunternehmen eingehen? Wie sollten wir unsere Werke eröffnen? Warum unterzeichnen wir nicht mehr Verträge? Welche Veränderungen sollten wir vornehmen?

Alle Anwesenden haben an einer oder mehreren der eintägigen Werkssitzungen teilgenommen und sind dafür verantwortlich, die Angelegenheiten und

Überlegungen, die bei diesen früheren Sitzungen zur Sprache kamen, hier aufzubringen. Wie bei den eintägigen Sitzungen wird ein zusammenfassendes Dokument erstellt und verteilt.

Ein kontinuierlicher Prozeß

Die Strategiebildung hört mit diesen jährlichen Sitzungen nicht auf; der Prozeß ist vielmehr bedeutend flüssiger, als die vorangehende Beschreibung vermuten läßt. Oft werden strategische Angelegenheiten außerhalb des jährlichen Planungsprozesses besprochen; dies ist ein nie endender Prozeß. Roger Naill: „Wir behandeln Fragen sowohl außerhalb als auch innerhalb dieser Struktur. Worüber wir dann im September sprechen, sind Angelegenheiten, die gerade aktuell sind. Im Dezember wird wieder etwas anderes aufkommen, und wir befassen uns dann damit, und im Januar oder März dasselbe. Wir ändern unsere Strategie ständig." Aber: „Man ändert Strategien nicht wirklich alle paar Monate. Strategische Themen, die zu einem wesentlichen Wandel der Strategie führen können, ergeben sich natürlich außerhalb des formalen Kreislaufs. Es kommt nicht häufig vor und meist, weil während des jährlichen Zyklus soviel Mühe darauf verwendet wurde, strategisch zu denken. Strategie ändert sich jährlich."

Fragen, die sich außerhalb des Planungsprozesses stellen, werden zu Gegenständen der Diskussion und Aktion für das Operationskomitee und seine verschiedenen Unterkomponenten. Zur Unterstützung der Rolle des Komitees im Strategieprozeß erstellt die Planungsgruppe kurze Berichte und Einweisungsdokumente zu ausgewählten Themen, die sich während eines Jahres ergeben. Ein Bericht enthielt zum Beispiel eine Marktanalyse, die alle Versorgungswerke in den Vereinigten Staaten auflistete und entsprechend ihrer Attraktivität als mögliche Kunden einstufte.

Das Operationskomitee trifft sich jeden Monat für zwei Tage. Am ersten Tag wird vor allem über Fragen bei der Verwirklichung neuer Projekte gesprochen. Jeder Projektmanager, ob in einem früheren Stadium der Operation oder bereits in Betrieb, präsentiert kurz diejenigen Angelegenheiten vor der Gruppe, die ein Brainstorming oder Entscheidungen erfordern. Er oder sie stellt in der Regel mehrere Aktionsalternativen vor, einschließlich der von ihm oder ihr präferierten Alternative. Die anschließende Diskussion wird wahrscheinlich die Vereinbarkeit dieses Vorschlags mit den Werten von AES sowie die technischen und finanziellen Aspekte der speziellen Situation zum Gegenstand haben. Die endgültige Entscheidung liegt beim Manager, der sich jedoch auf die Ressourcen des Operationskomitees stützen kann.

Am zweiten Tag geht es um allgemeinere Managementfragen. Die Komiteemitglieder können jedes Thema auf die Agenda setzen und sind aufgefordert,

Themen aufzubringen, die die Unternehmenswerte betreffen. Diskussionsthemen können sich auf die Strategieformulierung oder -verwirklichung beziehen. Ein Beispiel für eine Formulierungsfrage bezüglich des Wertes soziale Verantwortung war, so Bakke: „Sollen wir unser Projekt in Polen fortsetzen? Wir stehen großen Problemen mit der Umwelt gegenüber, Währungsproblemen, dort arbeitenden AES-Mitarbeitern, Unsicherheit über Privatisierungsabsichten der Regierung und so weiter. Allerdings ist dort ein großes Potential dafür, einen positiven Beitrag für die Luft und die Gesellschaft zu leisten." Da das Komitee sowohl Strategieformulierungs- als auch -verwirklichungsfragen behandelt, sowie sie sich ergeben, sind die beiden Prozesse integriert und sind fortlaufend.

Die Integration des Ganzen

Mehrere Gruppen im Unternehmen spielen verschiedene, wenn auch sich überlappende Rollen im Strategiebildungsprozeß. Die höheren Manager und besonders das Kernteam tragen die Hauptverantwortung für die Definition der Unternehmenskernwerte.

Roger Naill und die Strategieplanungsgruppe leisten einen einzigartigen Beitrag zur Strategiebildung. Sie sind nicht direkt die Strategiemacher, sondern dienen als Hauptinformations- und Analysequelle, aus der die Strategie sich ergibt. Die Funktion der Planungsgruppe ist daher nicht, den strategischen Plan zu liefern, sondern vielmehr die Informationen, die das Unternehmen braucht, um als informierter „Opportunist" zu handeln. Naill sieht sie als Informationslieferanten: „Es geht nicht darum, einen Plan abzuliefern. Meine Rolle ist es, den Planern Informationen zu geben. Diese Gruppe entwickelt sich zur breitestangelegten in der ganzen Unternehmung. Wir versuchen, da alles hineinzustecken."

Die Planungsgruppe richtet ihre Aufmerksamkeit auf viele strategische Fragen. Sollten wir in das Kohle- oder Gasgeschäft gehen? Sollten wir Kohle- oder Erdgasanlagen bauen? Welchen Einfluß hat das Immissionsschutzgesetz auf unser Unternehmen? Sollten wir im Hinblick auf die mögliche Verschärfung der Immissionsgrenzwerte Kohlekraftwerke mit Zyklonfeuerung oder Standardanlagen mit Rostfeuerung bauen? Welche Technologien sollten wir anwenden? Analysen dieser und anderer Fragen resultieren in den Informationsdokumenten, die von der Planungsgruppe für die jährlichen und monatlichen Versammlungen erstellt werden.

Auch die Mitglieder der Neugeschäft-Teams, insbesondere die Teamleiter, haben ihren eigenen Einfluß auf die Richtung, in der das Unternehmen geht, manchmal durch ihre eigenen Interessen und persönlichen Ziele. AES ist sehr engagiert in der Entwicklung seines hochkalibrigen Personals und ermutigt erfolgreiche Entwickler von Neugeschäften, ihre eigenen Chancen zu erforschen und zu definieren. AES ist vor allem aufgrund der Interessen mehrerer erfahrener Neuentwickler, die mehr Verantwortung und Chancen suchten, an internationalen Aktivitäten beteiligt.

Das Werkspersonal schließlich, insbesondere die Werksleiter, tragen zur Strategiebildung in einer Weise bei, die enger mit dem Kerngeschäft zu tun hat: der Kogeneration von Elektrizität und Dampf. Der Input von den Werken beschleunigte die strategischen Sorgen mit der Betriebsexzellenz und definiert und verfeinert dieses Konzept weiterhin durch die Verwirklichung.

Trotz der erwarteten Beiträge dieser Gruppen zum strategischen Management ist es klar, daß AES es von allen an diesem Prozeß Beteiligten erwartet, daß sie sich über alle Aspekte des Unternehmens Gedanken machen und sich verantwortlich fühlen, als wäre es ihr Unternehmen. Die Werksleiter sind aufgefordert, Unternehmungsführend ein Fragen der Werte herauszufordern, Neuentwickler sind aufgefordert, über Marktinformationen zu verfügen, und die Planungsgruppe trägt zu Diskussionen um die Effizienz des Betriebs bei.

Die Teamstruktur

Der Ausdruck Team kommt im täglichen Sprachgebrauch bei AES nicht sehr häufig vor. Ein Sinn von „Teamheit" durchdringt das Unternehmen trotzdem. Roger Naill drückt es am besten aus: „Ich glaube nicht, daß ‚Team' ein AES-Wort in dem Sinne ist, daß wir uns selbst Teams nennen. Aber das Konzept ist klar. Das Projekt ‚Honeycomb' (siehe Kasten) zum Beispiel ist ganz klar eine teamorientierte Übung. Arbeitsteams im Werk nennen sich selbst Familien. Unsere strategische Planungsgruppe ist eine Gruppe."

Das Wesentliche der Teams ist Synergie, das heißt, was vom Team erreicht wird, ist mehr, als von einer Reihe von Individuen hätte erreicht werden können. Analog sind die besten Basketballteams solche, deren Spieler gut zusammenspielen, um ein gemeinsames Ziel zu erreichen. Obwohl individuelle Fähigkeiten wichtig sind, ist es ihre verfeinerte Kombination, die die Leistung maximiert. Daher sind die All-Star-Spiele, in denen die Teams aus den besten individuellen Spielern zusammengesetzt sind, die nicht daran gewöhnt sind zusammenzuspielen, weniger elegant als Meisterschaftsspiele. All-Star-Teams fehlt typischerweise die Fähigkeit, zu so einer gut geölten Maschine aufzulaufen, die man oft in Meisterschaftsteams sieht.

Teams in den Werken: Operation Honigwabe

AES versucht durch den Einsatz von Teams in den erzeugenden Werken, ein Eigentümergefühl in den Mitarbeitern hervorzurufen. Als Außenseiter würden wir diese Struktur autonome Teams oder Mitarbeiterbeteiligungsteams nennen, aber AES verwendet den Ausdruck „Honigwabe". Dennis Bakke beschreibt die Entstehung der Operation Honigwabe:

„Unsere Werke funktionierten hervorragend, als wir sagten: Dies harmoniert nicht wirklich mit unseren Werten und der Art, wie wir wollen, daß unsere Leute arbeiten und zueinander stehen. Wir müssen gewaltige Veränderungen darin vornehmen, wie wir einen Betrieb führen, wenn wir mit unseren Werten im Einklang sein wollen. Wir durchlebten diesen massiven Wandel, der dann als Operation Honigwabe bekannt wurde. Wir änderten die Organisation unserer Werke und die Art, wie die Leute miteinander umgehen. Sie gründet auf der Prämisse, daß Leute Verantwortung übernehmen und man ihnen vertrauen kann. Wir wollten keine willkürlichen Regeln, detaillierten Verfahrenshandbücher, Stechuhren und so weiter. Wir wollten eine ‚lernende Organisation', wo Leute nah am Geschehen ständig kreieren und neukreieren und wo diese Leute die Entscheidungen treffen – strategische, finanzielle und Kapitalzuweisungen. Ich fragte zum Beispiel: ‚Was würde passieren, wenn es keine Schichtvorarbeiter gäbe? Was wäre, wenn ihr dieses Handbuch nicht hättet, das euch sagt, was ihr zu tun habt?' Zwei Monate später hatten sie den Bereich revolutioniert. Wir stellten fest, daß diese Leute sich in nichts von Managern unterscheiden. Sie haben die gleiche Motivation, die gleichen Sorgen, und sie kümmern sich gern um andere und um die Firma. Warum haben wir sie anders behandelt?

Wir legten eine Reihe von grundlegenden Prinzipien aus, die in einer Wabenstruktur angewandt wurden. Wir verringerten die Zahl der Vorgesetztenebenen, um die Kommunikation zu verbessern und den Leuten den Weg frei zu machen. Und dann kam einer der Werksarbeiter mit der Idee: ‚Warum teilen wir uns nicht einfach in Teams auf?' Das nächste, das mir einfällt, war, daß der Werksleiter mich anrief und sagte: ‚Wir haben alles erledigt. Wir haben es verwirklicht. Wir werden dies Honigwabe nennen.' Und sie hatten sich bereits Symbolismen mit dem Bienenkorb und wie alle Bienen zusammenarbeiten ausgedacht.

Die Vorarbeiter mußten sich natürlich auch ändern. Manche haben sich außerordentlich gut angepaßt und sind jetzt richtige Stars. Andere wechselten zu speziellen Posten über, die keine Vorgesetztenfunktionen enthalten. Einige mußten ganz weggehen. Das ist nun vorbei.

Die Werke erledigen jetzt ihre eigenen Kapitalzuweisungen. Die Werksleiter änderten die Einstellungskriterien. Erstens, wie gut paßt diese Person mit unseren Werten zusammen? Zweitens, welche technischen Fertigkeitenbesitzt sie? Sie treffen fast alle Entscheidungen. Sie haben die Verantwortung und Autorität für jede einzelne Entscheidung im Werk. Ich weiß von keiner Ausnahme."

Heute sind alle AES-Werke in der einen oder anderen Form als autonome Teams organisiert. Da der Änderungsprozeß im wesentlichen von unten nach oben verläuft (wenn auch unter dem Mandat von oben nach unten), unterscheiden sich die spezifische Form, Sprache und Etiketten von Werk zu Werk. Ferner war der Weg zum Selbstmanagement sehr unterschiedlich. Einige waren Umwandlungen bestehender Werke; eins war eine Umwandlung eines gewerkschaftlich organisierten Werkes, und andere schließlich waren von Anfang an teamorganisiert.

Diese Vielseitigkeit der Verwirklichung und Ausprägung brachte AES einen riesigen Erfahrungsschatz ein, während es sich auf die spezifischen Bedingungen jedes Werkes einstellte. Nichtsdestoweniger wurde die Konversion in wabenähnliche Teams immer von den Kernwerten der Unternehmung inspiriert und angeleitet und zeichnet sich immer durch einen von unten nach oben gerichteten Prozeß aus, der großes Vertrauen in die besonderen Fähigkeiten der Angestellten ausdrückt, die Details der Verwirklichung so auszuarbeiten, daß sie am besten zu ihnen passen.

Das Wabenprinzip ist heute ein wichtiger Teil der strategischen Philosophie bei AES. Das Unternehmen glaubt, daß betriebliche Exzellenz eine eigene Kompetenz darstellt, die einen besonderen Wettbewerbsvorsprung bedeutet. Ein entscheidender Faktor für das Erreichen betrieblicher Exzellenz sind Verantwortung, Stolz und das Gefühl von Eigentum, das aus der Wabenbetriebsstruktur stammt. „Am wichtigsten ist", sagt Bakke, „daß Honigwabe eine Umgebung bietet, in der der Wert Freude sich für jeden AES-Mitarbeiter am besten umsetzen läßt."

Um Synergie zu erzielen, ist eine Kombination von Spezialisierung, Wechselfähigkeit und Vertrauen erforderlich. Einzelne Teammitglieder können zur Teamanstrengung beitragen, wenn sie einen gewissen Stand einzigartiger Kenntnisse entwickeln können. Die Spezialisierung wird aber von einem Grundverständnis und -kenntnisstand aller Aufgaben des Teams ergänzt. Daher, um die Basketballanalogie wieder aufzugreifen, können die Spielmacher offene Würfe ausführen, Werfer zum Rebound gehen, und Rebounder können ein Spiel initiieren. Um den schnellen und ständigen Wechsel zwischen Spezialisierung und Generalisierung im Kontext eines schnellen und wettkampfmäßigen Spiels bewerkstelligen zu können, muß jeder Spieler darauf vertrauen können, daß seine Mitspieler das richtige Spiel zur richtigen Zeit spielen können und werden. Vertrauen liefert die Zuversicht, sich selbst bis an die Grenze zu strecken.

Legt man diese Definition eines Teams zugrunde, so zeigt AES Teammerkmale offensichtlich auf vielerlei Art und auf vielen Ebenen. Das Kernvisionsteam, jedes Energieerzeugungswerk, die Gruppen in neuen Geschäftsvorhaben, die strategische Planungsgruppe und das Operationskomitee verhalten sich alle wie Teams. Sie bieten einen eigenen Stimulus, um die Motivation, Initiative und Selbstverantwortung der Angestellten überall im Unternehmen zu verbessern. Das Wort Eigentum beschreibt am besten, wie Teams die psychologische Perspektive von Mitarbeitern beeinflussen. Mitarbeiter fühlen sich als Eigentümer des Unternehmens und ihrer Jobs. Eigentum führt zu starker Motivation und gelegentlich zu außergewöhnlichen Handlungen zum Zweck guter Leistungen (siehe Kasten). Individuelles Miteigentum trägt daher zu unternehmerischer Wettbewerbsfähigkeit bei.

Die Anwendung von Teams führt außerdem zu einer höchst anpassungsfähigen, flexiblen Organisationsstruktur. Aufgabeneinteilungen und Rollen sind nicht in Granit gemeißelt und ändern sich manchmal erheblich, wenn die Situation dies erfordert. Der Satz: „Das gehört nicht zu meiner Arbeit", wäre mit dem Teamsystem bei AES überhaupt nicht vereinbar. Im Gegensatz zu den meisten anderen Firmen wird bei AES bewußt kein formelles Organigramm verwendet. Der Teamansatz bietet eine anpassungsfähige Struktur, die sich schnell neuen Situationen oder einem Wechsel in der Strategie anpassen kann.

Die Teamstruktur stärkt die Fähigkeit der AES, seine Umwelt aufmerksam zu verfolgen und strategische Chancen früh zu erkennen. Obwohl die strategische Planungsgruppe speziell mit der Beobachtung der Umwelt betraut ist, geben auch die Neugeschäftteams – mit ihren externen Kontakten am Markt, in der Finanzwelt und bei Aufsichtsbehörden – und das Werkspersonal – mit seiner Erfahrung im Betrieb der Werke – Einsichten in Umweltchancen und -bedrohungen. Teams tragen auch zu strategischer Flexibilität bei. Schnelle Kommunikation innerhalb von und zwischen Teams ermöglicht die Revision von Strategien, ohne ein ganz neues formelles Planungsverfahren einzuleiten. Der jährliche strategische Planungskreislauf wird mehr als Startpunkt angesehen; drastische strategische Änderungen werden oft kurzfristig durchgeführt.

Individuelles Eigentum: Ein Teammitglied ergreift die Initiative

Eines der Ergebnisse der Teamstruktur bei AES ist ein hohes Niveau psychologischen Eigentums des Unternehmens durch die Mitarbeiter auf jeder Ebene. Dieses Eigentum war ein Ziel des Kernvisionsteams seit der Gründung des Unternehmens. Von Anfang an, so Sant, wollte das Kernvisionteam erreichen, daß „die Mitarbeiter wirklich das Gefühl hatten, daß wir ihnen gehören. Unser Instinkt sagte uns, daß jeder sich gern wichtig genommen fühlt. Uns war in früheren Positionen ständig gesagt worden, daß wir nicht wichtig seien, und wir dachten uns, daß dies wahrscheinlich nicht der richtige Weg ist, junge Leute zu motivieren." AES war sehr erfolgreich darin, dieses Ziel der Eignerschaft zu erreichen. Dennis Bakke gibt dieses eindrucksvolle Beispiel:

„Einer unserer Mitarbeiter sah an einem Samstag beim Einkaufen mit seiner Frau in einem Discountgeschäft Ventilatoren im Angebot, die auch in unserer Firma verwendet werden. Wir verbrauchten eine Menge dieser Ventilatoren; sie nutzen schnell ab, weil die Luft so schmutzig ist. Der Preis war 24 Dollar pro Stück, und er erinnerte sich, daß wir sie für 75 Dollar vom Hersteller bezogen. Ohne zu zögern, kaufte er den ganzen Vorrat auf, einfach mit seiner Kreditkarte. Dies ist die Art von Handeln, um die es hier geht. Dieser Mitarbeiter war ein einfacher Vorarbeiter. Welche Situation mußte gegeben sein, damit er so handelte? Zunächst mußte er die Ausrüstung kennen und wissen, daß diese Ventilatoren den unseren sehr ähnlich waren und denselben Zweck erfüllten. Zweitens mußte er die Preise kennen. Drittens brauchte er Handlungsvollmacht und die Sicherheit, daß es in Ordnung war, wenn er einen Fehler machte. Hätte er sich um seinen Job Sorgen machen oder die Ventilatoren selbst bezahlen müssen, so hätte er die Hunderte von Dollars nicht ausgelegt. Dieses Übernehmen von Verantwortung ist das Epitom von Honigwabe. Es gab auch Fälle, wo Mitarbeiter Fehler gemacht haben, einer machte in einem ganzen Posten alles verkehrt, gab zehntausend Dollar aus. Aber niemand sagte zu ihm: „Das ist fürchterlich, und wir ziehen dir das Geld vom Lohn ab." Wir wollen Eigeninitiative fördern. Wir versuchen, dies mehr zu verbreiten, und wären froh, wenn mehr Leute so handelten."

Teams tragen schließlich auch zu hoher Produktivität und Wettbewerbsfähigkeit bei. Die Grundresultate sprechen für sich. Die stromerzeugenden Werke der AES übertreffen deutlich die Verfügbarkeitswerte in dieser Industrie – das heißt die Zeit, während der Strom erzeugt wird. Die Werke der AES haben im allgemeinen fünfzig Prozent weniger Immissionen, als erlaubt ist. Nur ein Prozent der Mitarbeiter kündigen. Die Unfallrate, insbesondere schwere Unfälle, liegt weit unter dem Industriedurchschnitt. Die Realkosten pro Kilowattstunde erzeugten Stroms sind in den letzten drei Jahren ständig gefallen. Das Unternehmen als Ganzes schließlich hat über die Jahre eine hohe Profitabilität beibehalten. Der Verkaufsgewinn vor Steuern betrug 1990 zehn Prozent und 1991 sechzehn Prozent. Die Kapitalrendite betrug im gleichen Zeitraum 46 Prozent. „Wir glauben, daß es im Hinblick auf diese traditionellen Maße der Exzellenz für langfristige Schlußfolgerungen bezüglich unseres Experiments zu früh ist", stellte Bakke schnell heraus. „Wir sind jedoch ziemlich stur, wenn es um das Festhalten an unseren Werten geht, insbesondere das gute Arbeitsklima, das durch die dezentralisierten Teams geschaffen worden ist, und andere Aspekte des Unternehmensansatzes."

Ein Netzwerk von Teams als Strategieteam

Wir fanden die ineinandergreifende Dynamik zwischen den De-facto-Teams und der Strategiebildung bei AES einzigartig und provokativ. Erstens befindet sich die Strategiebildung mit einem klar artikulierten Satz von Kernwerten in Übereinstimmung. Die von diesen Kernwerten repräsentierte Philosophie ist eindringlich und hat eine starke Auswirkung auf die Strategiebildung. Zweitens stellten wir fest, daß Teams nicht nur für die tagtäglichen Probleme und Operationen zuständig waren, wie es in anderen Unternehmen normalerweise der Fall ist, sondern ein wesentlicher Teil des gesamten Strategiebildungsprozesses waren. Sowohl die teaminternen als auch die zwischenteamlichen Elemente liefern die entscheidenden Strukturen und Prozesse für die wesentliche Kommunikation, die eine breit angelegte Strategiebildung bei AES ermöglicht.

Die Strategiebildung beginnt als ein von unten nach oben gerichteter Prozeß. Die Prozesse zwischen den Teams wie die jährliche Strategiesitzung und die monatlichen Operationskomiteesitzungen sind die Mechanismen, die für die Aggregation und Integration der diversen Teile der Organisation sorgen. Der Bottom-up-Ansatz bei der Strategiebildung liefert die Mittel für die Integration der Ziele und Wege, sie im ganzen Unternehmen zu erreichen.

Wir klassifizieren AES als eine Art von Superführungskultur. AES betont die Bedeutung von Teams und Teamarbeit im ganzen Unternehmen. Seine Topmanager sehen sich ganz sicher nicht als Chefs, und sie haben ohne Zweifel versucht, eine totale Organisation zu bilden, die das Wesen eines Unternehmens ohne Bosse darstellt. Wie auch immer das Etikett lautet, AES hat einen

Weg dafür gefunden, Teamarbeit durch ein Netz von Teams zu einem wesentlichen Teil der Strategiebildung zu machen. Sie haben eine höchst ausgeklügelte Form von Strategieteam definiert.

Schlüssellektionen für Unternehmen ohne Bosse

1. Teams an der Spitze können durch eine Reihe von Kernwerten geleitet werden, die die gesamte Organisation durchdringen. Bei AES sind diese Kernwerte integres Handeln, Fairneß, Freude bei der Arbeit und soziale Verantwortung.

2. Unternehmensstrategien können sich als Antwort auf eine geänderte Umwelt oder neue Chancen ändern. Kernwerte sind dagegen langfristig angelegt und ändern sich im Laufe der Zeit nur wenig.

3. Strategien können durch einen Prozeß, der von unten nach oben gerichtet ist und das ganze Unternehmen einbezieht, formuliert und in Kraft gesetzt werden. Bei AES fließt dieser Prozeß in einem jährlichen Zyklus. Wichtigstes Element ist ein Netz von verbundenen Teams, von denen jedes zum Strategiebildungsprozeß beiträgt.

4. Teamarbeit wird durch den geplanten Kontakt zwischen Führungskräften und Mitarbeitern aller Ebenen bereichert. Dieser Kontakt wird durch ein Programm mit jährlichen Werksbesuchen des Managements ausgedrückt, wobei die Topmanager als einfache Arbeiter in einer Vielzahl von Aufgabenbereichen im ganzen Unternehmen eingesetzt werden.

5. Teams an der Spitze werden zu Vorbildern für Teams im Unternehmen. Teams sind nicht nur für ausgebildete Angestellte tauglich. Teamarbeit findet bei AES offenbar auf jeder Ebene vom Topmanagement bis zur Produktion statt.

9. Arbeiten ohne Bosse: Was haben wir gelernt? Wohin geht die Entwicklung?

Für manche ist die Idee eines Unternehmens ohne Bosse ein Paradoxon oder gar entnervend. Jedoch haben viele Unternehmen bereits Teams eingeführt, und am Ende dieses Jahrzehnts ist vielleicht schon jeder zweite in irgendeiner Form von Teamorganisation tätig. Autonome Teams sind nicht nur für eine ausgewählte Gruppe von Menschen in einzigartigen Umfeldern von Nutzen. Teams werden in einer Vielzahl von Arbeitsplätzen und von vielfältigen Unternehmen eingesetzt. Sie werden mit Schwierigkeiten und Herausforderungen konfrontiert, aber der Nutzen ist groß.

In diesem Kapitel liefern wir eine Zusammenfassung der Einsichten aus den Fallbeispielen in diesem Buch. Wir untersuchen die Fragen und Probleme, die daraus erwachsen sind, und schlagen einige praktische Rezepte für die Einführung autonomer Teams vor. Diese Rezepte werden dabei hilfreich sein, ein Gesamtrahmenwerk – eine Art Wegweiser – für die erfolgreiche Verwirklichung autonomer Teams zu entwerfen.

Die Vorteile autonomer Teams

Gut implementierte autonome Teams haben eine Reihe klarer Vorteile. Aus der Sicht der Unternehmen sind dies häufig niedrigere Kosten und eine höhere Produktivität. Wenn Mitarbeiter in ihren Jobs mehr zu sagen haben, sind sie motivierter und engagierter. Wir haben Arbeiter gesehen, die ihren Betrieb als „unser Unternehmen" beschrieben, und haben sie jubeln und einander gratulieren sehen, wenn Unternehmensberichte positive Ergebnisse ihres Bereiches anzeigten. Wir sahen den stolzen Ausdruck auf ihren Gesichtern, wenn sie uns von den wichtigen Entscheidungen, die sie getroffen hatten, und den Problemen, die sie gelöst hatten, erzählten. Freudig beschrieben sie, wie wichtig ihr eigener Beitrag zur Gesamtleistung des Unternehmens und seinem Fortkommen für sie war. Unsere Forschung zeigt, daß diese Gefühle sich im allgemeinen in grundlegender Weise in finanzielle und produktive Ergebnisse umsetzen. Unternehmen berichten von dramatischen Einsparungen wie bis zu fünfzig Prozent niedrigeren Herstellungskosten und Produktivitätssteigerungen von mehr als fünfzig Prozent.

Die Errichtung solcher Systeme erstarkter Mitarbeiter hat auch für die Mitarbeiter selbst signifikante Vorteile. Sie empfinden eine höhere Qualität ihrer

Arbeit. Teammitglieder erzählten, daß sie niemals wieder zum alten System des Top-down-Managements zurückgehen könnten. Sie sprachen davon, daß sie in ihrer Freizeit über neue Verbesserungsmaßnahmen nachdachten. Wir sahen zum Beispiel, wie ein Mitarbeiter am Wochenende im Werk prüfte, ob mit seiner Ausrüstung alles in Ordnung war. Sie legten wirkliche Wertschätzung und Stolz auf ihre Arbeit an den Tag, die sich in ihrem schwungvollen Gang und dem Ausdruck des Selbstvertrauens in ihren Gesichtern zeigten.

Vielleicht einer der besten Indikatoren dieser Zufriedenheit waren die geringere Abwesenheitsquote und Kündigungsrate in diesen Unternehmen. Ein Manager konnte die Zahl der Mitarbeiter, die sein rund 300 Angestellte zählendes, mit autonomen Teams operierendes Unternehmen in den letzten paar Jahren verlassen hatten, an einer Hand abzählen. Wir sahen auch, wie Arbeiter Probleme mit Pünktlichkeit und Fehlen mit Mitgliedern ihrer eigenen Gruppe geschickt handhabten.

Andere Vorteile sind bessere Qualität und höhere Innovationskraft, was oft Hand in Hand geht. Als Mitarbeiter psychologisch zu Eigentümern wurden, empfanden sie Stolz auf die Qualität ihrer Produkte und Dienstleistungen und arbeiteten emsig daran, Defekte und Fehler zu beseitigen. In den meisten Fällen überwachten die Teammitglieder selbst die Qualität ihres Outputs. Wenn sie ein Qualitätsproblem entdeckten, ergriffen sie Maßnahmen zu seiner Behebung. Die Teammitarbeiter entwickelten auch häufig kreative Arbeitsverfahren zur Verbesserung der Qualität, Effizienz und des Service. Wenn Arbeitsteams die Erfahrungen und Kenntnisse ihrer Mitglieder zusammenlegten, entdeckten sie häufig innovative Lösungen für hartnäckige Probleme.

Teams stellen außerdem wirkungsvolle Mechanismen für die Lösung zwischenmenschlicher Konflikte bereit, die die Leistung beeinträchtigen können. Teamversammlungen dienten als Forum, wo Meinungsverschiedenheiten unter den Teammitgliedern ausgetragen und feindliche Gefühle bereinigt werden konnten. Wirkungsvoll integrierte Teams, die in der Lage waren, ihre Mitarbeiter besser den jeweiligen Bedürfnissen entsprechend einzusetzen, halfen dem Unternehmen, anpassungsfähiger zu sein.

Diese positiven Auswirkungen hatten ihren Preis. Autonome Teams sind kein Allheilmittel für heutige Unternehmen. Sie schaffen im Gegenteil neue Probleme und Herausforderungen. Einige der gelernten Lektionen schlagen Rezepte dafür vor, wie mit Teams ein Erfolg erzielt werden kann.

Herausforderungen für eine erfolgreiche Implementierung

Über den Nutzen und die Vorteile von Teams ist eine Menge mehr geschrieben worden als über die Probleme und Herausforderungen, die sie hervorbringen, besonders während der Implementierungsphase. In einem Unternehmen kommentierte ein Mitarbeiter, daß Außenseiter „zu denken scheinen, daß wir keine Probleme mehr haben, seit wir zu Teams übergegangen sind." Dann beschrieb er detailliert den schwierigen täglichen Kampf, den Teams zu bestreiten haben. Typischerweise stehen Teams vor folgenden Problemen:

Unternehmen erwarten zu früh zuviel

Vielleicht erreicht die Vorstellung von Teams jetzt Modestatus, und die Manager erwarten eine problemlose Implementierung und sofortige Ergebnisse. Mit anderen Worten: Manager erwarten manchmal zu früh zuviel . So, wie bei der Firma IDS: die Führungskräfte erwarteten, daß der Organisationsplan für die Teamimplementierung in dreieinhalb Monaten fertig wäre, wenn es tatsächlich achteinhalb Monate dauerte. Zum Glück hatte das IDS-Management die Geduld und das Durchhaltevermögen, Frustrationen über diese lange Planungsperiode zu absorbieren. Ihre Geduld machte sich durch eine sehr erfolgreiche Startphase bezahlt. Manager, die die nötigen Anstrengungen für den erfolgreichen Start von Teams ernstlich unterschätzen, liefern ihre Unternehmen dem Fehlschlag aus.

Die Lage verschlechtert sich oft, bevor sie besser wird

Teams folgen wie jede andere Innovation einer Lernkurve. Manchmal erleiden Unternehmen sogar einen Rückgang ihres Wirkungsgrades, wenn Teams eingeführt werden, und es kann ein Jahr dauern, bis der Stand von vorher wieder erreicht wird. Deutliche Produktivitätssteigerungen treten möglicherweise erst nach eineinhalb Jahren auf.

Dieser Produktivitätsrückgang kann sich dann ereignen, wenn die Teammitglieder neue Verhaltensweisen und Verantwortlichkeiten lernen und auf der Suche nach dem für sie richtigen Weg für die interne Organisation ins Straucheln geraten. Viele Mitarbeiter haben keine praktischen Erfahrungen mit Selbstmanagementstrategien, wie selbst Ziele setzen, Feedback geben und ihr eigenes Informationssystem entwickeln, so daß sie diese Dinge erst lernen müssen.

Andere sind der Meinung, daß dieser vorübergehende Produktivitätsrückgang vermieden oder zumindest reduziert werden kann, wenn eine angemessene Vorbereitungszeit für die Planung des Übergangs zu Teams sowie intensive Schulungen der Mitarbeiter, die ihnen die Anpassung erleichtern, angesetzt werden.

Schließlich sollte das Management sich darüber im klaren sein, daß Mitarbeiter mitunter das System auf die Probe stellen, um zu sehen, ob das Management wirklich zur Selbstmanagementphilosophie übergegangen ist. Das heißt, sie könnten absichtlich Entscheidungen treffen, von denen sie wissen, daß sie im Gegensatz zu den Präferenzen des Managements stehen, und dann abwarten, ob das Management einschreitet und die Entscheidungsautorität wieder an sich reißt. Dies ist ein kritischer Moment in einer Teamimplementierung, weil die Nörgler sagen werden: „Das haben wir ja gleich gesagt!" Und das Management denkt, daß die gesamte Unternehmung bedroht ist. Wenn sie jedoch einschreiten und eine Teamentscheidung umkehren, werden sie einen Rückschlag verursachen, der Jahre kosten kann. Das Teamsystem selbst könnte zu diesem Zeitpunkt fehlschlagen.

Unserer Erfahrung nach gehen Teams durch eine Periode, in der sie das Management auf die Probe stellen, aber schnell zu einer höheren Vertrauens- und Verantwortlichkeitsstufe gelangen. Nach dieser Periode sind sie vom Engagement und der Unterstützung des Managements überzeugt und nehmen Herausforderungen, wie die Verbesserung der Qualität und Produktivität, an, die wirklich einen Unterschied ausmachen.

Macht und Kontrolle der Manager und Vorgesetzten sind bedroht

Mittlere Manager und Vorgesetzte kommen sich beim Übergang zu Teams oft als die großen Verlierer vor. Einerseits haben sie recht: die Zahl der Manager und Führungspersonen ist im Teamsystem typischerweise geringer. Eine der größten Einsparungen beim Teamsystem ist in der Tat, daß weniger Hierarchieebenen und Managerpositionen benötigt werden.

Wenn ein Unternehmen zu Teams übergeht, müssen Führungskräfte die Garantie haben, daß niemand seinen Job aufgrund des neuen Systems verlieren wird. Es kann allerdings sein, daß sie nicht denselben Job oder dieselben Aufgaben ausführen werden. Auch deckt diese Zusage nicht den Verlust des Arbeitsplatzes aufgrund ökonomischer Faktoren ab. Führungspersonen, die versetzt werden, bekommen typischerweise technisch spezialisiertere Aufgaben zugewiesen oder werden über einen längeren Zeitraum durch normalen Verschleiß abgedeckt. Zur Erinnerung: Das Texas Instruments Werk in Malaysia setzte ehemalige Führende für Schulungsmaßnahmen ein. Worauf es ankommt, ist jedoch, daß das Management mittleren Führungskräften vorweg die Garantie gibt, daß niemand seinen Job aufgrund des Teamsystems verliert.

Eine heimtückischere und schwierigere Herausforderung ist der Umgang mit dem psychologischen Verlust der Kontrolle, den mittlere Führungskräfte gelegentlich erleben. Sie sind mit einem System groß geworden, in dem der Manager der Chef ist und die Anordnungen erteilt und Angestellte diese Anordnungen ausführen. Typischerweise sind sie an ihre Position gelangt, indem sie Anordnungen befolgten; jetzt haben sie die Genugtuung, selbst Anordnungen zu erteilen. Die Macht, die sie als Chef ausüben, gibt ihnen Befriedigung. Vor allem wissen diese Personen nicht, wie sie sich in einem Teamsystem verhalten sollen. Wie können sie andere „dazu bringen", ihre Arbeit auszuführen, wenn es nicht länger zulässig ist, Anordnungen zu erteilen – wenn sie niemanden zur Ordnung rufen dürfen? Ihre Welt steht plötzlich auf dem Kopf, und sie sind natürlich frustriert und verwirrt.

Diese Individuen könnten eine Gefahr für das Teamsystem darstellen, wenn sie nicht zulassen, daß ein Team sich selbst managt. Sie heben möglicherweise Teamentscheidungen auf, wenn sie meinen, daß ein Fehler gemacht worden ist, oder glauben, daß Teamentscheidungen zu eigennützig sind, oder sie könnten einen Teamstart sabotieren, indem sie nach Teamfehlern suchen und sich darauf stürzen als definitiven Beweis, daß „dieser Teamkram niemals funktionieren wird".

Können traditionelle Aufsichtspersonen zu Teamförderern bekehrt werden? Dieser Wandel erfordert zweifellos sowohl eine neue Haltung als auch neue Verhaltensweisen, und viele sind unfähig oder unwillig, diese neuen Verhaltensweisen zu lernen. Nach unserer Erfahrung ist diese Lernfähigkeit schwer vorauszusehen. Wir haben den traditionellen wilden Stier zum feurigsten Verfechter des Teamkonzeptes werden sehen. Andere sind unfähig, diesen Wandel zu vollziehen, und müssen zu technischen oder Spezialistenpositionen versetzt werden. Manche gehen eher in Pension oder kündigen, als sich einem Teamsystem anzupassen. In einigen Fällen mußten Aufsichtspersonen entlassen werden.

Natürlich können mittlere Manager und Aufsichtspersonen nicht ignoriert werden, wenn ein Teamsystem gestartet wird; sie haben die Macht und sind in der Lage, den Übergang zu verzögern oder sein Fehlschlagen zu verursachen. Sie müssen durch Schulung und Orientierung zu einem Teil der Lösung werden, nicht Teil des Problems sein. In manchen Fällen sind Schulungen fast ausschließlich auf die Teams selbst konzentriert, und die Vorgesetzten bleiben außen vor. Leitende Angestellte müssen frühzeitig durch Orientierungen,

Informationsteilung und Frage-und-Antwort-Sitzungen einbezogen werden. Vor allem wollen sie wissen, wie sie in das neue System hineinpassen.

Manager und Führungskräfte, die zu Teams übergehen wollen, sollten sich auf das Unvermeidbare vorbereiten: Trotz aller Schulung und Orientierung werden Aufsichtführende Besorgnis empfinden. Ihr Appetit für Beruhigung und Unterstützung – manche mögen es Handhalten nennen – ist unersättlich. Ihre psychologische Störung ist Teil des Wandels und muß mit Geduld ausgestanden werden.

Eine neue Führungsperspektive ist nötig

Gelegentlich erleben wir, wie Unternehmen Teams einführen, ihren Managementstil aber unberührt lassen. Das heißt, sie führen Teams ein, um angeblich die Produktivität zu erhöhen, aber die Führung wird nach wie vor von oben nach unten ausgeübt.

Die Automobilindustrie ist von diesem Problem besonders betroffen. Ford und General Motors haben mit Teams und Mitarbeiterbeteiligungssystemen beträchtliche Fortschritte gemacht, die Führungsweise in den mittleren Rängen der Unternehmen hat sich jedoch seit den sechziger Jahren im Grunde kaum verändert. Oft werden neue Werksleiter mit traditionellen Top-down-Führungsprinzipien zu Werken versetzt, in denen das Teamsystem installiert ist.

Entscheidungen werden von oben nach unten gefällt und sind hochpolitisch. GM und Ford hatten erwähnenswerten Erfolg mit Teams. Die Frage lautet nun: Wie können sie dieses Konzept zu höheren Stufen in der Organisation extrapolieren? Der Führungstil von Unternehmen wie Ford und General Motors unterscheidet sich beträchtlich von dem bei AES oder W. L. Gore. Wir vermuten, daß die Wettbewerbsherausforderung gelöst werden könnte, wenn jeder Divisionsleiter von Ford oder GM eine Führung bei AES mitmachen könnte.

Wenn ein Unternehmen ein Teamsystem startet, das ausschließlich für die unteren Ränge bestimmt ist, werden unausweichlich Probleme auftauchen. An einer Ebene der Hiearchie wird eine große Diskrepanz zwischen der Art, wie Dinge „oberhalb" oder „unterhalb" dieser Ebene gehandhabt werden, schmerzlich zutage treten. Irgendwo wird ein Manager in der Mitte versuchen, eine Gruppe von Teams nach Prinzipien des Selbstmanagements zu führen, während er Anweisungen von oben in traditioneller Weise empfängt – eine konfliktgeladene Situation, die einen schweren philosophischen Konflikt aufwirft. Nur ein außergewöhnlicher Mensch kann unter diesen diametrisch gegensätzlichen Erwartungen überleben.

Der Wechsel zu Teams auf der untersten Ebene kann mitunter eine treibende Kraft dafür sein, die Führungsmuster auf höheren Ebenen zu verändern, doch dies ist der mühseligere Weg. Statt dessen sollte das höherrangige Management parallel zu der Veränderung auf niedrigeren Ebenen seine eigenen Führungsstil- und Teamarbeitspraktiken überprüfen. Kurz: Die Führungsphilosophie an der Spitze muß mit der auf niedrigeren Ebenen repräsentierten Team- und Führungsphilosophie übereinstimmen.

Einige höherrangige Angestellte kommen sich anfangs wie Verlierer vor

Genau wie Aufsichtspersonen fühlen sich auch andere Angestellte als Verlierer. Aus unserer Erfahrung können wir einige Merkmale von Personen verallgemeinern, die wahrscheinlich negativ über den Wechsel denken werden. Angestellte mit Privilegien könnten den Verlust dieser Privilegien befürchten. Teams neigen dazu, andere mehr nach Leistung und Beitrag zu belohnen und zu wertschätzen als nach ihrem Dienstalter. Mitarbeiter sind eher für das Gefühl des Verlusts empfänglich, wenn sie durch Wissen oder Erfahrung eine besondere Position erreicht haben. Wir denken dabei an die Spezialsachbearbeiter bei IDS (4. Kapitel), die darüber verstimmt waren, daß jedes Teammitglied in ihren Spezialkenntnissen geschult werden würde. Ihre Nische aufgrund ihrer Erfahrungen bestand nicht mehr. Auch die „Techs" in der Papierfabrik - (3. Kapitel) wollten ihren Spezialistenstatus behalten und lehnten daher das System ab.

Manager, die im Begriff stehen, zu Teams überzugehen, sollten nicht davon ausgehen, daß jeder Angestellte oder jede Angestelltengruppe vom Teamkonzept begeistert sein wird. In der Planungsphase kann sich eine Analyse als ratsam erweisen, die aufdeckt, ob einige Mitarbeiter im bestehenden System bestimmte Privilegien haben, die sie ungern aufgeben werden.

Es gibt mehrere Arten des Umgangs mit diesen Mitarbeitern. Sie plump zum Wandel zu zwingen, wird ihre Ablehnung verursachen. Manchmal verlassen diese Angestellten das System, manchmal bringen sie die Teamimplementierung in Bedrängnis. Ein besserer Ansatz ist, sie in den Planungsprozeß mit einzubeziehen und zu versuchen, sich mit ihren Besorgnissen zu beschäftigen. Ihr besonderer Status oder Lohn können vielleicht in das neue System integriert werden. Vor allem aber ist es wichtig, daß das Management erkennt, daß nicht alle Angestellten das neue System als gute Idee ansehen und daß diese Angestellten dem Wandel beträchtlichen Schaden zufügen können.

Zusätzliche Verantwortlichkeiten und erweiterte Autonomie bedeuten, daß sowohl das technische als auch das verhaltensorientierte Repertoire der Angestellten erweitert werden muß. Eine der grundlegenden Veränderungen, die in der Regel eine Teamimplementierung begleiten, ist die Ansicht, daß ein Teammitglied in der Lage sein wird, die meisten, wenn nicht alle Teamaufgaben auszuführen. Normalerweise sind aufgaben- oder technikorientierte Schulungen erforderlich, um sicherzustellen, daß Teammitglieder diese Kenntnisse entwickeln.

Noch wichtiger vielleicht und weniger gut verstanden ist die Idee, daß Teammitglieder Kenntnisse in der individuellen und Gruppenselbstführung entwickeln. Sie müssen zum Beispiel lernen, Ziele zu setzen, Feedbacksysteme zu interpretieren, Sitzungen zu leiten und daran teilzunehmen, Konflikte zu lösen und selbst Problemlösungen zu initiieren, statt diese Last automatisch ihrem Vorgesetzten zuzuschieben.

Die Teamimplementierung erfordert Planung und Organisation

Wir haben von Unternehmen gehört, die Teams bildeten, indem sie die Vorgesetzten entfernten und die Arbeitsgruppen zu Teams erklärten. Dieser Ansatz – ohne Schulung, Plan oder eine Strategie – ist ein sicheres Rezept für einen Fehlschlag. Die Logik hinter dieser Strategie der Implementierung ist, daß wirklich autonome Teams auch in der Lage wären, die Implementierung selbst zu managen. Wenn man jedoch Teams gleich zuviel zumutet, zerreißen sie wie ein Gummiband, dessen Elastizität überdehnt wird.

Typisch bei Fehlschlägen ist, daß Teams völlige Verantwortung übergeben wird, ohne daß sie die nötigen technischen oder sozialen Kenntnisse und Fertigkeiten besitzen. Teams benötigen Anleitung in den grundlegenden sozialen Prozessen.

Ein Total Quality Management-Ansatz bedarf der Integration in ein Selbstmanagementsystem

Ein TQM-Programm wird oft als bloße technische Innovation eingeführt, und auf die entscheidenden Kenntnisse wird nicht geachtet. Viele TQM-Programme sollen einem vorhandenen traditionellen Management-/Führungssystem einen Qualitätsanstrich verleihen, ohne daß ein wirklich grundlegender Wandel im hierarchischen System stattfindet. Total Quality Management zu Ende gedacht bedeutet aber, daß ein Teamsystem notwendig ist. Mehr noch, das Teamsystem darf nicht nur teilweise vorhanden oder freiwillig sein oder einer traditionellen Top-down-Führungsstil-Philosophie aufgelegt werden. Ein fundamentaler Wandel ist notwendig. Wenn TQM nicht wirkliche Veränderungen der Geschäftsführung beinhaltet, sind die Aussichten für einen Fehlschlag günstig. Wenn andererseits TQM mit einem echten Selbstmanagementsystem zusammengetan wird, können diese beiden Systeme Hand in Hand arbeiten und das Unternehmen wettbewerbsfähiger machen.

„Grüne" Standorte sind einfacher als „Retrofit"-Veränderungen

Mit „grün" meinen wir ein Gründungsunternehmen, bei dem das Teamsystem von Anfang an fest in die Organisationsstruktur eingefügt ist. Ein „Retrofit" bedeutet, daß eine bestehende traditionelle Organisation in ein Teamsystem überführt wird.

Die Probleme einer Teamimplementierung sind bei einem „Retrofit"-Wandel wesentlich größer. Zunächst muß eine Menge Gelerntes vergessen werden, bevor neues Lernen das alte ersetzen kann. Eines der größten Probleme ist das Verhalten der Aufsichtspersonen. Viele haben Jahre der Erfahrung mit einem bestimmten Führungsmuster gesammelt – in der Regel top-down. Um ein Förderer oder Koordinator zu werden, muß ein Vorgesetzter Handlungsweisen annehmen, die im Gegensatz zu Jahren der Erfahrung stehen – eine schwierige Situation.

In einer „grünen" Situation ist das Managementwerkzeug Auswahl verfügbar. Das heißt, das Managementteam kann Tests und Selektionsmechanismen überlegen, um das Kooperations- und Teampotential eines Kandidaten zu bewerten. Diese Selektionsperspektive ist ein wichtiger Teil des Erfolgs von grünen Unternehmen. Bei einer Retrofit-Implementierung ist dieses Kriterium nicht verfügbar. Das Personal, das für Einstellungen in traditionellen Organisationen zuständig ist, muß auch die Einstellungen für das Selbstmanagementsystem vornehmen, und sie sind nicht unbedingt die geeignetsten, um sich in einem Teamsystem zu bewähren.

Diese spezielle Herausforderung ist ein lästiges Paradox. Grüne Teamanwendungen haben eine größere Erfolgswahrscheinlichkeit, aber wir vermuten, daß achtzig Prozent des Bedarfs an autonomen Teams in bestehenden Unternehmen herrscht. Es ist natürlich nicht durchführbar, praktikabel oder ethisch korrekt, eine Welle von Schließungen alter Unternehmen zugunsten von Neugründungen vorzunehmen. Die große Mehrheit der Anwendungen des Teamsystems wird in bestehenden Unternehmen stattfinden.

Vor einigen Jahren schrieb Richard Walton über die Schwierigkeit der Verteilung des Teamkonzeptes in ganzen Unternehmen. Erfolg mit Teams an einer Stelle im Unternehmen heißt nicht unbedingt, daß Teams an einer anderen

Stelle eingeführt werden. Walton vermutete, daß das Teamkonzept für andere Manager bedrohlich wirken könnte, und es schien sogar von anderen Unternehmensteilen abgelehnt zu werden.

Ein anderes Beispiel: Einer unserer Mitarbeiter besuchte einen Lebensmittelhersteller, der mehr als zwölf Jahre äußerst erfolgreiche Arbeit mit Teams aufwies. Das Werk erwirtschaftete ständig Profite und war außerdem für seine Kreativität und Innovativität bekannt. Und doch hatten eine Reihe anderer Werke des gleichen Unternehmens den Schritt zum Teamsystem noch nicht getan.

Eine mögliche Erklärung für das Mißlingen der Verbreitung ist das Nicht-hiererfunden-Syndrom, das heißt: „Wenn es nicht unsere Idee ist, kann sie nicht gut sein." Wir haben diese Haltung in einem Unternehmen selbst erlebt, als ein Manager verkündete: „Wenn es etwas taugte, hätte jemand anders es schon gemacht und darüber geschrieben!" Wenn dieser Manager seine Denkweise nicht ändert, wird er für den Rest seines Lebens ein Imitator sein.

Zudem sind wir der Meinung, daß man das Teamkonzept allein durch abstraktes Lernen nicht vollständig beherrschen kann – zum Beispiel durch Lesen über Teams. Wirkliches Lernen findet nur durch Erfahrung statt. Wir haben am meisten durch Stunden und Wochen der Beobachtung von Teams gelernt. Ferner haben wir auch in unseren Universitäten Erfahrungen gesammelt, wo Fakultäten in der Regel in Abteilungen eingeteilt sind, um ihre Lehrpläne und Forschungsaufträge als Team zu bewerkstelligen. Führungskräfte, die wirklich etwas über Teams lernen wollen, müssen Teamstandorte aufsuchen und mit den Teammitgliedern sprechen. Diese Individuen sind manchmal nicht in der Lage, öffentlich über ihre Erfahrungen zu sprechen, aber ein ruhiges Gespräch über ihre persönliche Teamerfahrung ist oft außergewöhnlich aufschlußreich.

Auf lange Sicht scheint uns die Verbreitung von Teams dadurch verlangsamt, daß viele Manager kein Vertrauen in die Fähigkeiten und die Bereitschaft gewöhnlicher Arbeiter haben, die für Teams erforderlichen Verantwortungen zu übernehmen. Wir begegnen dieser Sichtweise immer wieder in unseren Workshops mit Führungskräften, obwohl, um fair zu sein, die Prozentzahl derjenigen Teilnehmer, die das Teampotential pessimistisch sehen, in den vielen Jahren, seitdem wir auf diesem Gebiet Trainings anbieten, deutlich zurückgegangen ist. Da immer mehr Unternehmen Erfolg mit Teams haben und immer mehr Artikel über Teams in der Fachpresse erscheinen, werden auch mehr Topmanager ihre Meinung ändern.

Führung und Teams

Das Thema Führung, ein entscheidendes Element für den Erfolg von Teams, taucht in den Kapiteln dieses Buches immer wieder auf; trotzdem wollen wir uns hier noch einmal damit befassen. Zunächst ein Blick auf die Führung in vorderster Linie, das heißt auf der Aufsichtsperson- oder Vorarbeiterebene in sogenannten traditionellen Arbeitsgruppen. Folgende Handlungsweisen sind typisch für diese Rolle:

Direktion	Zugeteilte Arbeitsziele
Instruktion	Hierarchische Konfliktlösung
Befehl	Verweis
Zugewiesene Aufgaben	

Man kann nicht behaupten, daß diese Handlungsweisen schlecht oder unwirksam sind. Dies sind schließlich Handlungen, die man von einem Vorarbeiter erwarten würde, und niemand würde die Richtigkeit, das Recht oder sogar die Effektivität dieser Handlungen in Frage stellen. Aber um zu funktionieren, müssen sie in einem traditionellen top-down-hierarchischen System stattfinden. In einem partizipativen System ist dieses Verhalten falsch, insbesondere wenn der Weg ganz zu Ende gegangen werden soll und autonome Teams das Ziel sind. Die Vorstellungen von Direktion, Befehl und hierarchischer Konfliktlösung sind mit einer Selbstmanagementphilosophie völlig unvereinbar. Wenn sie zugelassen würden, zerstörten diese Verhaltensweisen ein Selbstmanagementteam. In einem solchen System ist ein anderer Führungsstil vonnöten, einer, bei dem es darauf ankommt, das Team zur Eigeninitiative zu bewegen. Folgende Handlungsweisen sind für das Führen autonomer Teams erforderlich:

- Setzen eigener Ziele fördern
- Selbstbewertung fördern
- Hohe Selbsterwartung fördern
- Eigene Problemlösung erleichtern
- Selbstinitiative und Verantwortungsgefühl entwickeln
- Konfliktlösung innerhalb der Gruppe fördern
- Schulungen anbieten
- Nachdenken über Chancen fördern

Der angemessene Führungsstil ist eine Hauptzutat für den Erfolg mit Teams. Dieser Führungsstil muß sich von traditionellen Top-down-Ansätzen abwenden. Selbst ein begeisternder, visionärer Führungsstil, der eine Abhängigkeit von diesem Führer pflegen kann, ist keine passende Lösung. Teams zu führen erfordert einen Ansatz, der vor allem Teams dabei hilft, sich selbst zu führen.

Am Ende muß die Führung auf das ganze Unternehmen verteilt sein, insbesondere unter Teammitgliedern. Spitzenführung und Selbstführung sind das Herz des Erfolgs mit Teams.

Allgemeine Schlußfolgerungen

Unsere jahrelange intensive Forschung auf dem Gebiet von Selbstmanagementteams hat uns eine bestimmte Perspektive über Teams und ihren Platz im Wettbewerb vermittelt.

Um 1980, etwa zu der Zeit, als wir mit unserer Erforschung autonomer Teams begannen, war jeder US-amerikanische Produktionsbetrieb wild nach Quality Circles. Es war eine Bewegung, in der viele Manager und Führungskräfte die Fähigkeit sogenannter gewöhnlicher Arbeiter zu einem Extrabeitrag entdeckten, und die Quality Circles bildeten den Übergang oder die Brücke von den streng traditionellen Organisationen der fünfziger und sechziger Jahre. Trotzdem waren Quality Circles im Gegensatz zu autonomen Teams mehr eine Auflage auf die bestehende Organisation als ein echter Wandel in der Art, ein Unternehmen zu betreiben. Viele Quality Circles wurden eingeführt, weil es der Trend war. Und obwohl viele Quality Circles einen Beitrag leisteten, waren die Erfahrungen allgemein gemischter Natur. Vor allem änderte sich die Art der Betriebsführung nicht. Es scheint klar zu sein, daß die Mode der Quality Circles ihr Ende erreicht hat. In vielen Unternehmen gibt es sie noch mit einigem Erfolg, aber der Trend verläuft absteigend. Die Frage war, was kommt danach? Gibt es einen nächsten Schritt?

Schon während der Siebziger wurde mit Teams experimentiert; jedoch wurde der größte Teil der experimentellen Arbeit entweder geheimgehalten oder erhielt wenig Aufmerksamkeit von der Wirtschaftspresse. In den frühen Achtzigern schien uns die Aufmerksamkeit, die Quality Circles erhielten, im Vergleich zu den weitaus effektiveren Selbstmanagementteams falsch gewichtet zu sein. Es war beinahe, als ob Teams ein Geheimnis seien, das nur einige Insider kannten. In den späten Achtzigern endlich sorgten Titelgeschichten in *Fortune* und *Business Week* dafür, daß das Wissen über Teams mehr Verbreitung fand.

Dies ist vielleicht der Grund dafür, daß Teams fast ein Jahrzehnt lang kaum erwähnt wurden. Viele Führungskräfte waren philosophisch noch nicht für die Idee bereit, gewöhnlichen Arbeitern das Managen ihrer tagtäglichen Handlungen zuzutrauen, ohne daß ihnen jemand dabei über die Schulter sieht. Quality Circles lassen zu, daß ein bestehendes traditionelles organisatorisches System mit relativ wenig Veränderungen weiterhin besteht. Selbstmanagementteams dagegen bedeuten einen grundlegenden Wandel der Philosophie, Haltungen, Handlungsweisen und organisatorischen Struktur. Die Entscheidung für Teams ist nicht evolutionär, sondern revolutionär.

Selbst wenn eine Teameinführung erfolgreich ist, geht dies nicht ohne erhebliche Geduld, Hingabe und Bereitstellung von Ressourcen ab. Trotz der Schwierigkeiten lautet die Frage, ob Teams sich lohnen. Unsere Antwort ist ein kräftiges Ja, vorausgesetzt, es wird auf intelligente und effiziente Weise durchgeführt. Es zeichnet sich immer klarer ab, daß Teams eine höhere Produktivität, bessere Qualität und mehr Lebensqualität für Mitarbeiter bedeuten können. Die Beispiele in diesem Buch beschreiben Unternehmen mit hochzufriedenen, motivierten und engagierten Angestellten, die eine ungewöhnliche Initiative und innovative Problemlösungen demonstriert haben. Diese Unternehmen erfuhren große Kosteneinsparungen und eine weithin verbesserte Qualität bei einer erheblich niedrigeren Abwesenheitsquote und Fluktuation der Arbeitskräfte. Allgemein wurden grundsätzliche Vorteile erzielt, während Mitarbeitern eine lohnenswertere Arbeitsumgebung angeboten werden konnte. Wir behaupten nicht, daß Teams eine vollständige Antwort auf den Wettbewerbskampf darstellen, aber sie sind ein entscheidendes Element. Jedes Unternehmen, das im Verlauf dieses Jahrzehnts einen Wettbewerbsvorsprung erzielen will, sollte erwägen, wie Selbstmanagementteams diese Anstrengung unterstützen kann.

Wir sind in unserer positiven Beurteilung von Teams nicht in erster Linie von humanistischen Idealen motiviert. Wir denken, daß Teams aus der Managementperspektive gesehen wichtig sind, weil sie funktionieren. Sie sind effektiv. Trotzdem ist es wichtig zu bewerten, wie Teams sich normalerweise auf die gewöhnliche arbeitende Person auswirken. Teams sind nicht das Paradies, aber Personen, die in Selbstmanagementteams arbeiten, sind im allgemeinen zufriedener und erfahren eine erweiterte Lebensqualität bei der Arbeit. Die meisten stehen positiv zu Teams.

Der überwiegende Teil unserer bisherigen Erfahrungen stammt aus dem produzierenden Sektor, doch das Teamkonzept wird gegenwärtig auf den Dienstleistungssektor ausgedehnt, insbesondere auf sogenanntes „geistiges" Arbeiten. Wir vermuten, daß die IDS-Erfahrung ein Vorläufer für die aufregendsten Teamanwendungen im neuen Jahrhundert ist. Den öffentlichen Sektor, wo Teams rar sind, beurteilen wir weniger optimistisch. Dort sehen wir keinen substantiellen Trend zu Selbstmanagementteams. Vielleicht hat das alte Stereotyp von der öffentlichen Bürokratie, die sich dem Wandel widersetzt, jedem signifikanten Fortschritt mit Teams ein zu großes Hindernis in den Weg gestellt.

Ein Wegweiser zum Erfolg

Gewisse Zutaten sind für den Erfolg von Selbstmanagementteams hilfreich.

- Selbstmanagementteams müssen mit einer grundlegenden Philosophie anfangen

Ein grundlegender Glaube an die Fähigkeiten von Menschen ist notwendig. Zu einem gewissen Grad betrifft dies den alten Theorie Y/Theorie X-Blickwinkel. Theorie Y beschreibt eine Reihe von Annahmen, die besagen, daß Menschen in der Regel auf verantwortungsvolle Art handeln, wenn sie die Gelegenheit und die Ressourcen haben. Daher sind sie in der Lage, innerhalb ihres Repertoires ohne enge externe Überwachung und Direktive kreativ und effektiv Leistung zu bringen. Theorie X dagegen nimmt an, daß Menschen von ihrer Veranlagung her faul und unverantwortlich sind und sich schlecht benehmen werden, wenn sie nicht beobachtet werden. Wir glauben, daß eine grundlegende Philosophie, die optimistisch über die Fähigkeit der Menschen, auf Chancen zu reagieren, denkt, eine wichtige Voraussetzung für einen erfolgreichen Start von Selbstmanagementteams ist.

- Teams erfordern einen Wandel im Managementinformationssystem des Unternehmens

Die Zunahmen in der Verantwortung und Macht der Mitarbeiter machen es erforderlich, daß Teams ausreichend Informationen erhalten, um effektive Entscheidungen treffen und erfolgreich arbeiten zu können. Teams werden ihre eigenen Informationssysteme verlangen und, wenn nötig, sie selbst entwerfen.

- Fortlaufende Schulungen sind erforderlich

Die Schulungserfordernisse von Teams können nicht zu hoch angesetzt werden. Mehr noch, die Schulung muß sowohl technisches Training als auch Aufgabentraining und ein ausgeklügeltes zwischenmenschliches und soziales Training umfassen.

- Förderung von außen ist äußerst hilfreich

Diese Hilfe von außen braucht nicht von einem teuren Berater zu kommen. In großen Unternehmen kann ein interner Förderer von einer Personalabteilung oder einer anderen Einheit angebrachter sein. Worauf es ankommt ist, daß ein

Außenstehender einen objektiven Blickwinkel beitragen kann, der beim Überkommen von Hindernissen und Herausforderungen, die unweigerlich auftreten, helfen kann.

- Zum Schluß predigen wir Geduld, Geduld und noch mehr Geduld – und nicht die Lernkurve vergessen!

Normalerweise denken wir an eine Lernkurve, wenn neue Technologien angenommen werden; doch auch die Entwicklung neuer sozialer Fertigkeiten, die Selbstmanagementteams innewohnen, erfordert eine Lernkurve. Es werden viele Fehler gemacht werden; der Weg ist voller Schwierigkeiten. Man sollte Selbstmanagementteams als eine Investition ansehen, die Ressourcen jetzt bereitstellen und die Belohnungen in der Zukunft ernten. Geduld ist der Schlüssel zum Erfolg von autonomen Teams.

Abbildung 8 auf der folgenden Seite faßt einige der Hauptherausforderungen an die Arbeit mit Selbstmanagementteams zusammen und bezeichnet einige wesentliche Schritte zur Vermeidung dieser Fallen mit dem letztlichen Ziel, effektive hochleistungsfähige Unternehmen ohne Bosse zu schaffen. Insofern stellt die Abbildung einen Wegweiser zum Erfolg dar. Wir haben das ganze Buch hindurch Dutzende von wichtigen Themen und Lektionen für Selbstmanagementteams identifiziert, und unser Wegweiser zum Erfolg beleuchtet einige der verbreitetsten Themen, die in unseren Studien auftauchten. Richtig angewandt, hilft dieser Wegweiser dabei, den herausfordernden, aber lohnenswerten Kurs zu einer erfolgreichen Organisation, in der Teams und Leiter an die Stelle von Chefs treten, zu navigieren. In diesen Organisationen wird mit höherer Leistung, Qualität und Würde und Zufriedenheit der Angestellten gearbeitet.

Die Zukunft von Unternehmen mit Teamleitern, aber ohne Bosse

Wir stehen einer Revolution am Arbeitsplatz gegenüber, und viele Unternehmen nehmen diese Herausforderung an. Trotz einiger frustrierender Probleme erfahren Unternehmen, die das Teamkonzept anwenden, erhebliche Vorteile. Im Mittelpunkt solcher Spitzenteamorganisationen steht eine Wende im Führungsdenken und in der Führungspraxis. Im Vorwort zu unserem vorigen Buch *SuperLeadership* schrieben wir: „Das Wort Führer zaubert die Vorstellung von einer eindrucksvollen Figur auf einem hohen weißen Pferd herbei, die ruft: ‚Folgt mir!' Wir denken an historische Figuren ... Alexander der Große,

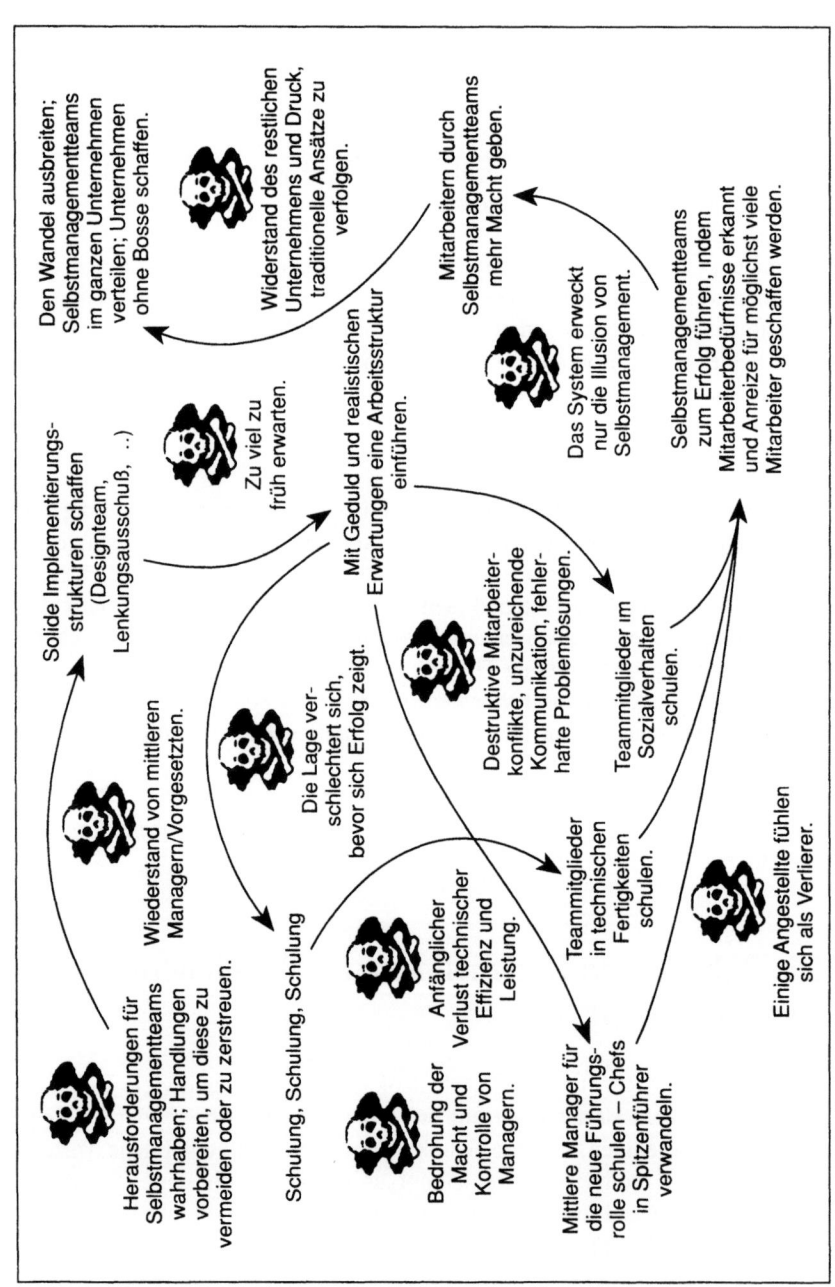

Abbildung 8: Wegweiser zum Erfolg mit Selbstmanagementteams

Napoleon, George Washington, Churchill ... Ist diese heldenhafte Führungsfigur das passende Bild des Führers von heute?" Wir schlagen dann vor, die wesentlichen Instrumente für effektive Führung neu zu überdenken.

Eine Reihe von Führungsmythen werden häufig als unausgesprochene, aber gemeinhin akzeptierte Kriterien für effektive Führung angewandt. Von Führern wird erwartet, daß sie Antworten bereithaben, alles wissen und alles sehen. Kurz, es wird von ihnen erwartet, daß sie Chefs sind, die alles unter Kontrolle haben, weil sie Übermenschen sind. In Wahrheit sind sie natürlich genauso menschlich wie jeder andere. Wichtiger noch, wenn das Scheinwerferlicht zu lange oder zu stark auf den Führer gerichtet ist, wird ein Zustand der Abhängigkeit und Schwäche der Untergebenen gepflegt, und das System wird auf das Wissen und die Fähigkeiten einer fehlbaren Person beschränkt – den Boß. Wenn der Boß geht, wird das System wahrscheinlich zusammenfallen.

Jüngere Vorstöße in demokratischer Hinsicht in der ganzen Welt verlangen nach einer Führungsrolle von immer mehr Menschen; sie signalisieren das Bedürfnis der Bürger dieser Welt nach mehr Selbstführung. Dramatische Wandlungen am Arbeitsplatz in Richtung auf mehr Vollmachten für Arbeiter, insbesondere Selbstmanagementteams, zwingen uns, darüber nachzudenken, was wir mit Führung meinen und wie sie auszuführen ist. Diese Trends rufen nach einer Bewegung weg von Führern, die im Scheinwerferlicht stehen und ihre Gefolgsleute dominieren – weg von Bossen, weg von der Abhängigkeit der vielen von den wenigen und weg von der Anhäufung von Macht anstelle der Delegation an andere.

Dies sind die Kräfte, die uns zu unseren Ideen über SuperLeadership führten – andere dazu anleiten, sich selbst zu führen. *SuperLeadership* verfolgt die Absicht, andere in Selbstführer zu entwickeln. Es ist ein Führungsansatz, in dem Gefolgsleute zu Säulen der Stärke werden. Wenn der Führer (kein Boß) weggeht, kann das System allein weiterbestehen. Viele glauben, daß der Führer gar nicht nötig gewesen wäre, wenn die Dinge auch ohne ihn so gut funktionieren. Die Realität ist jedoch vielleicht am besten in den Worten des chinesischen Philosophen Lao-tzu zusammengefaßt: „Der beste aller Führer ist derjenige, der andern hilft, so daß sie ihn eines Tages nicht mehr brauchen."

Teams lassen sich gut mit unseren demokratischen Prinzipien vereinbaren. Interessanterweise scheinen unsere größeren Organisationen oft mehr auf diktatorischen Prinzipien und eingeschränkter individueller Freiheit aufzubauen. Der Ausdruck „Boß" in seiner heutigen Bedeutung reflektiert diesen Ansatz. Teams bereiten einen lebensfähigen Weg, den Wert jeder Person in größerer Fülle zu erkennen und durch eine Arbeitsstruktur, die durch Selbstführung gekennzeichnet ist, Elemente eines besseren Lebens, mehr Freiheit und sogar

Glück zu erzielen. Die Vorteile für die Unternehmen sind zwingend. Wir können nicht genügend betonen, wie wichtig es ist zu erkennen, daß wir einander brauchen, wenn wir unseren Wettbewerbsvorsprung wiedererlangen wollen und den Ansprüchen des neuen Jahrhunderts erfolgreich nachkommen wollen. Wir brauchen von jedem das Beste. Jeder Mitarbeiter muß ein Selbstführer werden – eine selbstsichere, fähige, einzigartig wertvolle Quelle im Unternehmen ohne Bosse. Manager und Führer werden nur so erfolgreich sein wie ihre Gefolgsleute, weil Mitarbeiter die Quelle der Kraft und Weisheit sind, die ihnen helfen, zu neuen Höhen aufzuschwingen. Bosse lassen dies einfach nicht zu.

Superteams und Spitzenorganisationen durch Unternehmen ohne Bosse

Eine Revolution am Arbeitsplatz ist im Gange. Viele Organisationen bestehen erfolgreich den Wettbewerbskampf mit einem deutlichen Wandel zum Teamkonzept. Bei unserer Arbeit für dieses Buch stellten wir fest, daß das alte Chefkonzept für den Dinosaurierfriedhof bestimmt war. Aber während Chefs out sind, sind Teams und Teamleiter in. Spitzenleiter und Superteams sind die Welle der Zukunft.

Es gibt kein allgemeingültiges Rezept, das eine Antwort auf die Wettbewerbsherausforderung gibt. Doch durch unsere Erforschung von Teams haben wir einige wichtige Strategien gefunden, die Unternehmen dabei helfen können, zu überleben und zu gedeihen. Teams stehen im Zentrum der Wettbewerbsrevolution. Teams führen zu höherer Produktivität und besserer Qualität. Sie geben Mitarbeitern ein Gefühl der Ehre und Erfüllung. Vor allem aber funktionieren sie. Mit der Stärke von Superteams können unsere Unternehmen zu neuen Höhen gelangen. Dies sind Unternehmen, die ins 21. Jahrhundert rauschen werden. Mit Teams läßt sich wirklich ein Unternehmen ohne Bosse betreiben.

Literatur

„Baby Busters Enter the Work Force", Futurist, May/June 1992
BANDURA, A., Social Learning Theory, Englewood Cliffs, N. J., 1992
DUMAINE, B., „Who Needs a Boss?", Fortune, May 7, 1990
DRUCKER, P. F., Management: Task, Responsibilities, Practices, India: Allied Publishers Private Limited, 1975
HORR, J., „The Payoff From Teamwork", Business Week, July 10, 1989
LAWLER III, E. E., High Envolvement Management, San Francisco 1986
MANZ, C. C., Mastering Self-Leadership: Empowering Yourself for Personal Excellence, Englewood Cliffs, N. J., 1992
MANZ, C. C./SIMS, H. P., SuperLeadership: Leading Others to Lead Themselves, New York 1990
MINER, J. B., Theories of Organizational Structure and Process, Hinsdale, Ill.,1982
POLLACK, M. S./PERLOFF, R. O. (EDS.), Psychology and Work: Productivity Change and Employment, Washington, D. C., 1986
SIMS, H. P./LORENZI, P., The New Leadership Paradigm, Newbury Park, Calif., 1992
SONNENFELD, J., The Hero's Farewell: What Happens When CEOs Retire, New York 1988
WALTON, R. E., „The Diffusion of New Work Structures: Explaining Why Success Didn't Take", Organizational Dynamics, Winter 1975

Die Autoren

Charles C. Manz ist Associate Professor für Management an der Arizona State University. Er hat als Berater, Forscher und Dozent für viele Firmen gearbeitet, darunter 3M, Ford, Procter & Gamble und Arthur Andersen, Inc. Manz ist Koautor von *SuperLeadership: Leading Others to Lead Themselves* und Autor von *Mastering Self-Leadership: Empowering Yourself for Personal Excellence.*

Henry P. Sims, Jr., ist Professor für Management und Unternehmensorganisation an der Universität von Maryland. Sims ist als Berater, Forscher und Lehrender für Führungsgruppen in vielen Unternehmen tätig gewesen, darunter Ford und General Motors. Sims ist Koautor verschiedener Bücher, darunter *SuperLeadership: Leading Others to lead Themselves; The New Leadership Paradigm; The Thinking Organization.*

Weitere Management-Literatur

Jagdish Parikh
Managing Your Self
Streßfrei und gelassen auf
dem Weg zu Spitzenleistungen
240 Seiten, 78,– DM

Ute von Reibnitz
Szenariotechnik
Instrumente für die
unternehmerische und persönliche
Erfolgsplanung
280 Seiten, 148,– DM

Friedrich Reutner
Die Strategie-Tagung
Strategische Ziele systematisch
erarbeiten und Maßnahmen
festlegen
328 Seiten, 148,– DM

Manfred R. A. Rüdenauer
Ökologisch führen
Evolutionäres Wachstum durch
ganzheitliche Führung
320 Seiten, 68,– DM

Balz Ryf
Die atomisierte Organisation
Ein Konzept zur Ausschöpfung
von Humanpotential
268 Seiten, 78,– DM

Thomas Sattelberger (Hrsg.)
Die lernende Organisation
Konzepte für eine neue Qualität
der Unternehmensentwicklung
274 Seiten, 89,– DM

Dana Schuppert (Hrsg.)
Kompetenz zur Führung
Was Führungspersönlichkeiten
auszeichnet
248 Seiten, 68,– DM

Dennis C. Kinlaw
Spitzenteams
Spitzenleistungen
durch effizientes Teamwork
220 Seiten, 68,– DM

Georg Turnheim
Chaos und Management
328 Seiten, 98,– DM

Rolf Wabner
Selbst-Management
Wie Sie zum Unternehmer
Ihres Lebens werden
92 Seiten, 38,– DM

Rudolf Wimmer (Hrsg.)
Organisationsberatung
Neue Wege und Konzepte
384 Seiten, 89,– DM

Zu beziehen über den Buchhandel
oder den Verlag.

Stand der Angaben und Preise:
1.5.1995
Änderungen vorbehalten.

GABLER

BETRIEBSWIRTSCHAFTLICHER VERLAG DR. TH. GABLER, TAUNUSSTRASSE 52-54, 65183 WIESBADEN

MIX
Papier aus verantwortungsvollen Quellen
Paper from responsible sources
FSC® C105338

If you have any concerns about our products,
you can contact us on
ProductSafety@springernature.com

In case Publisher is established outside the EU,
the EU authorized representative is:
**Springer Nature Customer Service Center GmbH
Europaplatz 3, 69115 Heidelberg, Germany**

Printed by Libri Plureos GmbH
in Hamburg, Germany